복 있는 사람

오직 여호와의 율법을 즐거워하여 그 율법을 주야로 묵상하는 자로다.
저는 시냇가에 심은 나무가 시절을 좇아 과실을 맺으며 그 잎사귀가 마르지 아니함 같으니
그 행사가 다 형통하리로다.(시편 1:2-3)

래리 크랩의 에덴남녀

Larry Crabb

Fully Alive

래리 크랩의 에덴남녀

래리 크랩 지음 | 윤종석 옮김

복 있는 사람

래리 크랩의 에덴남녀

2014년 6월 23일 초판 1쇄 발행
2017년 7월 6일 초판 3쇄 발행

지은이 래리 크랩
옮긴이 윤종석
펴낸이 박종현
도서출판 복 있는 사람
주소 서울특별시 마포구 연남동 246-21(성미산로23길 26-6)
전화 02-723-7183, 7734(영업 · 마케팅) 팩스 02-723-7184
이메일 blesspjh@hanmail.net
등록 1998년 1월 19일 제1-2280호

ISBN 978-89-6360-134-2 03230

이 도서의 국립중앙도서관 출판시도서목록(CIP)은
서지정보유통지원시스템 홈페이지(http://seoji.nl.go.kr)와 국가자료공동목록시스템(http://www.nl.go.kr/kolisnet)에서 이용하실 수 있습니다. (CIP 제어번호: 2014017584)

Fully Alive
by Larry Crabb

하나님을 드러내는 여성인 내 아내 레이첼에게

20년 전인 40대 때에 내가 수업 시간에 했던 말을,

당시 학생이었던 한 사람이 얼마 전 상기시켜 주었다. 나도 그 말이 기억난다.

"내가 사람들의 반응보다 하나님의 반응에 더 신경 쓸 때,

그때 무슨 책을 쓸지 궁금하다."

이것이 그 책일 수 있다. 이를 시작으로 더 많이 나올지도 모른다.

차례

들어가는 글

나는 어머니의 기도 소리를 들어 본 적이 없다. 내가 어렸을 때 어머니는 내게 성경 이야기를 들려주거나 주일학교 찬송을 불러 준 적이 없다. 어머니는 하나님을 알았고 예수님을 자신의 구주로 알았다. 하지만 내게 기독교를 전수하는 일은 아버지의 몫이었다. 아버지는 남자였고 어머니는 여자였다. 모든 경건한 여자들이 그랬듯이 어머니의 일은 집안의 뒷전으로 물러나는 것이었다. 뒤에서 돕거나 내조만 해야지 앞에 나서서 이끌거나 가르쳐서는 안 되었다. 그게 당시 교회 전반의 사고방식이었다. 그때만 해도 나는 그런 사고방식이 문화에 두루 스며들어 있음을 전혀 몰랐다.

어머니는 똑똑하고 아름다운 여자였다. 대학 전공을 살려 작업치료사가 된 어머니는 몇 년 동안 어느 사설 정신과병원에서 작업치료 프로그램을 관리했다. 나는 어머니가 젊은 신부였을 적의 사진들을 보았다. 당시의 문화적 기준으로 볼 때 어머니는 여성적 매력이 남달랐다. 늘 드레스 차림에 몸매도 날씬하고 얼굴도 예뻤다. 어머니는 그런

모습으로 가족들을 보살폈다.

어머니는 일주일 내내 거의 예외 없이 아침식사와 저녁식사를 직접 지었다. 중간의 자투리 시간에는 청소와 빨래를 했고, 때맞추어 나를 병원과 치과에 데려갔으며, 시장을 보았고, 내 열이 불덩이 같을 때면 이마에 찬 물수건을 얹어 주었다. 어머니는 여자였다. 그게 여자들이 하는 일이었다.

어머니는 7년 동안 알츠하이머병이 점점 악화되다가 87세에 세상을 떠나셨는데, 투병 3년째에 아주 흔치 않은 순간이 찾아왔다. 견딜 수 없는 고뇌를 어머니가 무심코 즉석에서 말로 표현한 것이다. 지금 생각해 보면 그 고뇌는 소녀 시절부터 어머니의 내면에 도사리고 있었던 것 같다. 그때 우리는 점심을 먹으러 나가던 참이었다. 내가 어머니를 모시고 차 있는 쪽으로 가고 있었고 아버지가 뒤에 천천히 따라오고 있었다. 갑자기 어머니가 걸음을 멈추더니 두려움에 가득 찬 눈으로 내 눈을 보면서 울먹이며 말했다. "나는 아무에게도 쓸모없는 사람이구나."

어머니가 우는 모습을 본 것은 그때가 두 번째였다. 첫 번째는 아주 옛날로 거슬러 올라간다. 당시 여덟 살의 철부지 꼬마였던 나는 일이 뜻대로 되지 않자 화가 나서—아니, 잔인하게—어머니에게 이런 말을 했다. 엄마가 아주 못됐고, 세상에서 최악의 엄마라고 말이다. 그러자 어머니는 우셨다. 놀랄 일이 아닌데도 나는 깜짝 놀랐다. 엄마도 여자구나. 그냥 내 엄마만이 아니구나. 순간적으로 그런 생각이 들면서 어찌할 바를 몰랐던 기억이 난다. 나는 즉시 말을 뒤집어 어머니에게 울먹이며 말했다. 방금 한 말은 본심이 아니며 엄마는 정말 훌륭한 어머니라고 말이다. 무슨 말이든 해서 어머니의 울음을 그치게 해야 했다. 어머니의 고통을 차마 볼 수 없었다.

어머니는 몇 년 전에 돌아가셨다. 뒤에 남은 내게 이런 의문이 들었다. 어머니는 자신이 누군가에게 아주 좋은 사람이었음을 느끼신 적이 있을까? 자신의 삶이 하나님과 가족들과 다른 사람들과 그 누군가에게 풍성한 기쁨을 가져다주었다는 것을 느끼신 적이 있을까?

그렇지 않은 것 같다. 그것을 생각하면 지금도 마음이 아프다. 어머니는 그렇게 느끼며 사실 수도 있었는데 그렇지 못했다. 나는 내 어머니의 아들이 된 것이 감사하다. 본인이 이해하고 있던 여자상—하나님이 계획하신 여자의 됨됨이와 본분—으로 볼 때 어머니는 좋은 여자였고 충실한 아내였다. 그리고 말로는 아니지만 행동으로 사랑을 표현한 고운 마음씨의 어머니였다(어머니가 내게 사랑한다고 말한 기억은 없다).

그런 기억이 없는 것도 슬프지만 지금 나의 가장 슬픈 생각은 이것이다. 아마 어머니는 자신에게 이렇게 물어본 적이 없을 것이다. "내게 주어진 모든 관계 속에서 하나님의 형상을 지닌 여자로서 충만하게 살아 있다는 것은 무슨 뜻일까?" 어머니는 주어진 기회를 살려 자신의 소명과 은사대로 하나님 나라를 진척시켰을 수도 있다. 하지만 어쩌면 끝내 그 사실을 몰랐을 것이다. 자신의 소명과 은사가 가정이라는 장에서 가장 충만하게 표현됨을 이런 질문을 통해 확실히 정립했더라면, 어머니는 가족들에게 베푼 그 모든 선행 속에서 의미와 기쁨을 발견했을 것이다.

불편하게도, 아버지의 이야기는 다르면서도 비슷하다. 나는 아버지의 기도 소리를 자주 들었다. 내가 하나님의 존재를 처음 믿은 것도

다섯 살 때 어느 주일 아침에 아버지의 기도를 듣고서였다. 주일 아침마다, 아이들까지 포함해 60명의 사람들이 크게 빙 둘러서서 주님의 죽음을 기념했다. 불과 몇 년 동안 나는 이미 많은 남자들의 기도를 들을 만큼 들었다. 물론 여자들은 소리 내어 기도하는 게 허용되지 않았다. 여자들은 교회에서 잠잠해야 한다고 우리는 배웠다.

남자들의 기도는 늘 형식적이고 내용도 뻔해 보였다. 한번은 빌 넬슨 씨의 기도 시간을 재 보았더니 24분이나 걸렸다. 그런데 그날 아침에 일어나 기도한 사람은 평소에도 자주 그랬듯이 아버지였다. 나는 넬슨 씨가 다시는 기도하지 않았으면 좋겠다고 생각하며 교회당의 카펫 바닥에 누워 있었다. 왠지 모르지만—성령과 관계가 있지 않을까 싶다—나는 아버지가 기도를 시작할 때 눈을 뜨고 아버지를 보았다. 그때 퍼뜩 이런 생각이 들었다. 아버지는 정말 누군가에게 말하고 있구나! 나는 즉시 자리에서 일어나 거의 소리 내어 말했다. "와, 아빠는 지금 하나님께 말하고 있는 거야!" 그 순간 나는 확신에 찬 유신론자가 되었다. 그리고 3년 후에 믿음을 고백하는 그리스도인이 되었다.

아버지는 성경을 사랑했다. 내가 열두 살 때 아버지는, 예수께서 엠마오 도상의 절망에 빠진 두 제자에게 구약을 풀어 그리스도를 보여 주시던 일을 내게 들려주었다. 그때 아버지가 잠시 말을 끊고 눈길을 돌리던 모습이 기억난다(지금 생각하면 아버지는, 실체이지만 보이지 않는 세계를 응시하고 있었을 것이다). 아버지는 거의 어린아이 같은 흥분과 경이에 젖어 부르르 떨면서 정확히 이렇게 말했다. "성경의 저자이신 그분과 함께 성경공부를 하다니 정말 놀랍지 않았겠니?"

할아버지는 아버지가 다섯 살 때 돌아가셨다. 아버지는 중학교 2학

년까지 마친 후 중퇴하고 취직하여 홀어머니와 세 형제를 부양했다. 20대에는 큰 회사의 세일즈맨이 되었는데, 수입이 넉넉하여 훗날의 아내인 어머니에게 청혼할 수 있었다. 몇 년 후에 상사가 아버지에게 회사의 관행에 따라 단골손님들과 잠자리를 함께할 여자들을 조달하라고 다그쳤다.

아버지는 요셉의 정신으로 거부했다. "안 됩니다. 이 일로 나의 주님께 죄를 지을 수 없습니다." 결과는 해고였다. 장래성 있는 직장이 날아간 것이다. 그 뒤로 아버지는 작은 사업을 시작하여 오랜 세월 밤낮없이 매달렸지만 수입은 들쑥날쑥했다. 어머니의 도움으로 아버지는 형과 나를 먹이고 입히고 그런대로 고생을 면하게 해주었다.

되돌아보면 아버지가 우리를 잘 길러 주셔서 감사하다. 아버지는 형 빌이 오랜 반항기를 지날 때나 내가 대학원에서 심리학을 공부하면서 신앙 문제로 힘들어할 때도 늘 좋은 아버지였다. 아버지가 어머니를 깊이 사랑하셨다는 데에도 추호의 의심이 없다.

하지만 아버지에게 이런 생각이 든 적은 없었을 것이다. 남자로서 아내에게 다가가 아내를 충만하게 살아 있는 여자가 되게 해주려는 생각 말이다. 대신 아버지는 어머니가 당시의 불문율에 순응하는 것을 당연시했을 것이다. 그 불문율에 따르면 "여자의 본분"이란 유순하게 고분고분 돕고 내조하는 것이었다. 혹시 내가 놓쳤을지 모르지만, 두 분을 안 지 50년이 되도록 나는 아버지가 이런 경이의 눈길로 어머니를 바라보는 것을 본 적이 없다. "이 놀라운 여자는 누구인가? 내가 어떤 사람이 되어 어떻게 하면 아내 속에 있는 모든 것을 하나님 나라를 위해, 하나님의 영광을 위해, 그녀의 기쁨을 위해, 다른 사람들

의 복을 위해 막힘없이 주도록 도와줄 수 있을까?"

내 생각에 아버지는 그런 생각을 거부한 게 아니라 아예 그런 생각이 들지 않았을 것이다. 아울러 아버지는 두 아들에게 남성성을 길러 주기 위해 남자로서 자신이 할 수 있는 일이 무엇인지도 생각해 보지 않았을 것이다. 아버지는 빌과 내가 하나님과 사람들을 사랑하기를 간절히 원했지만, 그것은 그리스도인으로서 사랑하는 것이지 그리스도인 남자로서는 별로 아니었다.

칠순을 넘긴 뒤로 아버지는 자신이 아주 왜소하고 쓸모없고 보잘것없어 보인다는 말을 자주 했다. 왜 하나님이 자기를 계속 이 땅에 살려 두시는지 모르겠다는 말도 했다. 그때 내게 들었던 의문이 요즘에는 더 강하게 다가온다. "아버지는 자신의 더없이 깊은 소명인 남자라는 소명을 즐거워한 적이 있을까?" 이것은 죽는 순간까지 노년에도 계속될 수 있는 소명이다.

아버지는 그러지 못했던 것 같다. 하나님의 형상을 지닌 남자로서 충만하게 살아 있다는 것이 무슨 뜻인지 아버지는 끝내 몰랐을 것이고, 알려고 물어본 적도 없을 것이다.

초대 교회의 교부 리옹의 이레나이우스(Irenaeus of Lyons)는 이런 명언을 남겼다. "하나님의 영광은 충만하게 살아 있는(fully alive) 인간이다." 이 사상을 약간 수정하여 질문의 형태로 고쳐 써 보면 이렇다. 이 책을 쓰게 된 계기도 여기에 있다.

하나님의 영광을 위해 충만하게 살아 있는 남자와 여자가 된다는 말은 무슨 뜻인가?

나의 두 아들이 어언 중년이 되었다. 행여 아내와 내가 한 번도 기쁘고도 진지하게 이 질문을 던지지 않아, 앞으로 몇십 년 후에 두 아들이 탄식할 일이 없기를 바란다. 본래 남성성과 여성성은 이 땅에 하나님의 통치가 임하게 하도록 하나님이 우리에게 주신 기회다. 나의 두 아들과 두 며느리와 다섯 명의 손자손녀가 각자의 남성성과 여성성을 그렇게 향유했으면 좋겠다. 그러려면 그들은 자신의 관계방식을 통해 하나님의 놀라운 관계방식을 드러내야 한다. 그분의 관계방식은 삼위일체 하나님의 영원한 공동체 안에서도 나타나고, 사랑하는 자녀인 우리를 대하실 때도 나타난다.

나의 바람은 독자인 당신을 향해서도 똑같다. 당신은 남자 혹은 여자로 태어났다. 이것은 하나님의 계획이며 그 속에 즐거운 목적이 담겨 있다. 하나님은 당신이 모든 관계 속에서 그 목적을 알기를 원하신다. 힘든 관계에서도 마찬가지다.

이 책을 읽으려는 당신에게 권하고 싶다. 마음속에 다음과 같은 몇 가지 질문을 품기 바란다. 나의 어머니와 아버지는 결코 이런 질문을 하지 않았을 것이고, 오늘날 교회에서나 가정에서나 친구들 사이에서도 웬만해서는 이런 질문을 듣기 힘들다. 하지만 우리 삶을 향한 하나님의 계획을 이루려면 반드시 해야 할 질문들이다. 어디까지나 우리는 남자와 여자로 지음 받았다.

- 우리를 남자 혹은 여자로 창조하실 때 하나님이 생각하신 것은 무엇인가? 쾌락을 통한 번식뿐인가? 행복한 결혼생활뿐인가? 그분이 생

각하신 게 또 있는가? 혹시 더 많이 있는가? 결혼 여부와 관계없이 누구나 누릴 수 있는 더 초월적인 것이 있는가?

- 하나님의 영광을 위해 충만하게 살아 있는 남자와 여자가 된다는 말은 무슨 뜻인가? 당신은 남자나 여자로서 충만하게 살아 있는가?
- 여자를 지극히 여성답게 하는 것은 무엇인가? 하나님의 놀랍도록 독특한 관계방식이 여성을 통해서는 어떻게 드러나는가? 이것은 새삼스러운 질문인가? 당신은 여기에 호기심을 느끼는가? 당신이 여자라면, 자신이 여성답게 보이는가? 언제 그런가? 왜 그런가?
- 남자를 지극히 남성답게 하는 것은 무엇인가? 하나님의 놀랍도록 독특한 관계방식이 남성을 통해서는 어떻게 드러나는가? 이것은 새삼스러운 질문인가? 당신은 여기에 호기심을 느끼는가? 당신이 남자라면, 자신이 남성답게 보이는가? 언제 그런가? 왜 그런가?
- 우리는 여성다운 여자와 남성다운 남자로서 관계를 맺지 못하여 하나님의 성품을 드러내지 못하고 있는가? 우리가 이해하는 죄에는 관계적 죄가 포함되어 있는가? 아니면 우리가 생각하는 죄란 그저 명백히 나쁜 행동에 지나지 않는가?
- 독신 여자가 충만하게 살아 있는 여성이 된다는 말은 무슨 뜻인가? 독신 남자가 충만하게 살아 있는 남성이 된다는 말은 무슨 뜻인가? 그것은 가능한 일인가? 독신인 사람도 결혼한 사람 못지않게 충만한 여성이나 남성이 될 수 있는가? 독신의 삶도 하나님을 위해 붙잡아야 할 독특한 기회인가? 적어도 결혼생활만큼 고결한 소명인가?
- 남성다운 남자와 여성다운 여자로서 관계를 맺지 못하는 것이 동성애 성향, 문란한 성생활, 성 중독, 성적 두려움 등과 상관이 있는가?

• 다음과 같은 이해가 가능한가? 하나님의 통치가 실현되려면—그리스도의 나라가 이 땅에 임하려면—그 중심에 특정한 공동체가 형성되어야 하는데, 그 공동체는 여성다운 여자들과 남성다운 남자들 가운데에만 형성될 수 있다. 즉, 관계방식에 남성성과 여성성이 실천되어야 한다. 스탠리 그렌츠(Stanley Grenz)는 그것을 이렇게 표현했다. "하나님의 통치가 현존하면—하나님의 뜻이 이루어지면—공동체가 출현한다."[1] 그의 말은 무슨 뜻인가? 과연 맞는 말인가?

굵직한 질문들이고 가짓수도 많다. 흔하지도 않고 답하기도 쉽지 않다. 하지만 본연의 삶에 담긴 의미와 희망과 기쁨을 알려는 모든 사람에게는 중요한 질문들이다. 본연의 삶이란 하나님의 형상을 지닌 성적 존재(gendered bearers)로서 살아가는 삶이다.

나의 부모님은 하나님을 기쁘시게 하는 삶을 살았고 결혼생활도 행복한 편이었다. 하지만 두 분이 만일 이런 질문을 던지고 성경에서 답을 찾았더라면, 나에게 하나님의 관계적 아름다움을 얼마나 더 드러내 줄 수 있었을까? 자신들의 남성성과 여성성을 얼마나 더 누릴 수 있었을까?

이제 두 분은 나의 기억 속에 살아 있으며, 남자와 여자로서 완성된 상태를 영원토록 충만하게 누리고 있다. 두 분이 있기에 지금의 내가 있다. 깊은 감사를 담아 이 책을 두 분께 바친다.

감사의 글

베이커 출판사에 감사한다. 덴버에서 처음 만나 아침식사를 할 때부터 그들은 이 일에 비전을 품어 주었고, 전체 과정 동안 엄청난 재능과 에너지를 바쳐 최선의 작품을 만들어 냈다. 채드와 마이크와 린제이 등 훌륭한 팀원들과 함께 일할 수 있어 좋았다.

'영성지도학교'의 모든 학생들에게 감사한다. 성에 대한 나의 생각에 틀이 잡히는 동안 그들이 길동무가 되어 주었다. 그들의 도움으로 성에 대한 하나님의 비전이 인간의 영혼 깊은 데까지 닿아 있고 해방의 위력을 지니고 있음을 깨달았다.

톰과 제니 부부, 밥과 클로디어 부부에게 감사한다. 레이첼과 나는 계획적인 영성계발 그룹에서 10년 가까이 그들과 동행해 왔다. 우리는 모두 하나님이 창조하신 본연의 남녀에 더 가까워지기를 갈망하고 있다. 좋은 여정이다.

동료이자 친구이자 주 안의 자매인 앤디에게 감사한다. 앤디 없이 내가 이런 일을 할 수 있을지 의문이다. '성 문제'에 대한 앤디의 열정은 이 책을 쓰는 데 힘이 되어 주었다.

나의 두 아들에게 감사한다. 켄은 이 일에 식견과 관심을 보여주었고, 덕분에 수시로 둘이서 깊은 대화를 나누었다. 그것이 내게 얼마나 추진력을 주었는지 본인은 잘 모를 것이다. 켑은 에이전트 일을 맡아 생각을 활자로 옮기는 과정을 이끌었다. 그가 원고를 입력하며 들려준 지혜로운 의견이 장마다 눈에 보인다.

50년 가까이 내 아내의 자리를 지켜 온 레이첼에게 감사한다. 아내는 내가 가장 잘 아는 여자이자 가장 귀히 여기는 여자다. 아내의 여성다운 삶이 나를 일깨워 본연의 남성다운 남자가 되게 한다. 그동안도 수없이 말했지만 앞으로도 수없이 더 말할 것이다. 여보, 당신을 사랑하오!

서문

부부나 가족이나 친구 사이를 생각해 보라. 외국에서 섬기는 선교사 소그룹, 교회 모임, 장로 제직회, 직장 동료들, 골프 친구들을 생각해 보라.

사람들이 서로 만날 기회가 있는 곳이면 어디나 좋다.

이번에는 다리를 생각해 보라. 깊은 협곡 위에 놓인 좁은 다리다.

한 사람은 다리 이쪽 끝에 서 있고 한 사람은 저쪽 끝에 서 있다. 두 사람은 서로 마주보고 있다. 서로 표정도 볼 수 있고 목소리도 들을 수 있다. 하지만 전혀 소통은 되지 않는다.

그들은 두 여자일 수도 있고, 두 남자일 수도 있으며, 남자와 여자일 수도 있다. 그건 중요하지 않다. 한 가지 분명한 불변의 사실이 있다. 성별과 무관하게 둘 사이에 거리가 있다는 것이다. 그들은 다리 위에서 만나지 못한다.

그런데 다리 양쪽 끝의 표지판에는 "소통의 다리"라고 쓰여 있다. 이 다리는 두 여자, 두 남자, 남자와 여자에게 만날 기회를 제공한다.

그들도 그것을 원한다.

- 두 여자는 자매나 친구로서 소통하기 원한다.
- 두 남자는 형제나 친구로서 소통하기 원한다.
- 남자와 여자는 형제자매나 연인으로서 소통하기 원한다.

그들은 본래 소통하도록 되어 있다. 깊은 차원에서 만나 마음의 갈망을 깊이 채워 주도록 되어 있다. 하지만 그들은 결코 제대로 만나지 못한다. 그런 일은 없다.

어떻게 하면 다음과 같은 일이 일어날 수 있을까?

- 두 여자가 충만하게 살아 있는 여자들로서 만난다.
- 두 남자가 충만하게 살아 있는 남자들로서 만난다.
- 남자와 여자가 충만하게 살아 있는 남자와 충만하게 살아 있는 여자로서 만난다. 형제자매나, 하나님을 닮은 사랑으로 영원히 서로 사랑하는 평생의 연인으로서 만난다.

소통(connection)의 정의를 보여주는 공동체가 있으니, 바로 성부 성자 성령의 삼위일체 하나님이시다. 이 책은 그 공동체의 지혜를 빌려온 것이다. 지금부터 남녀 인간이 어떻게 소통의 다리에서 만나 관계를 맺을 수 있는지 살펴보도록 하자.

I
성의 중심을 찾아서
하나님의 생명이 거하는 곳

우리는 인류가 '다혈질'과 '담즙질'로, 외향적 부류와 내성적 부류로, 백인과 유색인으로, 천재와 그 외로 구분된다고 말할 수 없다. 하지만 인류는 남자와 여자로 확실히 구분된다. 이 구분은 우리의 개인적 실존의 뿌리에까지 닿아 있고, 우리의 성격과 운명의 가장 깊은 '형이상학적' 기저에까지 뚫고 들어간다. 에밀 브루너1

성(gender)은 우리 존재의 핵심을 이룬다. 남성성이나 여성성은 우리의 존재에 번복 불능이자 폐기 불능으로 깊이 새겨져 있다. 따라서 "나는 먼저 인간이고 그 다음에 남자나 여자다"라는 말은 정확하지 못하다. 오히려 우리는 자신의 특권적 운명에 감격하며 이렇게 말해야 한다. "나는 남자인 인간이다." "나는 여자인 인간이다." 우리 영혼의 중심은 남성성이나 여성성으로 살아 있다. 성을 초월하시는 하나님의 놀라운 관계적 속성을 우리는 남자나 여자로서 반사하도록 되어 있다. 그렇게 할 때 양쪽의 독특한 관계방식이 우리의 대인관계 속에 확연히 드러나게 된다.

그러므로 우리가 해야 할 질문은 이것이다. 남자를 남성답게 하는 것은 무엇인가? 여자를 여성답게 하는 것은 무엇인가?

1
섹스와 젠더

하나님을 충분히 잘 알게 되면 우리의 관계방식으로 그분을 즐거워할 기회와 사람들에게 그분을 드러낼 기회를 무엇보다도 가장 중시하게 된다. 그러면 우리는 점점 더 남성다운 남자와 여성다운 여자로 살아 있게 된다.

우선 가장 기본적인 질문에서부터 시작해야 한다. 섹스(sex, 생물학적 성별)와 젠더(gender, 사회적 성 정체성)는 어떻게 다른가? 아이의 성별을 구분하는 일은 (대개) 비교적 쉽다. 성기를 보면 갓난아기가 남자인지 여자인지 알 수 있다. 굳이 최신 의학을 공부하지 않아도 의사는 부모에게 "아들입니다", "딸입니다"라고 자신 있게 알려 준다. 그러면 부모는 그대로 받아들인다. 거기에 맞게 이름도 짓고 옷도 입힌다. 대부분의 그리스도인들이 동의하듯이 하나님은 생물학적 섹스가 그대로 남녀의 젠더가 되도록 지으셨다. 해부학적으로 정해진 성별은 곧 하나님이 의도하신 대로 사회적 성 정체로 표출하게 되어 있다.

하지만 늘 그런 것은 아니다. 최근에 나는 스웨덴에서 태어난 한 아기에 대한 기사를 읽었다. 친구들이 부모에게 "아들이야, 딸이야?"라고 묻자 부모는 차분하게 대답했다. "그건 아이가 나중에 직접 결정할 일이지. 아들인지 딸인지는 결국 우리 아이가 알려 줄 거야."

매우 드물지만 아기가 남성 성기와 여성 성기를 둘 다 가지고 태어나는 경우가 있다. 그럴 경우에는 대개 아이의 (생물학적) 성별을 결정해야 한다. 그 결정에 따라 의료진이 수술로 아이를 남자나 여자로 만든다. 나중에 그 아이가 자라면서 자기가 왜 남자의 몸에 갇힌 여자처럼, 또는 여자의 몸에 갇힌 남자처럼 느껴지는지 의아해할 수 있다. 우리의 실존이 타락해 있다 보니 때로 답이 없어 보이는 복잡한 상황이 발생한다. 이런 문제는 풀기가 어렵거나 아예 불가능해 보인다.

내가 읽은 기사에는 스웨덴의 그 아기가 양성의 성기를 모두 가지고 태어났다는 말은 없었다. 그래서 짐작컨대 아이의 생물학적 섹스(성별)는 문제가 되지 않았을 것이다. 하지만 아이의 젠더(성)는 무엇이든 될 수 있다는 게 부모의 입장이었다. 그들은 아이의 성이 성별로 결정되는 게 아니라고 보았다. 그래서 남자 또는 여자의 사회적 정체를 취하는 일을 본인의 결정에 맡기기로 했다. 어차피 누군가 결정할 일이라면, 그 성을 평생 안고 살아야 할 사람이 결정하는 게 맞지 않겠는가?

그래서 이 부모는 아이에게 하루는 예쁜 드레스를 입히고 하루는 남아용 바지를 입혔다. 아이가 어느 한쪽의 성에 더 끌리는 모습을 보일 때까지 계속 그렇게 할 작정이었다.

그들의 생각은 분명하다. 성별과 성은 별개라는 것이다. 성별은 (대부분의 경우) 출생 시에 정해진다. 아이가 남자인지 여자인지는 해부학적으로 결정된다. 하지만 성은 본인이 정하기 나름이다. 이것은 아이가 남아로 자라 결국 남자로 살 것인지, 아니면 여아로 자라 결국 여자로 살 것인지의 문제다. 성의 선택이 해부학적 성별과 꼭 일치할 필요는 없다는 것이다.

미국의 한 교육자는 이 개념을 크게 한 걸음 더 끌고 나갔다. 내가 본 비디오 속의 그 남자는 교실에 가득한 초등학생들에게 이렇게 말했다. 사람의 성은 그저 단 한 번 선택의 문제만이 아니고 나중에 그 선택이 바뀔 수도 있다는 것이었다. 남자가 평생 여자로 살고 싶거나 여자가 평생 남자로 살고 싶다면 성전환 수술을 받으면 된다. 그러면 자신이 선택한 성과 생물학적 성별이 서로 일치하게 된다. 하지만 그 교사에 따르면 우리의 개인적 자유는 성전환이라는 단번의 선택으로 국한되지 않는다. 해부학적 성별은 그대로 두고도 성을 마음대로 선택할 수 있다.

내가 제대로 들었다면 그 교사의 말은 이런 뜻이다. 사람은 성기를 바꾸지 않고도 오늘은 남자로 살다가 내일은 여자가 되기로 선택할 수 있다. 여대생으로 살다가 남자로 성인기를 보내고, 노년에 다시 할머니나 할아버지가 될 수 있다. 결코 몸에 제약을 받지 말라. 성은 언제나 선택할 수 있다.

이 스웨덴 부모의 견해나 미국 교육자의 가르침이 주류 문화를 대변하지는 않는다. 적어도 아직은 아니다. 하지만 오늘 극단적으로 들리는 개념이 내일 얼마든지 주류가 될 수도 있다. 대부분의 그리스도인들이 동의하는 성경의 계시—하나님은 생물학적 성별이 그대로 남녀의 성이 되도록 지으셨다—를 사회가 거부하면 그렇게 된다. 아울러 거기서 파생되는 신념—해부학적으로 정해진 성별은 곧 하나님이 의도하신 대로 사회적 성 정체로 표출되게 되어 있다—이 없으면 그렇게 된다.

출발점

우리 문화는 성 정체의 혼란에 빠져 있다. 이 혼란의 중심에 다음과 같은 사실이 있다. 남자를 남성답게 하고 여자를 여성답게 하는 것이 무엇인가에 대해 심사숙고를 거친 합의가 없다는 것이다. 이렇게 논란으로 점철된 이슈에서 합의에 도달하려면 우선 출발점부터 합의해야 한다.

대부분의 복음주의자들은 하나님이 우리를 남자와 여자로 지으실 때 본래 성과 성별이 일치되게 하셨다고 믿는다. 성(젠더)은 남성성이나 여성성으로 표현되는 사회적 정체이고, 성별(섹스)은 암수를 가르는 신체 구조다. 남자로 태어난 사람은 남자로 살고, 외모를 남자처럼 하고, 남자로서 사람들을 대한다. 여자로 태어난 사람은 여자로 살고, 외모를 여자처럼 하고, 여자로서 사람들을 대한다.

하지만 이 출발점은 즉시 까다로운 문제들을 야기한다. 남자나 여자로 살고, 외모를 남자나 여자처럼 하고, 남자나 여자로서 사람들을 대한다는 말이 무슨 뜻인가? 남성답다거나 여성답다는 말이 무슨 뜻인가? 남성성이나 여성성이라는 말만 들어도 우리의 머릿속에는 어이없는 이미지들과 피상적인 문화적 선입견들이 난무한다. 구시대의 유

물인 그것들이 지금도 우리를 놓아주지 않고 있다. 예컨대 정장 차림의 남자와 주름진 블라우스 차림의 여자, 강한 남자와 부드러운 여자, 어깨가 넓은 남자와 다리가 날씬한 여자, 열심히 일하느라 집에 없는 아버지와 집안에서 살림을 잘하는 어머니, 강하게 이끄는 남자와 순순히 따르는 여자 등이 그것이다.

이런 선입견들을 떨친다 해도 또 다른 질문이 우리 앞에 놓여 있다. 남자가 남성다워지고 여자가 여성다워진다는 것이 정말 무슨 뜻인지 알려면 성경적 기초가 필요한데, 우리 그리스도인들에게 그러한 성경적 기초가 있는가? 우리는 하나님의 형상을 지닌 존재다. 그렇다면 남자와 여자는 각자의 관계방식을 통해 하나님의 놀랍도록 독특한 일면을 드러낼 수 있는가? 우리에게 이 질문이 중요하기는 한가?

우리 문화는 성별과 성에 대해 혼란에 빠져 있지만, 이에 대한 교회의 대응은 내가 보기에 미흡하다. 그동안 우리는 여자의 본분이나 여성의 평등권에 너무 집중하느라고 남자와 여자의 독특한 관계적 기회에 대해서는 별로 생각하지 않았다. 전통주의자들은 여자들이 '분수'를 지켜야 할 성경적 이유가 있다고 믿는다. 평등주의자들은 독특성을 강조하다가 평등을 놓치면 자칫 남자들에게 '군림형 리더십'을 허용할 수 있다고 우려한다. 특히 교회에서 남자들이 권위의 지위를 고수할 수 있다는 것이다.

그들의 우려는 정당한 것이다. 성장기에 나는 우리 교회의 남자들이 '여자의 본분'에 대해 고자세로 말하는 것을 자주 들었다. 반면에 '남자의 본분'에 대해 비슷하게 말하는 남자는 한 번도 보지 못했다. 메시지는 암묵적이지만 분명했다. 여자는 제약을 받지만 남자는 자유롭다는 것이었다. 직분은 남자들의 몫이고 여자들은 조용히 따라야 했다. 나의 부모님이 그 메시지대로 살았다.

오늘날 섹스나 젠더에 대한 우리의 담론에서 들을 수 없는 부분이 있다. 하나님을 닮은 남성다운 남자가 된다는 말이 어떤 의미인지, 그에 대한 사려 깊고 성경적이고 개방적인 토론이 없다. 하나님을 닮은 여성다운 여자가 된다는 말의 의미도 똑같이 중요하지만, 또한 독특하고 다르다.

가부장적 전통주의자들은 남자의 리더십을 강조한다. 직장 세계에서는 몰라도 교회와 가정에서만은 분명히 그렇다. 위계적 전통주의자들은 동전의 이면까지 강조한다. 남자가 리더가 되려면 여자가 복종해야 한다는 것이다. 여자들의 가치는 남자와 동일할지 몰라도 기회는 동일하지 않다. 여자는 하나님이 정해 주신 자리에 남아 있어야 한다. 그것이 여자다운 여자의 도리다.

보완주의자들은 남녀의 차이를 흔쾌히 인정하지만, 하나님이 지으신 그 차이가 주로 성 역할에 있다고 역설한다. 남자다운 남자는 이끌고 여자다운 여자는 따른다. 어떤 보완주의자들은 전통주의에서 한 걸음 더 벗어나, 성의 차이가 여자에게 남자를 보완할 기회를 준다고 말한다. 그러려면 여자들은 여성스럽고 부드럽게 대해야 하고, 남자들은 계속 남자답고 힘차게 이끌어야 한다. 그렇지만 가정에서나 교회에서나 최종 권위는 여전히 남자에게 있다.

평등주의자들도 대개 남녀가 다르다는 데는 동의한다. 하지만 그들은 각 성의 독특성을 탐색하지 않는다. 하나님이 설계하신 본연의 남성성과 여성성을 실현하는 데는 관심이 없다. 그들의 구심점은 여성

과 남성의 완전한 평등에 있다. 남자와 여자는 서로를 대등한 파트너로 대하고, 서로 사랑하고 배려하며, 서로의 차이를 존중하고, 의견이 다를 때 건강한 대화로 피차 복종해야 한다. 특히 부부관계에서는 말할 것도 없고 사회, 교회, 직장 등의 모든 관계에서 그래야 한다. 또한 남녀가 대등한 자유로 모든 기회를 마음껏 누리며 살아야 한다. 그리하여 각자의 은사를 구사하고 소명을 존중해야 한다. 이들의 초점은 각 성의 독특한 기회가 아니라 여성의 평등권에 있다.

하지만 남자나 여자로 살고, 외모를 남자나 여자처럼 하고, 남자나 여자로서 사람들을 대한다는 말은 무슨 뜻인가? 남성성과 여성성 안에서 충만하게 살아간다는 말은 또 무슨 뜻인가? 이 문제는 여전히 충분히 탐색되지 않고 있다. 그래서 나는 나 자신도 예상하지 못했던 생기와 열정으로 묻는다. 남자를 남성답게 하고 여자를 여성답게 하는 것은 무엇인가? 그리고 남자와 여자의 관계방식에 본래 차이가 있다면, 그 차이가 어떻게 함께 하나님의 관계적 속성을 드러내 주는가? 하나님은 우리가 그분의 그러한 속성을 보고 즐거워하기를 원하신다. 이 문제에 대한 하나님의 생각을 알려면 성경을 보아야 한다.

새로운 질문, 새로운 생각

지난 30년 동안 나는 임상심리학자로서 나름대로 기독교 상담을 실천하고 가르쳤다. 그러나 이제 기독교를 보는 내 관점은 더 깊어지고 급진적이 되었다. 이전에 심각하게 생각해 보지 못했던 의문이 내 마음 속에 타오르기 시작했다. “아버지의 영광을 위해 성령으로 말미암아 그리스도 안에서 충만하게 살아 있다는 것은 무슨 뜻인가?"

우리는 하나님의 이야기를 하기 위해 존재한다. 하나님이 우리의 이야기를 하시려고 존재하시는 것이 아니다. 우리는 하나님을 위해 충만하게 살아 있어 그분을 영화롭게 해야 한다. 그러려면 그분을 즐거워하고 다른 사람들에게 그분을 드러내야 한다. 그밖의 목적을 위한 삶은 결국 사망에 이르는 길이다.

그렇다. 사망이다. 아무리 생명의 느낌을 줄지라도 그것은 환영幻影일 뿐이다.

문득 내게 이런 생각이 들었다. 정말 중요한 대화는 사람의 영혼 안에 그리스도의 생명을 더 많이 풀어내는 대화, 하나님의 이야기를 더 잘하도록 우리에게 능력을 입혀 주는 대화다. 또 하나 내게 서서히 떠오른 생각이 있다. 세속 전문가들은 물론 그리스도인들도 비일비재하게 심리치료와 상담을 시행하고 있지만, 방금 말한 기준에서 볼 때 심리치료와 상담은 중요한 대화에 해당되지 않는다. 그것들은 목표가 너무 낮아 증상 완화와 기분 전환을 벗어나지 못하며, 방법들 또한 계시가 아니라 연구에 기초한 것이다. 반면에 영성지도는 하나님을 즐거워하고 그분을 드러내기를 갈망하는 영혼 안에 성령께서 인도하시는 대화를 통해 그리스도의 생명을 풀어낸다. 이러한 영성지도가 내 관심을 사로잡았고 그리하여 머잖아 영성지도학교가 탄생했다.

매년 4회씩, 내가 영성지도학교라는 일주일 과정의 프로그램을 운영해 온 지 어언 10년이 되었다. 첫 3년 동안에는 하나님의 형상을 지닌 사람들 곁에서 영성계발을 돕는 데 초점을 맞추었다. 영성계발이란 예수님을 따르는 사람들이 그분을 닮아 가는 과정이다. 그러다 내

게 몇 가지 생각이 더 떠올랐다. 첫 번째 생각은 새로운 것은 아니었지만 새로운 위력으로 다가왔다. 우리는 하나님의 형상을 지니고 있는데, 그분은 삼위일체의 관계적 하나님이시다. 따라서 참으로 예수님을 닮으려면 그분처럼 관계를 맺어야 한다. 영성계발이란 곧 관계계발이다.

두 번째 생각이 곧바로 뒤를 이었다. 우리는 하나님의 형상을 지닌 인간일 뿐 아니라 하나님의 형상을 지닌 성적 존재(gendered being)다. 창세기 1:27에 그것이 분명히 나온다. 여기서 새로운 질문이 생겨났다. 성적 존재로서 관계를 계발한다는 것은 무슨 뜻인가? 남자나 여자로서 예수님처럼 관계를 맺는다는 말은 무슨 뜻인가? 바로 이때부터 남성성과 여성성이라는 단어가 새로운 의미로 살아났다. 나는 그 새로운 의미를 탐색하고 싶었다.

이런 의문이 들었다. "남성성과 여성성은 남자들과 여자들이 인간 공동체 안에서 관계를 맺는 방식과 상관이 있지 않을까?" 그들이 성령의 능력으로 관계를 맺는다면, 이는 성부와 성자께서 신의 공동체(divine community) 안에서 관계를 맺으시는 방식에 상응하지 않을까?

이제 세 번째 생각이 불쑥 튀어나왔다. 우리가 남성다운 남자와 여성다운 여자로 관계를 맺을 때, 비로소 관계적 공동체인 하나님 나라가 이 땅에 임하지 않을까? 그래서 우리 자신이 곧 주기도문의 응답이 될 수 있지 않을까? 하나님은 우리를 그분의 형상을 지닌 남자와 여자로 지으셨는데, 이는 남자와 여자가 각각의 관계방식을 통해 삼위일체 하나님의 놀라운 관계방식을 드러내게 하시기 위함이 아닐까?

사람의 생물학적 성별을 결정짓는 것은 호르몬과 성기와 XY 염색체의 배열이다. 이런 선천적 성별은 수술을 통해 완전히는 아닐지 몰라도 웬만큼 바뀔 수 있다. 반면에 옷차림과 헤어스타일과 말투 따위는 본인이 선택한 사회적 성 정체를 보여주는 증거다. 물론 요즘은 유니섹스 시대라서 그런 증거마저도 불분명할 때가 있다.

남녀의 종교적 본분(교회에서 말하는 성 역할)이 주제가 되면, 성 문제가 첨예의 관심사로 대두된다. 이럴 때는 대개 토론이 열기를 띤다. 하지만 이런 열기는 해부학적 차이 때문도 아니고 남녀의 겉모습 때문도 아니다(여자들이 긴치마나 겉옷으로 무릎과 몸매를 가려야 하는 근본주의 문화의 경우는 예외다). 이 싸움은 본분 대 자유의 싸움이며, 대개 남자가 아니라 여자에게 해당한다. 각자의 신학에 따라 여자들은 남자들이 정해 준 본분에 충실하든지, 아니면 마음껏 자유롭게 본래의 자신이 되어야 한다.

생물학적 성별을 수술로 바꾸어도 되는가? 사회적 성 정체의 가시적 표현으로 적절한 것은 무엇인가? 심리학자들과 도덕주의자들은 성전환 수술이 지혜로운 일인지 논박을 벌인다. 범위가 넓고 좁은 차이는 있지만 문화마다 사회적 성 정체의 적절한 가시적 표현에 대한 규범이 있다. 남녀에 따라 다른 특정한 겉모습이 있다. 그런가 하면 신앙인들은 종교적 본분을 열심히 내세운다. 과연 종교적 본분이라는 것이 존재하기는 하는가? 그 본분 때문에 여자의 행동이 제한되거나 남녀평등이 완전히 보장되는가? 남자와 달리 여자만 제약을 받는 부분이 있는가? 아니면 교회에서나 사회에서나 남녀가 똑같이 자유롭게 자신의 삶을 선택할 수 있는가? 물론 상호 합의하에 차별 없이 적용되는 도덕적 테두리 안에서 말이다.

이러한 의문들이 답을 찾아 아우성치는 동안, 어쩌면 더 중요한 또 다른 질문이 옆에서 대기하고 있다. 하나님의 영광을 위해 남성다운 남자와 여성다운 여자로서 관계를 맺는다는 말은 무슨 뜻인가?

하나님이 우리를 남자와 여자로 지으신 목적은 우리가 각자의 독특한 관계방식을 통해 하나님의 영광스러운 관계방식을 드러내게 하시기 위함이 아닐까? 그분의 관계방식은 그분 자신의 공동체 안에서도 나타나고 우리를 대하실 때도 나타난다. 바로 이것이 관계적 성(relational gender)이라는 개념에서 제기되는 질문이며, 내가 던지고 싶었던 질문이다. 이 책은 그 질문과 씨름해 온 나의 노력이다. 우선 태초에서부터 시작해 보자. 창세기 1:26-27이 우리의 출발점이다.

2
단어에는 의미가 있다

하나님이 이르시되 우리의 형상을 따라 우리의 모양대로 우리가 사람을 만들고……하시고 하나님이 자기 형상 곧 하나님의 형상대로 사람을 창조하시되 남자와 여자를 창조하시고. 창세기 1:26-27

한 번 보아서는 잘 이해가 안되는 단어들이 있다. 어떤 때는 그런 단어들을 두 번, 세 번까지 볼 가치가 있다. 예컨대 신학자 라인홀드 니부어(Reinhold Niebuhr)가 쓴 이 말을 생각해 보라. "한시적인 세계는 영원한 세계를 드러내되 전부 담아내지는 못한다."[1] 좀 어려운 말 같은가? 나한테도 그렇다. 하지만 함께 생각해 보자. 영원한 세계는 관계적이다. 하늘의 하나님이 시간을 초월하시는 공동체이기 때문이다. 그분은 세 인격체로 하늘에 계신다. 반면에 한시적인 세계는 주로 남녀 인간으로 구성되며, 그들은 이 땅의 공동체 안에서 관계를 맺고 있다. 그렇다면 이 세상에서 관계를 맺는 남녀 인간은 본래 삼위일체 하

나님의 관계적 삶을 조금이나마 함께 보여주도록 되어 있지 않을까? 우리가 성적 존재로 지어진 것은 남녀의 독특한 관계방식을 통해 영원하신 하나님의 관계방식을 드러내기 위해서가 아닐까?

감쪽같이 위장된 이기심

자기중심성은 머리가 많은 메두사와 같다. 성령께서 우리 안에 그리스도의 생명을 부어 주시기 전까지는 이기심이 인간 영혼의 주요 동력원이다. 우리 입에서 나오는 말을 한 꺼풀만 벗겨 보라. 대부분의 경우에 자신의 이익을 챙기려는 강박적 집착이 드러날 것이다. 이 집착 때문에 우리는 자기중심적 목적을 위해 기꺼이 다른 사람들은 물론 하나님까지 이용한다. 우주의 중심은 나다. 진부한 옛말 같지만 여전히 진리다.

수십 명의 여자들에게 자신의 여성성이 가장 잘 느껴질 때가 언제냐고 물어보았다. 여자로 살아 있어 가장 기쁠 때, 자신이 가장 여자답게 느껴질 때는 언제인가? 그중 몇은 내가 사용한 여성성(femininity)이라는 단어를 불쾌해했다. 특히 한 사람은 화를 내며 열변을 토했다. "질문 자체에 비하의 의미가 담겨 있군요. 언제 여성성을 느끼느냐는 질문에는 내가 남자에게 매력을 풍겨야 한다는 의미가 깔려 있습니다. 존중받는 인간이 아니라 '여자다운 대상'이 되어야 한다는 거죠. 보세요! 나도 여느 남자 못지않게 인간입니다. 내 행동과 사고와 존재가 겉모습보다 중요하다고요."

어떤 여자들은 혼란스러운 표정을 짓다가 잠시 생각한 후에 좀 더 전형적인 반응들을 내놓았다. "나 자신에게 그런 질문을 해본 적이 정말 없는 것 같네요." 내가 좀 더 다그쳐 묻자 몇몇 여자는 살짝 웃으며 말했다. "내가 아름다워 보인다는 걸 알 때 여자로서 기분이 좋지요." 임신과 출산의 경험을 여성 고유의 성 정체의 정점으로 여기는 사람들도 있었고, 성행위를 할 때 가장 여성성을 느낀다고 말한 사람들도 몇 있었다. 그런가 하면 지성과 실력으로 당당히 남녀 양쪽 모두에게 꼭 필요한 존재가 되고 싶다고 말한 사람들도 있었다. 자신도 사회와 타인에게 기여할 수 있는 부분이 있으므로 그것으로 인정과 존중을 받고 싶다는 것이었다.

나에게 이렇게 말한 여자는 하나도 없었다. "나의 대인관계 방식으로 하나님의 놀라운 일면을 드러낼 때 나는 여성다운 여자로서 가장 살아 있음을 느낀다. 나는 그분의 놀라운 관계방식을 알리도록 특별히 여자로 지음 받았다."

수십 명의 남자들에게도 자신의 남성성(masculine)이 가장 잘 느껴질 때가 언제냐고 물었다. 남자로서 가장 살아 있다고 느껴질 때는 언제인가? 그들은 주로 그리스도인들이었지만 대부분의 반응은 우습다는 듯 심드렁한 표정이었다. 어떤 사람들은 씩 웃으며 말했다. "내가 무슨 약해 빠진 샌님이라도 된다는 말입니까?" "증거가 아주 분명합니다. 나는 여자도 아니고 게이도 아닙니다." 이 질문에 대한 좀 더 진지한 반응들은 능력, 성취, 지위, 운동 실력, 업무 회의실이나 라커룸에서 매력을 풍기는 재미있는 성격, 주로 동성에게 인정받는 일 따위와 관계되어 있었다.

다음과 같은 말에 근접이라도 하는 남자는 하나도 없었다(적어도 이

책을 쓰기 전까지는 나도 그랬다). "나의 대인관계 방식으로 하나님의 지극히 선한 일면을 드러낼 때 나는 남성다운 남자로서 가장 살아 있음을 느낀다. 나는 그분의 경이로운 관계방식을 알리도록 특별히 남자로 지음 받았다."

여자를 여성답게 하는 것은 무엇이며 남자를 남성답게 하는 것은 무엇인가? 감쪽같이 위장된 우리의 자기중심성을 이보다 더 잘 폭로하는 질문은 별로 없다. 그런 자기중심성 때문에 우리는 그분 자신의 영광을 위해 만물을 창조하신 하나님을 종교라는 어두운 무대 뒤편에 편하게 모셔 두고, 무엇이든 우리의 소유이거나 우리의 소관인 것들에 스포트라이트를 비춘다. 그래야 자신에 대해 만족감이 들기 때문이다. 내가 누리는 유익보다 더 가치 있는 것은 없다.

우리 문화에 떠들썩한 성 담론도 다분히 자기중심성에서 비롯된 것이다. 정치적 공정성 때문에 성 정체는 거의 언제나 자유로 귀결된다. 그것은 하나님의 능력으로 그분을 드러낼 수 있는 자유가 아니라 다음과 같이 우리 자신을 떠받드는 이기적인 권리의식이다. "여자를 규정하는 기준은 잡지 표지에 등장하는 섹시한 모델이 아니고, 남자를 규정하는 기준은 풋볼 선수의 어깨 넓이가 아니다. 인간은 누구나 자신의 삶과 겉모습과 관계방식을 마음대로 선택할 자유가 있다. 무엇이든 선택해서 자신의 자존감을 높일 수 있다. 바로 그럴 때 여자는 여성답게 되고 남자는 남성답게 된다. 그나마 이런 문제에 신경이라도 쓰는 사람이 있다면 말이다." 여기서 관건은 충만한 성이 아니라 충만한 인간이다.

기독교계의 종교적 공정성은 주로 두 가지 버전으로 나타난다. 전통적 버전은 다음과 같이 가르친다. 경건한 여자들은 가정에서 남편에게 복종하고 교회에서 남성 지도자들에게 복종해야 하며, 그럴 때 하나님이 의도하신 여성다움이 표출된다. 이것은 여자들이 진심으로 하나님을 높이기 위해 그분께 순종하는 행위다. 남편이 없는 여자들은 사회에서는 마음대로 행동할 재량이 있지만 사역에서는 남성의 권위에 복종해야 한다. 여자가 하나님이 정해 주신 본분에 순응할 때 여성성이 드러난다. 그나마 여성성이라는 단어가 쓰이기나 한다면 말이다. 남성성이라는 단어도 거의 쓰이지 않기는 마찬가지다. 남성성은 남자의 지도력과 더 관계된다. 남자들은 가정과 교회에서 사랑으로 강력한 지도력을 행사해야 하며, 직장과 기업에서도 어느 정도 그래야 한다.

기독교계의 종교적 공정정의 두 번째 버전은 평등주의다. 이 입장에 따르면 복종과 침묵에 관한 성경 본문들(엡 5:22-24, 딤전 2:9-12)은 당시의 문화적 정황에 해당되는 지침일 뿐, 오늘날에는 그 특정한 정황이 더 이상 존재하지 않는다. 현재의 남자들과 여자들은 그리스도께서 얻어 주신 자유를 누리면서 자유롭고 대등한 인간으로 살아야 한다. 복음주의적 평등주의자들은 남녀 모두에게 (특히 여자에게) 그렇게 가르치는 것이 곧 하나님과 그분의 복음을 높이는 일이라고 성경에 근거하여 믿는다. 성숙한 여성성의 핵심은 복종과 침묵이 아니라 자유와 평등이다. 반면에 성숙한 남성성이 드러나려면 남자가 여자들을 자신의 가상假想의 권위에 복종시키지 말아야 하며, 가정과 교회와

사회에서 여자들과 대등하게 살면서 자유롭게 자신의 소명을 추구해야 한다.

성에 대한 두 가지 "공정한" 견해 어느 쪽도 처절하게 씨름하지 않는 듯한 부분이 있다. 여성다운 여자와 남성다운 남자를 성경이 어떻게 규정하고 있느냐는 것이다. 차차 살펴보겠지만 성경의 단어들이 성경의 이야기 및 교훈들과 연합하여 우리에게 알려 주는 것이 있다. 여성성과 남성성은 남녀의 독특한 관계방식으로 이루어지며, 그 관계방식이 우리의 내면 깊숙이 새겨져 있다는 것이다. 즉 여성다운 여자나 남성다운 남자의 관계방식은 각각 하나님의 독특한 관계적 속성을 드러내도록 되어 있다. 이것은 소화하기 쉽지 않은 개념인데, 거기에는 다음과 같은 이유도 있다. 이 개념대로 살려면 우리의 자기중심성을 깨부수어야 한다. 이것은 어떠한 희생을 감수하고라도 다른 사람들에게 하나님을 드러내는 삶이다. 그런 삶을 최우선으로 삼으려면 우리의 자아 집착이 하나님 집착으로 바뀌어야 한다.

성경이 정말 그 개념을 지지하고 있다면 마땅히 우리는 그것을 탐색해야 한다. 물론 우리는 자신이 여성다운 여자나 남성다운 남자인지 따져 볼 수도 있고, 복종과 침묵에 관한 본문들을 해석할 수도 있고, 전통주의 진영과 평등주의 진영 중 자신이 어느 쪽인지 정할 수도 있다. 하지만 그전에 하나님이 우리를 남자와 여자로 창조하셨다고 말씀하실 때 선택하신 단어들부터 공부하는 게 먼저다. 이 공부를 통해 단서를 더 얻게 되어, 본래 하나님이 남자와 여자에게 의도하신 관계방식과 그 목적을 알게 될지도 모른다. 단어에는 의미가 있다. 성경의 단어들은 특히 더하다.

성을 보는 관계적 관점-첫 단서

익숙한 두 구절을 다시 보라. 특히 굵은 글씨로 강조한 부분에 주목하기 바란다.

> 하나님이 이르시되 우리의 **형상을** 따라 우리의 모양대로 우리가 사람을 만들고 **그들로** 바다의 물고기와 하늘의 새와 가축과 온 땅과 땅에 기는 모든 것을 다스리게 하자 하시고 하나님이 자기 형상 곧 하나님의 형상대로 사람을 창조하시되 **남자와 여자를** 창조하시고(창 1:26-27).

여기서 놓치지 말아야 할 것이 있다. 성경의 이야기는 하나님의 존재를 굳이 입증하지 않고 그저 전제한다. 이는 마음이 겸손한 이들에게는 자명한 사실이므로 전혀 변증이 필요 없다. 성경은 곧장 본론으로 들어간다. 항상 존재해 오신 하나님이 지금 존재하는 모든 것을 창조하셨다. 창세기 1장의 내러티브는 단순하다. 3절부터 25절까지 하나님이 일곱 번에 걸쳐 말씀하시자 빛, 우주, 바다, 식물, 물고기, 새, 동물이 기적처럼 등장했다. 그런데 이 부분에는 하나님이 어떤 분이신지는 직접 언급되지 않고 그분이 하실 수 있는 일만 언급된다.

하지만 하나님이 인간을 창조하실 때부터 공식이 바뀐다. "우리가"라는 하나님의 표현이 이때 처음 기록된다. 이는 신이신 인격체가 적어도 둘이나 어쩌면 셋이서 함께 대화하고 결정하셨다는 의미가 된다. 여기서 중요하게 눈여겨보아야 할 것이 있다. 하나님이 세 인격체의 공동체라는 첫 단서는 그분이 인간을 창조하실 때에야 등장한다.

하나님은 더 일찍도 아니고 바로 이 시점을 택하여 자신을 관계적 신으로 계시하신다. 그러면서 인간을 자신의 형상대로 만드신다. 여기서 그분의 형상이란 무엇인가? 그분의 관계적 속성인가? 아무래도 그래 보인다. 관계적 존재이신 신이 인간도 관계적 존재로 만드신다. 하나님의 이야기는—인간의 이야기도—그렇게 시작된다.

여기에 함축된 의미는 우리의 정체와 우리가 살도록 되어 있는 방식의 뿌리에까지 닿아 있다. 하나님은 영원히 관계 속에 존재하신다. 그분은 관계적 존재이시다. 이어지는 성경의 계시를 보면 신은 세 분의 구별된 인격체로 구성되어 공동체 안에 사신다. (여담이지만 삼위일체 하나님이야말로 정말 오랫동안, 정말 잘 지내온 사상 유일의 소그룹이다.)

이 관계적 하나님이 우리를 그분의 형상대로 지으셨기에 우리 각자는 처음 존재하기 시작하던 순간부터 관계적 존재로 지어졌다. 상호 구별되는 남자와 여자로서 하나님을 닮은 공동체 안에 살도록 지음 받고 부름 받았다.

26절의 그들이라는 단어도 잘 보라. "그들로……다스리게 하자." 무엇을 다스린다는 말인가? 인간이 다스리는 대상은 "바다의 물고기와 하늘의 새와 가축과 온 땅과 땅에 기는 모든 것"이다. 분명히 남자와 여자는 인간 이하의 모든 생명체를 다스리는 권위를 함께 대등하게 받았다. 둘 중 한 성이 다른 성을 다스린다는 언급은 없다. 하나님의 형상을 지닌 남녀가 서로를 어떻게 대해야 하는지와 관련하여, 적어도 이 시점에서는 하나님의 계획 속에 권위의 문제가 들어 있지 않은 것으로 보인다.

이어 27절에서 하나님의 감동을 받은 저자는 반복법을 써서 내용을 강조한다. "하나님이 자기 형상 곧 하나님의 형상대로 사람을 창조하시되." 요지는 분명하다. 우리는 하나님처럼 창조되었다! 하나님으로 창조된 것이 아니라 중요한 부분에서 하나님을 닮은 존재로 창조되었다.

바로 뒤이어 저자는 하나님이 우리를 남자와 여자로 만드셨다고 말한다. 이는 성을 초월하시는 하나님을 우리가 성을 통해 닮도록 지으셨다는 의미인가? 이번에도 역시 그래 보인다. 하나님은 남녀 인간을 지으실 때에야 비로소 자신을 세 인격체의 공동체("우리가")로 소개하셨다. 따라서 이러한 잠정적 결론이 가능하다. "우리가 하나님의 관계적 속성을 닮았다는 말은 바로 남자와 여자로서 그렇다는 뜻이다."

이제 우리는 다음과 같이 생각할 근거가 생겼다. 남성성과 여성성의 의미가 무엇이든, 삼위일체 하나님을 닮은 관계방식이 적어도 그 개념의 일부이며 어쩌면 그 개념 자체일 수도 있다.

간단히 요약하면 다음과 같다.

- 하나님이 자신을 관계 속의 세 인격체, 곧 공동체로 처음 계시하신 것은 하늘과 땅과 해와 별과 달과 식물과 물고기와 새와 동물을 지으실 때가 아니라 남녀 인간을 지으실 때였다.
- 태초에 하나님은 자신이 만드신 남녀 인간에게 인간 이하의 모든 생명체를 다스릴 권위를 대등하게 주셨지만, 서로를 다스리는 권위는 주지 않으셨다.
- 관계적 존재로 계시되신 하나님이 남자와 여자를 그분의 형상대로 만드셨다. 이로써 남자와 여자도 삼위일체 하나님의 관계방식처럼

서로를 대해야 한다는 해석이 가능해진다.

이러한 생각들을 우선 염두에 두고 이제 우리는 하나님이 우리를 남자와 여자로 지으신 목적을 좀 더 신중하게 탐색할 수 있다. 그 과정에서 우리는 여성다운 여자와 남성다운 남자가 된다는 말이 무슨 뜻인지 밝혀낼 것이다. 아울러 창세기의 이 두 구절에 나오는 몇 가지 핵심 단어들도 원어(히브리어)로 주의 깊게 살펴볼 것이다.

3
태초에
에덴동산의 성

깨어나지 않은 영혼 안에는 깊은 갈망이 잠자고 있다. 영혼은 고통을 느끼지 않고 실패에 부딪치지 않으려고 잠들어 있다. 하지만 목적의식은 삶의 불가피한 실망과 비극을 이겨낸다. 깨어나 자신의 성적인 중심을 발견하는 사람은 누구나 그 목적을 발견할 수 있다. 그 목적이 살아서 우리를 지탱시켜 준다.

훗날 하나님이 나의 아내를 천국으로 맞아 주실 때 따뜻하게 이런 말씀을 해주실지 모르겠다. "잘 하였도다! 너는 아름다운 여자로서 응어리까지 여성답게 네 인생을 살았다." 내 생각에 그분은 그러실 것이다.

안타깝게도 어떤 여자들은 그분께 이런 말씀을 들을 것이다. "네가 여기에 온 것은 내 아들이 죽어서 너에게 영생을 선물로 주었기 때문이다. 영원히 나와 함께 살도록 내가 기쁘게 영접하는 모든 사람들과 마찬가지다. 너는 친절하고 멋있고 매력 있고 도덕적이고 후하고 근

면하고 유능한 여자로 네 인생을 살았다. 하지만 너의 가족과 친구들 중에 너의 관계방식에 이끌려 나에게 온 사람은 거의 없다. 네 영혼의 응어리를 이루는 아름다움은 숨겨져 있었다. 너는 더없이 여성적인 여자로 살지 않았다." 그날 어떤 여자도 "하나님, 무슨 말씀이십니까?"라고 말하지 않을 것이다. 그때는 누구나 그 의미를 알 것이다.

테레사 수녀

우리 집 복도에는 연필로 스케치한 테레사 수녀의 초상이 걸려 있다. 나는 날마다 그 옆을 지나다닌다. 대개 걸음을 멈추고 그림을 바라본다. 바라볼 때마다 말로 표현할 수 없는 아름다움에 묘하게 매료된다. 매번 어김없이 그렇다. 그 아름다움이 내 영혼의 눈을 뜨게 해, 육안으로는 볼 수도 없고 알 수도 없는 것을 보고 알게 한다. 테레사 수녀를 보면 나는 하나님을 갈망하게 된다.

왜 그럴까? 늙고 주름진 캘커타의 성녀는 하나님의 아름다움으로 아름답고 여성다운가? 베드로가 교회의 아내들에게 하는 말을 들어보라. 이 말은 결혼 여부를 떠나 모든 여자들에게 해당된다. 무엇보다 테레사 수녀에게 꼭 맞는 말이다.

> 너희의 단장은 머리를 꾸미고 금을 차고 아름다운 옷을 입는 외모로 하지 말고 오직 마음에 숨은 사람을 온유하고 안정한[평온한] 심령의 썩지 아니할 것으로 하라. 이는 하나님 앞에 값진 것이니라. 전에 하나님께 소망을 두었던 거룩한 부녀들도 이와 같이 자기 남편에게 순종함으로

자기를 단장하였나니(벧전 3:3-5).

내면에서 우러나는 아름다움, 썩지 않는 아름다움, 온유하고 평온한 심령의 아름다움이다. 거룩한 여자들은 그것으로 자기를 단장했다.

테레사 수녀는 베드로가 말한 거룩한 부녀들의 반열에 들었다 해도 무방할 것이다. 그렇다면 질문은 이것이다. 그녀는 어떻게 자신을 단장했는가? 최신 헤어스타일이나 다이아몬드 귀걸이나 비싼 옷으로 한 것은 물론 아니다. 남자가 '섹스의 여신'을 보면 정욕이 동하지만, 여성다운 여자를 보면 하나님을 예배하게 된다. 참된 아름다움을 볼 줄 아는 남자라면 여성다운 여자를 볼 때 성적 매력은 뒷전으로 밀려나고 하나님을 예배하게 된다. 성적 매력이 아무리 강할지라도, 그 여성다운 여자가 다른 사람들을 대하는 방식이 남자를 흐뭇하게 한다.

테레사 수녀는 일편단심 희생적으로 사람들을 섬겼다. 잃어버린 영혼들을 예수께로 인도하여 그분을 전해 주는 것이 그녀 인생의 목적이었다. 남자도 동일한 목적을 위해 똑같이 훌륭하게 살 수 있다. 하지만 여자가 사람들을 섬기는 방식이 남자와 다를 수 있는가? 강단에서 말씀을 전하든 고아원에서 아이들을 보살피든 여자는 관계적 에너지가 다를 수 있는가? 테레사 수녀가 인도의 극빈자들에게 다가간 방식에는 무언가 여자다운 점이 있는가?

이전에 나는 워싱턴 DC에서 테레사 수녀의 강연을 듣는 특권을 누린 적이 있다. 3천 명의 사람들과 함께 앉아 들었는데 그녀의 목소리는 가녀리면서도 어딘지 힘이 있었다. 그녀는 두 팔을 벌리며 말했다. "태어나지 않은 아기들을 더는 죽이지 마세요. 살려서 나한테 보내 주

세요." 그 모습을 보노라니 예수께서 두 팔을 내밀며 이렇게 초대하시는 모습이 눈에 어른거렸다. "수고하고 무거운 짐 진 자들아, 다 내게로 오라. 내가 너희를 쉬게 하리라"(마 11:28).

여성성의 아름다움이 그 강당에 하나님의 향기를 가득 퍼뜨렸다. 테레사 수녀의 말속에 담긴 아름다움은 예수께서 완벽하게 계시하신 하나님의 아름다움을 닮아 있었다.

생각해 볼 세 단어

예수님을 아는 모든 여자의 영혼 안에는 초대하는 능력이 살아 있다. 그러한 여자는 하나님의 관계적 속성을 드러내는 힘이 있다. 남자는 그것을 그만큼 분명하게 드러낼 수 없다. 이를 가리켜 여성성의 위력이라 할 수 있다. 이것은 성적 매력도 아니고 사교적 성격도 아니며, 신체적 미모도 아니고 야망을 이루려는 실력도 아니다. 이것은 관계적 여성성의 아름다움이다. 창세기의 도움으로 이 개념을 이해할 수 있다.

> 하나님이 이르시되 우리의 형상을 따라 우리의 모양대로 우리가 사람[아담]을 만들고(창 1:26).
>
> 하와가……이르되 내가 여호와로 말미암아 득남[이쉬]하였다 하니라(4:1).
>
> 아담이 이르되……이것을 남자에게서 취하였은즉 여자[이샤]라 부르리라 하니라(2:23).

아담

처음 생각해 볼 단어는 아담(*adam*)이다. 이 단어는 최초의 인간의 이름만이 아니라 그 이상이다. 히브리어로 아담은 남녀를 초월하여 단순히 인간을 가리킨다. 신이나 동물이 아니라 인간이다. 하나님의 형상대로 지음 받은 남자나 여자다. "하나님이 이르시되 우리의 형상을 따라 우리의 모양대로 우리가 아담을 만들고"(창 1:26).

여기 "우리"는 세 인격체로 계시는 하나님의 공동체를 말한다. 그런 그분이 인간을 "우리의 모양대로" 만드신다. 즉 관계적 존재로 지으셨다는 뜻이다.

성경은 하나님이 사랑이시라고 말한다. 그분은 관계적 존재이시다. 세상이나 인간이 존재하기도 전부터 삼위일체 하나님의 공동체 안에 그분의 사랑이 부어졌다. 그분의 본질적 영광은 곧 관계적 영광이다. 그래서 그분의 영광은 사랑하시는 것, 베푸시는 것, 자신을 희생하여 남을 더 기쁘고 복되게 하시는 것이다. 하나님은 자신의 영광을 드러내시려고 인간을 지으셨다. 인간도 그분처럼 사랑을 주고받을 수 있다. 그분은 우리를 사랑하려고 창조하셨고, 우리에게 능력을 주셔서 우리의 관계방식을 통해 그분을 드러내게 하셨다. 삼위일체 하나님이 공동체 안의 세 인격체로서 더불어 사시듯이 우리도 공동체 안의 인격체들로서 더불어 사는 것, 그것이 그분의 계획이었다.

이쉬

두 번째로 주목해야 할 히브리어 단어는 이쉬(*ish*)다. 하와가 아기를 낳은 것은 여자만이 경험할 수 있는 새롭고 기쁘고 놀라운 일이었

다. 출산 후에 하와는 "내가 여호와로 말미암아 이쉬(남자)를 얻었다"(4:1)고 말했다. 하지만 그녀의 품에 안겨 있는 것은 아기였다. 왜 하와는 아기를 남자라 부른 것일까? 아기는 해부학적으로 그녀와 같지 않고 남편과 같은 인간이었다. 하와의 첫아기는 나중에 자라서 남자가 될 사내 아기였다. 하와의 말은 이런 것이나 같았다. "나는 장차 남자가 될 수컷을 얻었다."

아이가 이쉬라는 하와의 말은 관계적 남성성이 아니라 생물학적 성별(sex)을 두고 한 말이다. 성(gender)의 문제는 아직 계시되기 전이었다.

이샤

세 번째로 살펴볼 단어는 이샤(*ishah*)다. 아담이 낮잠에서 깨어 보니 자기가 잠들기 전에 이름을 지어 주었던 모든 동물들과는 다른 피조물이 있었다. 동료 아담이지만 이쉬는 아니었고, 자기와 같은 인간이지만 남자는 아니었다. "이는 내 뼈 중의 뼈요 살 중의 살이라. 이것을 이쉬(남자)에게서 취하였은즉 이샤(여자)라 부르리라"(2:23).

내 생각에 아담은 두 가지 면에서 기뻤을 것이다. 우선 그는 관계적으로 즐거워할 대상이 새로 생겼음을 직감했다. 방금 전에 자기가 이름을 지어 주었던 개, 원숭이, 곰과는 그런 즐거움을 나눌 수 없었다.

하지만 그의 기쁨에는 또 다른 면이 있었다. 물론 성적인 면도 있었지만 또한 인격적이고 관계적인 면이었다. 이 동료 아담은 무언가 매혹적인 데가 있었다. 똑같은 사람이면서도 또한 다르고 매력이 있었다. 아직 지혜가 온전했던 아담은 그것을 깨닫고 감격에 겨워 이렇게 외쳤다. "이것을 이쉬에게서 취하였은즉 이샤라 부르리라."

이번에도 역시 관건은 성별이지 성이 아니다. 아직은 아니다. 상대가 여자인 것은 분명했다. 하지만 여성성이 계시되어 그것을 누리게 되려면 더 기다려야 했다.

두 단어가 더 있다

섹스의 관계적 표현인 여성성과 남성성은 아직 계시되지 않았다. 만일 여기서 더 논의할 단어가 없다면, 생물학적 성별—즉 개개 아담의 이쉬나 이샤—의 필연적이고 보편적이고 신체적인 표현이 곧 성을 규정하는 기준이 된다. 그러면 사람의 성은 목소리의 높낮이, 헤어스타일, 체형, 옷차림 따위에 지나지 않게 된다. 성이 다분히 섹스로 축소된다. 상대의 신체적 흥분을 자극하는 신체적 특성이나, 하다못해 궁합으로 축소되는 것이다.

영혼의 교감은 상실된다. 관계의 질을 측정하는 기준은 상대에게서 경험하는 주관적 만족도가 된다. 만족의 출처는 공통 관심사나 성적 흥분, 혹은 둘 다가 된다. 그렇게 되면 동성 간에나 이성 간에나, 성적인 만남이든 사교적인 만남이든 모든 종류의 만남이 얼마든지 가능해진다. 심지어 좋은 친구 사이도 하나님의 관계적 영광에 미치지 못한다. 영혼의 교류가 없으니 대신 벌거벗은 몸에서 열정을 얻으려 한다. 골프 동지들이나 교회 친구들도 하나님이 의도하신 만족에 이르지 못한 채 겨우 유지될 뿐, 자기들이 무엇을 놓치고 있는지조차 모르게 된다.

다행히 성경에 두 단어가 더 나온다. 이를 통해 성을 보는 관계적 관점, 곧 관계적 여성성과 남성성의 관점이 열린다. 그것이 가리켜 보

이는 영혼의 만남은 육체의 만남이나 공통 관심사의 만남보다 훨씬 깊은 만족을 가져다준다.

창세기 1:26-27을 다시 들어 보라. 뜻을 명확히 하려고 내가 살을 붙였다.

> 하나님이 이르시되 "관계적 세 인격의 공동체인 우리가 우리의 형상대로 사람(아담)을 만들되, 우리가 육체적 존재가 아니라 관계적 존재이듯 사람도 우리의 관계방식을 닮은 존재로 만들자" 하셨다.
>
> 이에 하나님이 자신의 관계적 형상대로 사람(아담)을 만드시고 하나님 같은 역량을 주셔서, 하나님이 신의 공동체 안에서 누리는 관계적 즐거움을 사람도 인간의 공동체 안에서 누리게 하셨다. 더없이 행복한 관계적 하나님의 형상대로 사람을 창조하시되 남자(자카르)와 여자(네케바)로 창조하셨다.

자카르(*zakar*)와 네케바(*neqebah*)라는 두 히브리어 단어에서 비로소 성별(섹스)의 관계적 표현인 성(젠더)의 개념이 도입된다. 우선 네케바부터 살펴보기로 하자. 이샤보다 이 단어를 통해 우리는 여자를 여성답게 하는 것이 무엇인지 더욱 깊이 알 수 있다. 테레사 수녀는 인간(아담)과 여자(이샤)였을 뿐 아니라 또한 여성(네케바)이었다. 이 말은 무슨 뜻인가?

4
여자를 여성답게 하는 것은 무엇인가?

세상 사람들은 모두가 세상을 바꿀 생각만 하지, 자신을 바꿀 생각은 아무도 하지 않는다. 레오 톨스토이[1]

누구나 섬길 수 있기에 누구나 위대해질 수 있다. 마틴 루터 킹 2세[2]

우리 모두가 세상에서 큰 일을 할 수는 없다. 우리는 작은 일을 큰 사랑으로 할 수 있을 뿐이다. 테레사 수녀[3]

앉아서 먹는 자가 크냐 섬기는 자가 크냐. 앉아서 먹는 자가 아니냐. 그러나 나는 섬기는 자로 너희 중에 있노라. 예수 그리스도, 누가복음 22:27

여자를 여성답게 하는 것은 무엇인가? 지금부터 살펴보려는 성의 개념들은 우리 기독교 문화의 사고방식에 다분히 낯선 것이며 세속 문

화에는 정면으로 위배된다. 따라서 저항이나 성급한 거부를 불러올 수 있다.

우선 다음 개념을 생각해 보라. 여자가 여성다울 때는 자신의 관계방식을 통해 다른 사람들을 초대하여 하나님의 불가항력적인 매력, 곧 자신이 누리고 드러내도록 지음 받은 하나님의 관계적 속성을 보게 할 때다. 사회의 통념에 어긋나지만 나는 이것이 정확하고 성경적인 관점이라고 믿는다. 우선 성경의 문맥에서 몇 가지 단어를 제시하여 "관계적 여성성"이라는 말의 의미부터 정의해 보자.

관계적인 하나님

예수님은 그분이 우리를 사랑하시듯이 우리도 서로 사랑하라고 명하셨다. 우리의 관계방식을 통해 그분의 관계방식을 드러내라는 뜻이다(참조. 요 13:34-35). 그분의 계획은 분명하다. 그분은 자신의 항거할 수 없는 사랑을 만천하에 과시하기 원하시는데, 그 방법은 그분을 따르는 사람들의 사회적 운동을 통해서만이 아니다. 그 방법은 또한 그분을 따르는 사람들이 서로를 대하는 관계방식이 예수님의 관계방식을 쏙 빼닮는 것이다. 사실은 후자가 더 중요하다.

이것은 급진적인 개념이다. 최근에 누군가가 당신의 감정을 상하게 했던 일을 떠올려 보라. 당신의 속이 어땠는가? 그래서 어떻게 반응했는가? 바울은 우리에게 예수님과 똑같은 태도를 보이라고 말한다. 그것은 부당한 대우를 당해도 복수하지 않고 기꺼이 감수하는 태도인데, 우리가 그렇게 하는 목적은 하나다. 바로 하나님의 관계적 영광을 드러내는 것이다(참조. 빌 2:5-11).

당신과 나는 멸시와 냉대와 가시 돋친 말이 난무하는 세상에서 살아간다. 그런 험한 대우는 최상의 관계 속에서도 벌어진다. 그런데 평범한 남녀인 우리가 실제로 예수님의 태도를 내면화하여 날마다 대인관계에 실천할 수 있을까? 예수님은 그렇다고 보셨던 것 같다.

> 내게 주신 영광[그리스도의 성육신을 통해 임한 하나님의 특별한 은총, 곧 어떤 상황이나 관계 속에서 배신당하고 버림받아도 그것을 감수하고 오히려 하나님의 사랑을 대인관계 속에 드러낼 수 있는 기회]을 내가 그들[예수님을 따르는 사람들, 곧 당신과 나]에게 주었사오니 이는 우리가 하나가 된 것 같이 그들[당신과 나]도 하나가 되게 하려 함이니이다(요 17:22).

마지막 대목을 생각해 보라. "이는 우리가 하나가 된 것 같이 그들도 하나가 되게 하려 함이니이다." 예수님은 인간(아담), 곧 남자들과 여자들(이쉬와 이샤)이 인간의 공동체 안에 신의 공동체를 재현하기를 위해 기도하셨다. 완벽하게 재현할 수는 없어도 신이신 삼위일체 하나님을 닮은 모습이 점점 더 확연히 드러나기를 바라셨다. 예수님은 자신이 십자가로 놓으신 다리 위에서 우리가 만나기를 원하신다. 그 다리 위에서 남자들과 여자들은 하나님의 관계방식을 드러내는 관계방식으로 서로 소통할 수 있다. 모든 인간은 하나님을 즐거워하도록 지음 받았고, 하나님은 우리가 그분의 잔치에 참여하여 모두 함께 춤추기를 원하신다. 바로 이 하나님을 우리는 세상에 알려야 한다.

내가 말하려는 요지는 이것이다. 인간 공동체는 남자들과 여자들로

이루어지며, 그들은 관계를 맺는 존재다. 우리는 이쉬와 이샤라는 성별(섹스)의 존재다. 즉 육체적 존재로서 함께 말하고, 함께 일하고, 함께 놀고, 함께 육체적 친밀함을 누리고, 함께 살고, 교회와 공동체에서 함께 섬길 수 있다. 하지만 우리가 할 수 있는 일은 거기서 그치지 않는다.

우리의 존재 자체가 그 이상이다. 우리는 관계적 성(젠더)의 존재요 또한 영적 존재다. 하나님의 계획대로 다리 위에서 만나려면 우리는 여성다운 여자와 남성다운 남자로서 하나님의 놀랍도록 독특한 관계적 속성을 드러내야 한다. 바로 그 관계적 속성을 통해 우리는 삼위일체의 세 인격체께서 그토록 잘 소통하시는 이유와 영원히 기쁘시고 행복하신 이유를 알 수 있다. 그 기쁨을 그분은 우리에게도 나누어 주기를 간절히 원하신다.

앞에서 아담(사람), 이쉬(남자), 이샤(여자)라는 세 히브리어 단어를 보았다. 이 세 단어는 함께 명백한 사실을 보여준다. 사람은 남자와 여자라는 두 가지 성별로 태어난다. 또한 우리는 관계적 하나님의 형상을 지니고 있기에 육체적으로만 아니라 인격적으로도 서로 관계를 맺고 소통하도록 되어 있다.

하지만 그러려면 어떻게 해야 하는가? 함께 소통하고 제대로 관계를 맺으려면 어떻게 해야 하는가? 여기서 우리는 두 개의 히브리어 단어를 더 보아야 한다. 네케바와 자카르는 창세기 원문에 나오는 단어다. "하나님이 자기 형상 곧 하나님의 형상대로 사람을 창조하시되 남자(자카르)와 여자(네케바)를 창조하시고"(1:27).

우리는 남자 아니면 여자다. 이것은 이미 알고 있는 명백한 사실이다. 하지만 이 두 단어는 우리를 덜 명백하고 더 논란이 많은 영역으로 데려간다. 관계적 성의 존재로서 하나님의 형상을 지니고 있다는 말은 무슨 뜻인가?

네케바에 담긴 여성성의 의미를 찾아서

여성다운 여자란 무엇인가? 그 여자는 관능적인가? 양육을 잘하는가? 자상한가? 우아한가? 하나님은 우리에게 여자를 처음 소개하실 때 네케바(*neqebah*)라는 단어로 칭하셨다. 이 단어는 "구멍이 뚫려 있다"는 뜻이다.

이게 무슨 말인가? 여성다운 여자는 구멍이 뚫려 있는 여자인가? 이것은 혼란스럽다 못해 불쾌감마저 준다. 도대체 이 단어에서 건져야 할 의미는 무엇인가?

비유적으로 네케바는 밖에서 들어올 수 있게 열려 있는 무엇을 가리킨다. 그렇다면 우리는 하나님이 여자의 몸을 설계하신 방식을 생각해야 하는가? 하나님이 우리에게 그것을 원하시는가? 육체적으로 가장 친밀한 행위인 섹스를 할 때 여자는 열려 있는 몸을 내준다. 남자의 몸이 들어갈 수 있도록 하나님은 여자의 몸을 열어 놓으셨다. 그 만남은 생산적이며 쾌락을 가져다준다. 남녀가 결혼하여 평생 서로에게 헌신한 언약의 관계이고 또 자신의 기쁨보다 상대의 기쁨에 더 헌신되어 있다면, 하나님이 그 만남에 복을 주신다.

거기에 뒤를 잇는 생각이 있다. 어쩌면 여자의 몸의 물리적 모양은 여자의 영혼의 추상적 모양을 대변해 주는 비유일지도 모른다. 여성

성이란 여자가 무엇인가를 받아들이고자 관계적으로 열려 있는 상태와 상관이 있지 않을까? 우리가 지니고 있는 하나님의 형상은 육체적인 것이 아니다. 하나님은 영적인 존재이시며, 그분의 세 인격체 사이의 관계도 육체적인 게 아니라 인격적인 것이다. 우리도 서로 함께 인격체로서 관계를 맺을 때 하나님을 가장 분명하게 반사하게 된다.

네케바에 담긴 여성성은 관계적인 것이다

여성다운 여자란 특정한 방식으로 관계를 맺는 여자다. 그러한 여자는 열려 있어 자기에게로 오는 사람들을 받아들인다. 이 이미지를 좀 더 밀고 나가면, 그녀는 자신이 받아들이는 사람들을 따뜻하고 즐겁게 에워싼다. 자신에게 다가오도록 초대하고, 다가오는 사람을 받아들여 감싸 안는다.

네케바가 말하는 여자는 본래 요구하거나 통제하는 존재가 아니라 초대하는 존재다

에덴동산에서 죄를 지은 하와에게 하나님의 심판이 두 가지로 임했다. 하나는 육체적 고통이었다. 육체적 친밀함의 결과인 임신과 출산에 고통이 따르게 되었다. 또 하나는 관계적 고통이었다. 다리 위에서 충돌이 벌어져 남자와 여자가 서로 통제권을 쥐려고 다투게 되었다. 하나님은 이렇게 말씀하셨다. "하와야, 이제 너는 네 욕심대로 남편을 통제하려 할 것이다. 하지만 네 남편이 따라 주지 않을 것이다. 네가 통제할 수 없음을 입증하려고 그는 관계에서 손을 떼거나, 아니면 너를 지배하여 복종시키려 들 것이다"(참조. 창 3:16).

창세기 3:16의 이 부분은 대개 "너는 남편을 원하고"로 번역된다. 그런데 "원하다"는 말로 자주 번역되는 이 구절의 테슈카(*teshuqah*)라는 단어가 창세기 4:7에도 등장한다. 하나님이 가인에게 말씀하시는 장면이다. 그분은 동생을 향한 가인의 부당하고 이기적인 분노가 폭력으로 비화될 수 있음을 이렇게 경고하신다. "죄가 문에 엎드려 있느니라. 죄가 너를 원하나". 하나님이 하와를 심판하실 때 쓰신 "원하고"라는 단어는 하나님이 가인에게 경고하실 때 쓰신 "원하나"라는 단어와 같다. 두 경우 모두 "어떻게든 통제하려 든다"는 뜻이다. 따라서 창세기 3:16을 더 정확히 옮기면 이렇게 된다. "너는 네 욕심대로 남편을 통제하려 할 것이다."

하와는 여자로서, 곧 육체적 여자로서만이 아니라 관계적 여자로서도 하나님의 심판을 받았다. 관계적으로 여성다운 여자는 열려 있어 사람들을 받아들인다. 그녀는 요구하지 않으며 예수님처럼 초대한다. 그분은 지친 사람들을 자신에게 오도록 초대하셨다. 그런데 이제 하와는 여성답지 못한 여자가 되어 닫혀 있다. 더 이상 열고 받아들이는 것이 아니라 어떻게든 통제하려 든다.

왜 그렇게 되었는가? 하나님의 심판은 괜히 임한 것이 아니다. 그것은 하와가 불순종하여 하나님을 떠난 데 대한 당연한 결과였다. 하와는 하나님의 사랑 안에 안식하며 신뢰하기를 거부했다. 그분의 선하심을 의지하거나 즐거워하지 않았다. 그 결과 하와는 이제부터 자신의 힘으로 살아가야 했다. 위험한 관계의 세계에서 취약한 존재가 되었다. 더 이상 하나님으로부터 누릴 수 없게 된 것을 아담에게서 얻어야 했지만 결과는 보장할 수 없었다. 하나님이 하시던 일을 이제 아담

이 해야 했다. 하지만 그는 하와를 해칠 수도 있었다. 이미 자신의 실패를 하와의 탓으로 돌린 그였다. 물론 하와는 남편을 이기고 자신을 보호해야 했다. 하나님을 모르는 여자에게는 지극히 당연한 일이다.

하와는 더 이상 열고 받아들이지 않았다. 오히려 방어적인 자세로 악착같이 통제하려 했다. 그녀의 관계방식은 초대의 향기를 잃어버렸다. 요구하는 자세와 권리의식으로 오염되었다. "당신은 나를 실망시키면 안 된다. 절대로 안 된다. 내가 기어이 그렇게 만들겠다. 나를 실망시키면 당신을 떠나 버리겠다." 하와는 여성답지 못한 여자로 변했고, 이후로 하와의 모든 딸들도 마찬가지다. 하나님만이 그들의 여성성을 회복시켜 주실 수 있다. 그들에게 예수님처럼 관계를 맺을 능력이 생기려면 그들 안에 그분의 생명이 심겨져야 한다. 그래야만 그들은 요구하거나 통제하지 않고 초대할 수 있으며, 결국에는 인간, 특히 남자가 아니라 하나님을 의지하고 즐거워할 수 있다.

네케바가 말하는 여성다운 여자는 열고 받아들이되 하나님의 성품을 반사하고 그분의 목적을 진척시키는 것만 가려서 받아들인다

이 개념은 구약 열왕기하 12장의 이야기에서 온 것이다. 유다 왕 요아스는 여호와의 성전을 수리하는 일이 중요함을 깨달았다. 백성들은 더 이상 하나님이 정해 주신 예배 처소에서 예배하지 않고 이교의 산당들에서 제사를 드리고 있었다. 성전은 퇴락해 있었다. 하지만 수리를 하려면 자금이 필요했다. 그래서 요아스는 제사장들을 시켜 돈을 거두게 했다. 여호와께 드리는 백성들의 헌금으로 시급한 수리비를 충당하게 한 것이다.

일이 한참 지체되다가 결국 여호야다라는 제사장이 왕의 명대로 돈을 거두었다. "제사장 여호야다가 한 궤를 가져다가 그것의 뚜껑에 구멍을 뚫어 여호와의 전문 어귀 오른쪽 곧 제단 옆에 두매 여호와의 성전에 가져오는 모든 은을 다 문을 지키는 제사장들이 그 궤에 넣더라"(9절). 사람들은 뚜껑에 뚫린 구멍으로 은을 넣었다. 이렇게 구멍이 뚫린 궤에 모아진 돈으로 성전은 수리되었다.

여기 "구멍을 뚫어"로 번역된 단어는 네케바의 파생어다. 여호야다가 가져다 놓은 궤는 열려 있어 밖에서 들어오는 것을 받아들였다. 그런데 여기서 주목할 것이 있다. 이 구멍은 하나님께 순종하는 사람들이 넣는 것만 받아들였다. 이 구멍으로 들어간 것은 하나도 빠짐없이 하나님의 목적을 진척시키는 데 사용되었다. 그렇게 성전은 수리되었고 하나님은 그것을 기뻐하셨다.

이 이야기에 중요한 교훈이 들어 있다. 하나님이 무엇인가를 여실 때는 그분을 영화롭게 하는 것들만 받아들이게 하시기 위함이다. 그분을 영화롭게 하려면 그분의 성품을 드러내고 그분의 목적을 진척시켜야 한다. 여호야다의 순종을 통해 하나님은 궤를 열어 결국 참된 예배가 회복되게 하셨다. 하나님은 여자를 여실 때에도 그분의 성품을 드러내고 그분의 목적을 진척시키는 것만 받아들이게 하신다.

네케바에 담긴 관계적 여성성은 양방 통행이어서 한편으로는 열고 받으면서 한편으로는 기꺼이 내어준다

마가는 복음서에 어떤 바리새인들과 예수님 사이에 있었던 변론을 기록했다. 승자는 물론 예수님이었다. 바리새인들은 주님께 이혼에 관한

관점을 설명하고 변호해 보라고 도전했다. 하나님께 율법의 전달자로 세움 받은 모세는 남자에게 "이혼 증서를 써주어 (아내를) 버리기를" 허락했다(참조. 막 10:2-9). 예수님의 생각도 같을 것인가? 아니면 모세와 대립할 것인가?

주님은 도전자들에게 다음과 같은 사실을 상기시키셨다. "창조 때로부터 사람을 남자와 여자로 지으셨으니"(막 10:6). 또한 하나님의 계획은 분리가 아니라 연합임을 역설하셨다. 이 구절에 "여자"로 번역된 헬라어 단어 텔루스(*thēlus*)는 여자의 젖가슴, 더 구체적으로 젖꼭지를 가리킨다. 은유적으로 텔루스는 양육 능력을 갖춘 무엇을 암시한다. 즉 타인에게 양분을 공급하여 생명을 유지시키는 능력이다.

육체적 여성성의 핵심은 주고받는 능력에 있다. 여자의 몸은 열려 있어 밖에서 들어갈 수 있고, 생식을 통해 생명을 낳을 수 있으며, 젖가슴으로 양분을 공급하여 생명을 유지시킬 수 있다.

관계적 여성성은 특정한 관계방식이다. 이 관계방식은 타인을 생명력 있는 연합으로 초대함과 동시에 타인 안에 생명력 있는 관계를 양육한다. 하지만 이것은 관계적 여성성을 이해하는 예비 단계에 지나지 않는다. 여기까지는 정의의 시작에 불과하다. 그밖에도 말할 수 있는 내용이 훨씬 많다. 그것을 뒤에서 차차 살펴볼 것이다.

여자들을 향한 하나님의 부르심에는 그들을 해방시키는 놀라운 위력이 있다. 그것을 충분히 인식하려면 베드로가 어떤 생각으로 아내들에게 명하여 남편에게 복종하라고 했는지 생각해 볼 필요가 있다. 원래 이것은 결혼한 여자들에게 준 말이지만 모든 여자에게 해당된다. 이를 통해 우리는 여자의 복종에 담긴 뜻밖의 의미를 깨닫게 된다.

우리는 복종이라는 말을 들으면 답답한 구속拘束을 떠올린다. 그러나 하나님이 말씀하시는 복종은 그분의 놀라운 관계방식을 드러낼 수 있는 기회를 열어 준다.

5
복종
부정한 단어인가?

하나님이 이르시되 우리의 형상[첼렘]을 따라 우리의 모양[데무트]대로 우리가 사람을 만들고. 창세기 1:26

모든 인간은 하나님의 형상과 모양을 지니고 있다. 이것은 우리가 두 가지 목적을 위해 창조되었다는 뜻이다. 하나는 하나님을 대변하는 것이다. 그러려면 하나님의 첼렘(*tselem*), 곧 형상을 지닌 존재로서 삼위일체이신 그분의 존재를 이 세상에 반사해야 한다. 또 하나는 그분을 닮는 것이다. 그러려면 하나님의 데무트(*demut*), 곧 그분의 관계적 모양을 지닌 존재로서 우리 공동체의 관계방식이 하나님의 공동체의 관계방식을 따라가야 한다.

하나님은 여자와 남자를 지으실 때 특별히 그분을 영화롭게 하도록 설계하셨다. 그분을 영화롭게 하려면 우리는 세 인격체이신 하나님의 독특한 관계방식을 그분께 도로 반사할 뿐 아니라 또한 우리 서로에게 드러내야 한다.

영원부터 삼위일체의 각 인격체는 다른 두 인격체에게 주시고 다른 두 인격체로부터 받으신다. 늘 다가가 서로 주시고, 늘 열려 있어 서로 받으신다.

하나님은 우리를 대하실 때도 똑같다. 늘 다가와 우리에게 필요한 모든 것을 주시고, 늘 열려 있어 우리의 모든 것을 받으신다. 그분께 드릴 때 우리는 기쁨을 맛본다.

상호 복종의 관계

아내들이여, 복종하라. 피할 수 없는 길이다. 하나님은 여자들에게 명하여 자기 남편에게 복종하라 하신다. 하지만 하나님이 남자들에게 명하여 자기 아내에게 복종하라 하심도 사실이다. 남편과 아내가 상호 복종의 관계 속에 사는 것이 그분의 계획이다.

하지만 복종하는 방식은 서로 다르다. 여성다운 여자가 복종하는 방식과 남성다운 남자가 복종하는 방식이 서로 다르다. 어떻게 다른가?

이 질문에 대한 전통적 답변은 다음과 같다. 남편은 견고하고 강인하고 자상하게 아내를 좋은 쪽으로 이끎으로써 "더 연약한" 아내의 필요에 복종한다(더 연약하다는 표현은 베드로전서 3:7에 나온다). 남자의 복종의 핵심은 사랑에서 비롯된 권위다. 반면에 여자는 남편의 리더십에 따뜻하게 따름으로써 남편에게 복종한다. 여자의 복종은 사랑에서 비롯된 순종을 뜻한다.

한 걸음 더 깊이 들어가, 여자의 순종에는 예외가 있을 수 없다. 바울

이 명백히 밝힌 바와 같다. "그러므로 교회가 그리스도에게 하듯 아내들도 범사에 자기 남편에게 복종할지니라"(엡 5:24). 엄연히 성경에 나오는 말이다. 이것을 피해 갈 수는 없다. 하지만 이 말은 무슨 의미인가?

내가 젊었을 때 배운 의미가 있는데, 그 의미대로라면 나도 즐거이 유대인 남자들과 합세하여 내가 여자로 태어나지 않은 것을 날마다 하나님께 감사할 수 있다. 그때 내게는 바울이 여자들에게 까다로운 선택을 내놓고 있는 것처럼 보였다(베드로도 마찬가지로 보였다). 여자들은 남편이 경건한 사람이든 불경한 사람이든, 하나님의 명령대로 무조건 남편이 시키는 대로 해야 한다. 그게 싫다면 하나님께 불복하고 자신의 능력으로 모든 관계에서 대등한 동료로 당당히 서는 수밖에 없다.

세 번째 길도 있는 것 같다. 이 문제에 아예 신경을 쓰지 않는 것이다. 무심코 이 길을 택하는 그리스도인 여자들이 갈수록 늘고 있다. 복종의 의미를 밝히는 일이라면 신학교 교수들과 유식한 목사들에게 맡기라. 실용적 방법을 고수하여 결혼생활이 잘 돌아가기만 하면 된다. 굳이 성경의 온갖 복잡한 가르침 때문에 고민할 필요가 없다. 하루하루 살아가는 것만도 힘든 일인데 자신이 복종하고 있는지 아닌지 따져 볼 겨를이 어디 있는가? 복종은 불쾌한 개념이며 기껏해야 구시대의 유물이다. 행복한 결혼생활은 복종과 무관한 일이다. 이것은 옳은 생각인가?

복종은 정말 불쾌하고 부정한 단어인가? 여자를 비하하는 부당한 요구인가?

그럴 리가 없다. 하나님이 자신의 피조물을 욕되게 하는 말씀을 하실 리가 없다. 그분의 명령은 우리가 교만하게 자기중심적일 때는 불쾌하게 들릴 수 있지만, 우리가 겸손히 순복하면 결코 그렇지 않다. 하나님의 입에서 나오는 모든 말씀, 바로 그 말씀으로 우리는 남자와 여자로서 충만하게 살아갈 수 있다. 하나님의 말씀은 선하고 순결하고 공평하고 아름답다. 결코 숨 막히게 하지 않고 오히려 늘 생명을 준다.

하지만 복종은 어떤가? 복종은 공평하고 공정한가? 여자가 남편에게 복종하면 선하고 아름다운 삶을 살게 되는가? 그야 물론이다. 복종을 제대로 이해한다면 말이다. 어쩌면 우리는 하나님이 어떤 생각으로 여자들에게 명하여 남편에게 복종하라 하셨는지 더 자세히 살펴볼 필요가 있다. 아울러 복종은 하나님의 영광을 위해 충만하게 살아 있는 여성성과는 어떤 관계가 있는가?

바로잡아야 할 오해

하나님은 내 아내에게 명하여 나에게 복종하라 하셨다. 그 말씀이 무슨 뜻인지 반드시, 가장 먼저 재고해야 할 남자가 있다면 바로 나다.

거의 50년 전에 나는 아름답고 재능과 실력을 갖춘 여자가 내게 순종을 서약하는 말을 들었다. 그때 내게 우월감이 밀려왔다. 반면에 결혼식 날 내가 목사님 앞에서 한 서약에는 "순종"이라는 단어가 들어 있지 않았다. 나는 아내를 아껴 주기로 서약했지 순종하기로 한 게 아니다.

그날 서로의 약속을 들으면서 문득 내 마음속에 떠오른 이미지가 있었다. 상상 속의 나는 친절하지만 엄한 부사관으로서 여성 일등병

을 바라보고 있었다. 그녀는 자신의 유익을 위해 내가 시키는 대로 해야 했다. 물론 나는 그리스도께서 자신의 신부인 교회를 사랑하시듯이 나도 레이첼을 사랑하겠다고 서약했다. 부사관의 역할과 사랑해야 하는 역할이 전혀 모순으로 느껴지지 않았다.

왜 그랬을까? 나는 남자였고 아내는 여자였다. 나는 이끎으로써 사랑하도록 부름 받았고 아내는 복종함으로써 사랑하도록 부름 받았다. 내가 앞장서면 아내는 따라온다. 그게 기본 구도였고 나는 그게 좋았다. 나 자신이 남성답고 강하다는 느낌이 들었다. 그렇게 어깨를 쫙 펴고 교만한 목을 꼿꼿이 세우고 있으니 남자로서 살아 있는 것 같았다.

기분이 좋았지만 동시에 부담감도 만만치 않았다. 간호사를 지휘하여 심장수술을 집도하는 의사처럼 나도 제대로 해야 했다. 아내는 간호사처럼 내가 주도하는 대로 따라오기만 하면 되었다. 질문할 필요도 없이 내 쪽에서 요청할 때만 의견을 말하면 되었다. 하지만 나는 절대로 실수하면 안 된다는 책임이 있었다. 내가 조금만 잘못하면 환자가 죽을 수도 있었다.

나는 항상 제대로 할 수 있을까? 갑자기 두려워지면서 나 자신이 이 일을 감당하기에 부족하게 느껴졌다. 자신만만하기는커녕 마음이 약해졌다. 앞으로 많은 갈등, 자녀를 기르는 두려움, 돈과 직업에 관한 결정들이 닥쳐올 것이다. 생명에 이르는 좁은 길에서 많은 씨름도 불가피할 것이다. 그 속에서 아내를 이끄는 데 필요한 자질들을 나는 갖추고 있는가? 자신이 없었다.

거의 반세기가 지난 지금 생각해 보아도, 그런 회의는 배우자를 향한 첫 떨림이라기보다 오히려 부하를 대하는 심정이 아니었나 싶다.

최근에 나는 레이첼에게 복종에 대한 나의 관점이 바뀌어 기분이 어떠냐고 물었다. 아내는 1초도 생각해 볼 것도 없이 대답했다. "천만다행이지요."

복종이라는 단어는 우리의 배경과 타락한 본성 때문에 더러운 말처럼 들릴 때가 너무 많다. 이제 그것을 깨끗이 씻어내야 한다. 나는 특히 두 곳의 성경 본문에서 본연의 아름다움으로 빛나는 복종을 본다. 이는 남녀 모두를 위한 아름다움이다. 우리 문화에서 정말 어려운 질문은 이것이다. 아내는 범사에 자기 남편에게 복종해야 하는가? 나의 대답은 물론 그렇다는 것이다. 성경에 그렇게 나와 있다. 하지만 내 질문은 이것이다. 이 성경 말씀은 무슨 뜻인가?

두 본문 중 먼저 보고 싶은 곳은 창세기 한 구절의 뒷부분이다. 하나님은 하와를 지으시기 전에 아담에게 명하여 모든 동물에게 이름을 지어 주게 하셨다. 아담은 그 일을 마치는 동안 몹시 외롭지 않았을까? "내가 어울려 지낼 수 있는 생물이 이들뿐인가? 뭔가가 빠져 있다." 내 생각에 하나님은 창세기 저자에게 다음 말을 쓰도록 지시하실 때 회심의 미소를 지으셨을 것이다. "아담이 돕는 배필이 없으므로"(창 2:20). 동물 중에는 아담에게 "적합한 조력자"가 없었다고 옮긴 역본들도 있다. 하나님이 미소를 지으셨다면 그것은 기쁨의 웃음일 것이다. 그분의 깜짝 선물이 아담을 기다리고 있었다.

남자를 여자보다 낫게 여기는 남성우월주의나 여자를 싫어하고 멸시하고 깔보는 여성혐오주의는 둘 다 잘못된 여성관이다. 그런데 이런 관점을 지닌 남자들은 이 본문을 보란 듯이 증거로 내세우며 하나님의 생각도 자기들과 같다고 결론지을 수 있다. 본문의 표현 자체는

분명하다. 하나님은 여자를 남자의 돕는 배필로 지으셨다. 남자는 섹스를 좋아한다. 따라서 아내는 남편이 원할 때마다 남편이 원하는 방식대로 자신을 내주어 남편을 즐겁게 해주어야 한다. 남자는 음식도 좋아한다. 따라서 아내는 남편이 즐겨 먹는 식사를 요리할 줄 알아야 한다.

남편의 직업에도 무조건 협력하는 게 여자의 도리다. 여자는 자녀를 기르는 방식에서도 남자가 이끄는 대로 따라야 하고, 돈도 남자가 쓰자는 대로 써야 한다. 물론 좋은 남자는 합리적이고 민감해야 하며 때로 자상함도 보여야 한다. 하지만 결론은 분명하다. 아내는 남편의 돕는 배필로 존재한다. 본문의 표현 자체는 그렇다.

하지만 본문의 의미도 그러한가? 천만의 말이다.

에제르

"돕는"으로 번역된 히브리어 단어는 에제르(또는 에셀, *ezer*)로 정확히는 "돕는 자"라는 뜻이다. 구약 전체에서 이 단어는 하나님을 지칭하여 쓰였다! 예컨대 출애굽기 18:4, 신명기 33:7, 26, 29, 시편 33:20, 115:9-11, 124:8, 140:5에서 그것을 볼 수 있다. 그중 출애굽기의 말씀을 보면, 모세가 둘째 아들에게 붙여 준 엘리에셀이라는 이름은 "하나님은 나를 도우시는 분"이라는 뜻이다. 모세가 이름을 그렇게 정한 이유를 우리는 알고 있다. 출애굽기 18장에 나와 있다. "이는 내 아버지의 하나님이 나를 도우사 바로의 칼에서 구원하셨다 함이더라"(4절). 모세는 자신의 삶에 권능으로 개입하신 하나님을 기억하며 "하나님은 나의 에제르이셨다"고 고백했다.

하와는 아담의 에제르였다.

여기서 주목할 것이 있다. 에제르라는 단어가 윗사람을 섬기는 아랫사람을 가리켜 쓰인 적은 한 번도 없다. 하물며 하나님이 우리를 도우시는 분으로 지칭된 경우는 더 말할 것도 없다. 구약성경의 헬라어 역본에서 에제르는 보에토스(*boēthos*)로 옮겨졌다. 이 단어는 문자적으로 "강한 자가 베푸는 도움"이라는 뜻이다.

그렇다면 아내도 남편만큼 강하거나 어쩌면 남편보다 더 강하다는 의미가 아닐까? 하지만 베드로는 남자들에게 아내를 "더 연약한 그릇(으로)……알아 귀히 여기라"(벧전 3:7)고 명하지 않았던가? 대부분의 여자들이 신체적으로 대부분의 남자들보다 약하며 따라서 구타나 성폭행을 당하기에 더 취약한 것은 사실이다. 또한 여자들은 감정이 상했을 때 더 쉽게 인정하는 경향이 있으며, 따라서 경우에 따라 정서적으로도 남자들보다 약해 보일 수 있다. 베드로가 생각했던 것은 바로 그런 부분이 아닐까?

하지만 잊지 말아야 할 또 다른 사실이 있다. 여자들은 어떤 남자도 이해하지 못할 괴력을 발휘한다. 예컨대 여자는 말로 표현할 수 없는 해산의 고통을 견뎌낸다. 또 여자는 새벽 2시에도 아기가 울면 자리에서 일어나 아기를 보살피지만, 그동안 남편은 태평하게 코를 곤다. 당연히 여자들은 많은 부분에서 강하며, 어떤 부분에서는 남자들보다 더 강하다.

하지만 에제르와 보에토스를 통해 알 수 있는 여자의 모습이 혹시 더 있지 않을까? 앞서 말했듯이 여자는 하나님의 특정한 면을 남자보다 더 분명히 (어쩌면 더 강하게?) 드러내도록 지음 받았을 수 있다. 여

자의 강한 힘이란 혹시 하나님을 닮아 사람들을 초대하는 속성이 아닐까? 비판적이고 거부하는 남자들을 향해서까지도 말이다. 그리고 이 힘은 여자가 에제르, 보에토스, 강한 돕는 자라는 사실과 상관이 있지 않을까?

거기까지는 너무 추측이 앞섰을 수 있다. 하지만 이것만은 분명하다. 에제르나 보에토스라는 단어에 연약함에서 비롯된 종속의 의미는 조금도 없다. 이번에는 본문에 나오는 다른 단어를 보자.

케네그도

하와는 아담에게 적합한 조력자(에제르)로 지음 받았다. 역본에 따라 "배필"이나 "적합한"으로 번역된 히브리어 단어는 케네그도(*kenegdo*)다. 이것은 남에게 상응하는 사람, 남의 곁에 있도록 특별히 계획된 동반자를 가리킨다. 뒤따르는 사람이나 아랫사람이라는 의미는 없다.

소통의 다리를 기억하는가? 아담은 다리 이쪽 끝에 혼자 서 있다. 가지각색의 동물들만 그와 함께 있을 뿐이다. 다리 저쪽 끝에 동료 인간이 아무도 없다면 아담에게는 적합한 조력자가 없다. 주고 사랑하고 즐거워할 대상이 없다. 그를 도와줄 사람도 없다. 그렇다면 혼자 살아가는 게 그의 운명이 될 것이고, 이 땅에서 그의 삶은 자신의 욕구를 중심으로 돌아갈 것이다. 다른 인간의 욕구가 존재하지 않기 때문이다. 그는 늘 자신의 관계적 욕구를 의식할 것이다. 아름다운 꽃들과 흥미로운 동물들만 있는 세상에서는 그 욕구가 결코 채워질 수 없다. 받아 줄 동료 인간이 없으니 주고 싶어도 줄 수가 없고, 간절히 받고 싶어도 그에게 줄 사람이 없다.

그런데 아담이 낮잠에서 깨어 다리 저쪽을 보니 동료 인간, 돕는 배필이 있었다. 이쉬인 그에게 상응하는 이샤였다. 하와는 강한 남자 아담을 자기 쪽으로 오도록 초대할 수 있는 강한 여자였다. 초대하시는 하나님의 열린 마음을 드러낼 수 있는 존재였다. 낙원에서 아담이 하와를 처음 만나던 장면을 상상하노라면 나는 "춤판을 벌이자!"고 외치고 싶어진다. 나의 이런 반응은 하나님의 반응을 닮은 것이다. 하나님은 자신의 아름다운 창조세계 한가운데에 있는 남자와 여자를 보셨을 때 성경에 가장 먼저 등장하는 노래를 부르셨다. "하나님이 지으신 그 모든 것을 보시니 보시기에 심히 좋았더라"(창 1:31). 그냥 좋은 정도가 아니라 심히 좋았다. 그분의 나라가 이 땅에 임했다.

지금까지 살펴본 창세기의 첫 본문을 통해 우리는 여자의 복종을 새롭게 이해할 수 있다. 이로써 복종이라는 단어에서 더러운 때가 벗겨지고 본연의 아름다움이 드러난다. "돕는 배필"의 원어 표현이 말해 주듯이, 어떤 여자도 성 때문에 남자보다 열등하지 않다.

신약의 가르침으로 넘어가면 이제 우리는 확신을 가지고 다음과 같이 말할 수 있다. 그리스도를 따르는 모든 여자는 성령으로 무장되어 성부 하나님의 목적을 진척시킬 수 있다. 어떻게 그렇게 할 수 있는가? 돕는 배필의 용기와 힘으로 관계를 맺으면 된다. 그것은 모세가 하나님의 도우심으로 바로의 칼에서 벗어나 그분의 백성을 약속의 땅으로 인도한 것과 비슷하다.

그래도 질문은 남아 있다. 여자가 범사에 자기 남편에게 복종한다는 말은 정확히 무슨 뜻인가? 복종을 보는 우리의 관점은 지금까지 공부한 에제르와 케네그도의 의미를 통해 깨끗이 씻어질 수 있을까? 복

종이 정말 해방을 가져다줄 수 있을까?

이러한 질문에 답하려면 더 길고 지혜가 충만한 두 번째 본문을 보아야 한다. 아내가 자기 남편에게 복종해야 한다는 베드로의 말인데, 그 말의 의미를 풀어내려면 별도로 한 장을 할애해야 한다. 아울러 결혼 여부를 떠나 하나님의 영광을 위해 여성성 안에서 충만하게 살아간다는 말은 무슨 뜻인가? 이 본문을 통해 그 의미에도 좀 더 바짝 다가갈 수 있다. 약간 까다롭지만 끝까지 함께 가 보자. 종착지는 좋다. 심히 좋다.

6
복종의 진정한 의미

그리스도인의 삶의 도전은, 하나님이 우리에게 행하신 방식과 비슷하게 우리도 다른 사람들에게 행하는 것이다. 찰스 링마[1]

한 영혼의 가치와 탁월성을 측정하는 기준은 그 영혼이 사랑하는 대상이다. 헨리 스쿠걸[2]

"방금 남편에게서 자신이 포르노에 중독되어 있다는 고백을 들었다. 이런 남편에게 복종한다는 게 무슨 뜻인지 잘 모르겠다. 게다가 내가 여자라는 느낌도 전혀 들지 않는다. 모든 면에서 남편이 나를 아예 원하지 않는다는 느낌이 든다. 다시는 남편을 존중할 수 없을 것 같다."

"남편이 생각하는 자녀양육은 너무 억지가 심하다. 훈육은 엄해야 한다면서 아이들을 너무 무섭게 휘어잡아 아이들이 아빠를 슬슬 피한다. 그러면서 남편은 내가 너무 오냐오냐한다며 늘 나를 문제 삼는다.

아이들이 겁에 질려 아빠 옆에 있으려 하지 않는다. 나는 이런 훈육에 결코 동의할 수 없다. 이런 남편에게 정말 복종해야 하는가?"

"우리는 둘 다 이제 막 쉰을 넘겼다. 그런데 갑자기 남편의 성욕이 도대체 만족을 모른다. 그동안 우리의 성생활은 내 생각에 좋았다. 하지만 지금은 남편이 무조건 요구한다. 나도 섹스를 좋아하지만 어떤 때는 그냥 마음이 동하지 않는다. 요즘은 그럴 때가 더 많아졌다. 하나님은 정말 남편이 원할 때마다 내가 섹스에 응하기를 바라시는가? 나는 도저히 그게 안 된다. 남편에게 복종할 수 없다."

"나는 이 남자와 정말 결혼하고 싶다. 그런데 거의 4년이 다 되어 가도록 그는 자기가 준비되지 않았다는 말만 하고 있다. 나를 사랑하며 나에게 잘해 주기는 한다. 하지만 우리는 둘 다 40대이며 이번이 초혼이다. 물론 나는 아직 아내가 아니니까 그에게 아내처럼 복종할 필요는 없다. 하지만 이런 연애 관계에서 여자의 복종이 어떤 의미인지 통 모르겠다. 복종이 정당한 것인지도 모르겠다. 나는 그냥 얌전히 기다려야 하는가? 그에게 칭찬만 해주며 그가 결정을 내리도록 기도해야 하는가?"

여기 두 가지 질문이 있다. 이 여자들이 보기에 아내가 남편에게 복종한다는 말은 무슨 뜻인가? 그리고 당신이라면 그들에게 뭐라고 말해 주겠는가? 첫 번째 질문의 답은 분명해 보인다. 아내는 남편이 시키는 대로 해야 한다. 그것이 우리 대부분이 생각하는 복종의 의미다. 두 번째 질문에 대해서는 대다수의 사람들처럼 당신도 이렇게 답하지 않을까 싶다. "아니다. 항상 복종해서는 안 된다. 오히려 복종하지 말아야 할 상황도 있다. 남자의 잘못된 말에 복종하면 당신도 잘못된다."

이번에는 세 번째 질문이다. 아내가 자기 남편에게 범사에 복종해야 한다는 말씀—성경은 정말 그렇게 명하고 있다—은 무슨 뜻인가? 성경의 참 저자이신 성령께서는 어떻게 이 여자들에게 감화하여 각 남자들에게 반응하게 하실까?

어쩌면 당신은 이렇게 말할지 모른다. 이것은 학자들이 씨름할 문제이지 신학 학위가 없는 평범한 그리스도인들이 고민할 문제는 아니라고 말이다. 하지만 신학자들도 난문難問의 정답에 매번 의견이 일치할 수는 없다. 어쩌면 이 여자들의 문제를 듣고 당신이 할 수 있는 최선의 일은 당신의 직감을 믿는 것인지도 모른다. 무엇이든 머릿속에 떠오르는 기독교의 원리들에 입각하여 무난한 조언을 내놓는 것인지도 모른다.

하지만 그것은 우리가 성경을 신뢰하지 않고 더 이상 성경의 가르침에 의존하지 않는다는 증거다. 성경의 가르침이 본질적인 부분에서 명확하고 범사에 권위적이라는 사실을 믿지 않는다는 증거다. 내 생각에 많은 그리스도인들이 자기도 모르게 (또는 인정하지 않으면서) 그렇게 하는 데는 다음 세 가지 이유가 있다.

1. 성경은 이해하기 어렵다. 방금 말했듯이 진지한 성경학자들도 중요한 사안에 늘 의견이 일치하는 것은 아니다. 그런데 학자도 아닌 우리가 무슨 가망이 있겠는가? 에베소서와 베드로전서에 기록된 '결혼에 관한 본문'의 문화적 정황도 모르는데 복종이 정말 무슨 뜻인지 어떻게 알겠는가?
2. 성경은 현실의 삶과 무관해 보일 수 있다. 관계가 틀어질 때 우리에게 필요한 것은 실제적 도움이다. 성경은 우리가 예수님을 알고 최선을 다

해 그분을 따라야 한다고 말한다. 우리에게 필요한 것은 직접적이고 구체적인 지침인데 성경에서 얻는 것은 대체로 일반 원리다. 예컨대 분노와 혼란에 빠져 있는 아내는 어떻게 해야 하는가? 그녀에게 필요한 것은 전반적인 원리가 아니라 현실적 답이다.

3. 성경은 우리가 원치 않는 방향으로 우리를 데려간다. 하나님은 한없이 무서운 분일 수 있다. 우리는 그분께 복과 좋은 것들을 바라지만 그분은 때로 고난을 통해서라도 우리를 빚으신다. 우리는 성경을 이용하여 내가 원하는 삶을 얻으려 하고, 하나님을 이용하여 내 인생 이야기를 제멋대로 지어내려 한다. 하지만 성경은 우리의 인생 이야기를 하나님의 이야기에 맞춘다. 하나님의 이야기는 우리가 하려는 이야기와 늘 아주 잘 들어맞지는 않는다.

모두 맞는 말이다. 성경은 이해하기 어려울 수 있다. 성경은 우리의 삶에 닥쳐오는 의문들과 무관해 보일 수 있다. 그리고 성경이 하는 말은 때로 위험하게 들린다. 예컨대 고난은 우리의 마음을 끌지 못한다. 우리는 복을 더 좋아한다. 하지만 성경은 하나님이 우리에게 쓰신 66통의 연애편지와도 같다. 진정 그것을 하나님의 말씀으로 믿을진대 우리는 성경과 담을 쌓고 지낼 수 없다. 성경을 대충 훑어만 볼 뿐 공부에는 별로 관심이 없는 것도 허락되지 않는다.

두 가지 확신과 두 가지 이야기

여자를 여성답게 하고 남자를 남성답게 하는 것은 무엇인가? 이렇게 논란이 많은 주제로 씨름할 때면 나를 붙들어 주는 두 가지 확신이 있다. 그 덕분에 나는 여자가 범사에 자기 남편에게 복종해야 한다는 성경의 가르침이 무슨 뜻인지 끈질기게 물을 수 있다.

1. 성경은 하나님 안에서, 하나님을 향하여, 하나님과 함께, 하나님을 위하여 충만하게 살아가기를 진정으로 갈망하는 남녀 인간들에게 성령을 통해 사랑과 생명의 진리를 가르쳐 준다.
2. 어떤 상황에서든 성경에 합당한 반응을 알려는 마음이 있으면 언제나 그것을 알 수 있다. 그 반응을 통해 우리는 가장 흉측한 순간에도 얼마든지 하나님의 아름다움을 드러낼 수 있다.

이 두 가지 확신 덕분에 나는 그리스도인 심리학자로서 지난 40년간 제정신을 잃지 않을 수 있었다. 그동안 나는 가슴이 찢어지는 슬픔, 환멸, 신앙의 상실, 격노, 절망 등의 사연을 수없이 많이 들었다. 대부분의 사연은 관계의 꿈이 무산된 데서 비롯되며, 삶에 대한 뼈아픈 실망이 단골로 따라온다.

그중 두 가지 사연을 소개한다. 둘 다 실화이며 방금 말한 나의 두 가지 확신을 시험했다. 하나님은 어려운 의문을 유발하는 어려운 상황 속에서도 정말 사랑과 생명의 진리를 말씀해 주시는가? 그리고 성경은 늘 어려운 상황에 대한 반응을 알려 주어 우리에게 기쁨을 가져다주는가?

앤의 이야기

앤이라는 여자가 급히 상담을 청해 왔다. 그녀는 결혼한 지 20년 된 남편을 깊이 존경했다. 그런데 경건한 남편이 난데없이 그녀를 충격에 빠뜨렸다. 성경공부반의 어느 부부와 서로 상대를 바꾸어 하룻밤 섹스를 즐기자는 것이었다. 상대편 부부도 이미 동의한 상태였다. 경건한 여자인 앤은 분노와 상처와 혼란 속에서 흐느끼며 내게 물었다. “저는 어떻게 해야 합니까? 지난 20년 동안 남편에게 복종했는데 이번에도 복종해야 합니까?”

진의 이야기

진과 앨런은 결혼 3년차 된 부부로 둘 다 20대 후반이었다. 앨런은 진에게 새 차를 구입하기 위한 융자 신청서에 연대 보증인으로 서명해 달라고 했다. 진은 남편이 이미 작성한 서류를 훑어보았다. 그런데 미지급 채무액은 축소되어 있고 가계 소득은 부풀려서 적혀 있었다. 그녀는 “정직하지 못한 서류에 서명하지 못하겠어요”라고 말했다. 앨런은 자기에게 새 차가 얼마나 필요한지 다시 말했다. “알다시피 나는 직업상 주 5일씩 운전을 하잖아. 지금 몰고 있는 낡은 차는 늘 고장을 일으켜서 거래처와의 약속을 어기게 만들어. 날마다 돈을 날린다고. 그러니 당신이 이 신청서에 꼭 서명해 줘야겠어. 당신의 서명이 없이는 융자를 받을 수 없어.”

기독교 가정에서 자라난 진은 그리스도인으로서 좋은 아내가 되고 싶었다. “남편에게 복종하여 신청서에 서명해야 하나요? 그게 하나님이 저에게 원하시는 일인가요?” 그녀는 이렇게 물었다.

깨끗한 진리

내 충동 같아서는 아니라고, 절대로 복종하지 말라고 말해 주고 싶다. 아마 당신도 그럴 것이다. 다른 남자와 섹스를 하지 말라. 거짓 정보에 기초한 융자 신청서에 서명하지 말라. 이런 상황에서는 아내가 남편에게 복종해서는 안 된다.

그러나 그 충동을 물리치고 대신 성경적으로 생각해 보라. 이 여자들이 남편의 돕는 배필이라는 말은 무슨 뜻인가? 즉 나약하고 잘못된 남편의 곁에서 강한 도움을 베푼다는 말은 무슨 뜻인가? 강한 동반자라면 이런 남편에게 복종하겠는가? 바울은 아내들에게 명하기를 범사에 남편에게 복종하라고 했다. 진심으로 한 말인가? 물론이다. 그렇다면 그 말은 무슨 뜻인가?

우리 대부분은 복종이라는 말을 어떻게 이해하는가? 남편이 아내에게 다른 부부와 서로 상대를 바꾸어 섹스를 즐기자고 할 때 복종이라는 단어는 더러운 말처럼 들린다. 우리가 생각하는 의미에서는 정말 더럽다.

그래서 어쩌면 이 단어는 성경적 목욕이 필요하다. 영적으로 때를 벗겨야 한다. 베드로를 통해 주신 성령의 말씀을 들으며 이 단어를 깨끗이 씻어 보자. 그분의 감동으로 된 말씀을 아래에 인용하면서, 별로 감동으로 되지 않은 내 설명을 몇 마디 덧붙인다.

> 아내들아, 이와 같이 자기 남편에게 순종[복종]하라. 이는 혹 말씀을 순종하지 않는 자[예컨대 부도덕한 섹스를 도모하거나 융자 신청서를 거짓으로

작성하는 자]라도 말로 말미암지 않고 그 아내의 행실[관계적 행실이다. 여기에는 말도 포함되는 것 아닌가?]로 말미암아 구원을 받게 하려 함이니[보장은 없다. 목표는 남편을 변화시키는 것이 아니다] 너희의 두려워하며 정결한 행실을 봄이라(벧전 3:1-2).

이것은 구체적으로 어떤 의미인가?

너희의 단장[남편에게 내보이는 아름다운 매력]은 머리를 꾸미고 금을 차고 아름다운 옷을 입는 외모로 하지 말고 오직 마음에 숨은 사람[영혼을 매혹하는 아름다움]을 온유하고 안정한 심령[두 수식어의 의미는 통념을 벗어난다. 온유하고 안정한 심령은 모든 그리스도인 여성의 마음에 숨어 있다. 때로는 너무 꼭꼭 숨어 있다]의 썩지 아니할 것으로 하라. 이는 하나님 앞에 값진 것이니라(3-4절).

그 이유는 무엇인가?

전에 하나님께 소망을 두었던 거룩한 부녀들[거룩한 이유는 자신의 궁극적 행복의 출처가 남편이 아니라 하나님이며, 자신의 가장 깊은 애정의 대상이 남편이 아니라 하나님임을 알기 때문이다]도 이와 같이 자기 남편에게 순종함으로 자기를 단장하였나니[복종이 무슨 뜻이든 복종은 여자를 아름답게 하는가? 어떻게 그런가?] 사라가 아브라함을 주[예배의 대상이 아니라 존중의 의미]라 칭하여 순종한 것 같이 너희는 선을 행하고[아브라함이 자기 목숨을 건지려고 사라를 바로의 섹스 상대로 내주었을 때 사라가 군말 없이 따랐던 것처럼 말인가?] 아무 두려운 일에도 놀라지 아니하면 그의 딸이 된 것 [너희를 두렵게 하는 것들에 지배당하지 않고 하나님을 향한 너희의 사랑에 지배당하면, 그분을 위하여 충만하게 살아 있는 여성이 되어 너희의 복종하는 관계방식을 통해 하나님의 아름다움을 가시적으로 드러낼 수 있다]이니라(5-6절).

여기 베드로의 말에서 나에게 돋보이는 네 가지 관측이 있다. 이를 통해 우리는 깨끗한 의미의 복종에 좀 더 다가갈 수 있다. 아울러 여자를 여성답게 하는 것이 무엇인지도 좀 더 이해하여 해방에 가까워질 수 있다.

관측 1-베드로는 복종에 대한 논의를 "이와 같이"라는 말로 시작한다

앞 장에서 베드로는 십자가를 지신 예수님에 대해 말했다. 그분은 아버지께 복종하시되 나약한 정치가들과 악한 군인들에게 따라 주기로 자발적이고 능동적으로 선택하셨다. 베드로의 "이와 같이"는 바로 그런 뜻인가? 예수께서 불경한 사람들에게 기꺼이 따라 주신 것처럼 여자도 하나님께 복종하려면 불경한 남편에게 따라 주어야 하는가?

그렇다. 하지만 비참한 결론으로 비약하지는 말라! 베드로가 아내들에게 하는 말은 난폭한 남편에게 수동적으로 응하라는 말이 아니다. 남편이 야구방망이를 들고 당신을 쫓아온다면 당장 옆집으로 도망가 경찰을 부르라.

앞에서 공부했던 네케바를 잊지 말라. 하나님은 여자를 여시되 무엇이든 그분의 목적을 진척시키는 것만 받아들이게 하셨다. 예수님은 아버지를 사랑하시는 아들로서 아버지의 뜻을 행하고자 열려 있었다.

그분께는 그것이 갈보리의 십자가였다. 경건한 아내도 이와 같이 예수님처럼 복종하도록 부름 받았다. 그분의 가장 중요한 목적은 아버지의 마음과 거룩함을 드러내는 것이었다.

베드로가 여자들에게 하는 말은 내가 듣기에 이런 것이다. "여러분의 남편은 하나님의 아름다움을 볼 필요가 있다. 그러므로 여러분은 잘 분별하여 그분의 아름다움을 가장 분명히 드러내 줄 수 있는 말과 행동을 하라. 동시에 여러분의 복종을 통해 하나님이 남편의 삶 속에 그분의 뜻을 더 이루시도록 기도하라." 당신은 남편을 변화시키려는 욕심이나 남편에 대한 두려움에 이끌려서는 안 된다. 그보다 하나님을 향해 열려 있는 자세가 당신의 동기가 되어야 한다. 그 마음으로 거룩하신 사랑의 하나님을 최대한 대변하고 드러내야 한다.

관측 2–본문에 "순종하라"로 번역된 단어는 "더 큰 계획 아래 선다"는 뜻이다

당신이 나이가 꽤 들었다면 텔레비전 시트콤의 고머 파일을 기억할 것이다. 고머는 손발이 따로 노는 고문관 해병대원이다. 행군할 때도 대열을 맞추지 못하고 늘 엇박자로 걷는다. 시트콤은 매번 카터 하사관이 파일 이등병에게 휘포타소(*hypotassō*)라고 명령하는 것으로 시작된다. 행군하는 박자에 맞추어 정렬하라는 뜻이다.

"아내들아, 휘포타소하라." 베드로전서 3:1에 "순종하라"로 번역된 헬라어 단어가 바로 그것이다. 아무 생각 없이 남편이 시키는 대로 해서는 안 된다. 더 큰 계획과 더 크고 아름다운 이야기가 있다. 당신은 그 아래에 서야 한다. 복종에 필요한 것은 반사적 순종이 아니라 지혜로운 분별력이다. 당신의 행동은 그 순간 자신이 원하는 이야기를 하는 것이 아니라 하나님의 영원한 이야기를 해야 한다. 그것은 지극히 선한 이야기이며, 아주 어려운 대목도 들어 있다. 그렇다면 자신에게 이렇게 물어보라. 내 쪽에서 어떻게 행동해야 그분의 이야기를 할 수 있는가? 바로 그 이야기를 하며 살아야 한다.

흔히들 범하는 실수를 조심하라. 마음이 힘든 아내는 이렇게 잘못 생각할 수 있다. 성령의 박자에 맞추어 행진하기만 하면 자신의 삶이 더 힘들어지지는 않을 거라고 말이다. 그렇게 생각하는 아내는 복종하는 돕는 배필이 되기를 거부할 수 있다. 본능에 이끌려 자신의 이야기를 하면서 하나님의 이야기를 하고 있다고 착각할 수 있다.

관측 3–복종은 행동보다 태도로 더 전달된다

베드로는 온유하고 안정한 심령에 대해 말하는데, 그 심령을 여자가 자신을 열고 드러내야 할 아름다움과 등치시키는 듯 보인다. 온유하다는 말에는 중심이 견고하여 아무도 무너뜨릴 수 없다는 개념이 들어 있다. "온유하고"로 번역된 헬라어 단어 프라우스(*praus*)는 길들여진 야생마를 묘사할 때도 쓰였고, 결국 "통제된 힘"을 뜻하는 말이 되었다. 온유한 여자는 내면의 힘에 의지하여 행동을 결정한다. 남들에게 받는 대우에서 촉발되는 감정에 의지하지 않는다. 심령이 온유한 여자는 자신의 아름다운 영혼, 여성성의 중심을 무너뜨릴 힘이 남편에게 없음을 안다. 남편이 큰 피해를 입힐 수는 있지만 결코 그녀의 정체를 무너뜨릴 수는 없다. 그녀는 하나님의 형상대로 지음 받은 여자로서 하나님의 목적을 진척시키도록 무장되어 있다.

심령이 온유한 여자는 남편을 죽도록 두려워하며 살지 않는다. 더 이상 두려움 때문에 자신의 영혼을 보호할 필요가 없다. 그래서 그녀는 자유로이 더 고결한 선을 추구할 수 있고, 남편을 하나님의 형상을 지닌 동료 인간으로 존중할 수 있다. 또한 자신의 온유한 태도로 남편을 초대하여 본연의 남자가 되게 해줄 수 있다.

여자의 안정한(평온한) 심령은 자기를 해친 사람에게 복수하려는 충동에 지배당하지 않는다. 악을 악으로 갚지 않는다. 심령이 평온한 여자는 외향적일 수도 있고 수줍음이 많을 수도 있다. 주관을 분명히 밝힐 수도 있고 말이 없을 수도 있다. 잘 놀고 사교적일 수도 있고 좀 더 진지하고 책을 좋아할 수도 있다. 어느 경우든 그녀를 지배하는 열정은 남들에게 자신의 최선을 내어줌으로써 남들에게서도 최선의 모습을 불러내는 것이다.

예전에 우리 부부는 댈러스에 갈 일이 있어서 두 어린 아들을 나이 든 사촌에게 맡긴 적이 있다. 두 녀석이 그 주말에 하고 싶다는 일이 있었는데 나는 절대로 안 된다고 못 박아 두었다. 토요일 오후에 나는 호텔 방 안을 서성이며 그날 밤의 어려운 강연을 준비하고 있었다.

전화벨이 울려 레이첼이 받았다. 아내는 잠시 듣다가 나를 보며 말했다. "켑이예요. 당신을 설득할 말이 생각났대요. 당신이 못하게 한 일에 다시 허락을 받아 내려고요." 아내는 수화기를 내게 건넸다. 나는 사명을 수행 중인 사람처럼 말했다. "당신이 알아서 처리해 주세요. 나는 오늘 밤의 강연을 준비해야 돼요."

레이첼은 따뜻한 눈빛으로 나를 보며 안 된다고 말했다. 그러고는 수화기를 내 쪽 침대 위에 놓았다. 아내는 나에게 복종한 것인가? 아내는 그 순간 하나님의 목적을 진척시킬 일이 무엇인지 분별했고, 마음을 열어 그것을 받아들였다. 아빠 노릇보다 강연을 앞세우도록 두는 게 좋지 않다고 결정한 것 같았다. 아내는 하나님의 이야기를 사랑했기에 그 사랑에 맞추어 자신의 행동을 정렬했다. 아내는 자신의 삶으로 하나님의 이야기를 하기 원했고, 그래서 내 삶으로 하나님의 이야기를 하도록 나를 초대했다.

아내의 힘 앞에서 내가 당황과 분노와 위협을 느낄 것을 아내도 알았다. 실제로 나는 그 세 가지를 다 느꼈다. 하지만 내 반응이 아내를 불편하게 했을지는 몰라도 아내를 지배할 두려움을 유발하지는 못했다. 아내는 온유한 심령으로 나에게가 아니라 하나님께 순종했다. 나를 존중하는 용감한 사랑으로 그리했다. 나는 아들에게 재차 안 된다고 말하고 나서 기분이 언짢아졌지만, 그래도 아내는 잔소리를 하지 않았다. 전화를 받기 전에 하던 대로 계속 책을 읽었을 뿐이다. 내가 미성숙하고 불친절한 모습을 보였는데도 심령이 평온한 아내는 그런 나에게 대가를 치르게 할 필요가 없었다.

이런 말도 덧붙일 수 있겠다. 남편들은 아내의 깨끗하게 씻어진 이런 복종에 확 끌리거나 당장 끌리지는 않는다고.

관측 4-베드로는 여자들에게 사라를 아름다운 복종의 모본으로 제시한다

사라라고 했는가? 그녀가 언제 아브라함에게 예수님처럼 반응했던가? 마음을 열고 무엇이든 하나님의 뜻을 진척시키는 것을 받아들였던가? 자신의 행동을 하나님의 더 큰 이야기에 맞추어 정렬했던가?

두려움과 충동에 지배당하지 않고 남편의 나약한 모습에 은혜로만 반응했던가?

베드로는 자신이 창세기 이야기의 어느 한 시점을 생각하고 있음을 우리에게 알려 준다. 바로 사라가 아브라함을 주(master)라 부른 창세기 18장이다. 이는 그녀가 남편을 예배의 대상으로 보았다는 것이 아니라 존중했다는 뜻이다.

일찍이 하나님은 아브라함에게 그가 아버지가 될 것을 약속하셨다. 그런데 수십 년이 지나도 사라는 임신하지 못했다. 어쩌면 그때 그녀는 하나님의 약속에 자신이 어머니가 되리라는 언급은 따로 없었음을 떠올렸는지도 모른다. 이 이야기를 당신도 알 것이다. 그래서 사라는 아브라함에게 자신의 여종 하갈과 잠자리를 하도록 권했다. 거기서 태어난 이스마엘은 아브라함의 아들이었지만 약속의 아들은 아니었다. 하나님은 아브라함에게 하갈과 이스마엘을 내보내라고 하셨다.

세월이 더 흘렀다. 어언 백세가 다 된 아브라함은 다시 하나님의 말씀을 들었다. "네 아내 사라에게 아들이 있으리라." 사라는 천막 안에 숨어 엿듣고 있었다. 자신이 90세에 드디어 어머니가 된다는 말씀이었다. 사라는 믿어지지 않아 웃었다. "내 주인도 늙었으니 내게 [다시] 무슨 즐거움이 있으리요"(창 18:12).

여기서 사라가 말한 즐거움이란 어머니가 되는 기쁨을 가져다주는 성적인 즐거움을 가리킨다. 일부 역본에 나오는 "다시"라는 말로 그녀는 자신이 백세의 "주인"과 한동안 섹스를 즐기지 못했음을 암시했다. 그런데 이제 와서 두 노인이 성관계를 한단 말인가? 백세 된 남자가 제구실을 할 것인가? 90세 된 여자가 아기를 밸 것인가? 그야말로 농담처럼 들렸다.

물론 농담이 아니었다. 잘 보면 하나님의 약속은 아주 진지하며 두 가지 면에서 구체적이다. 사라의 몸에서 아들이 태어날 것이고, 출산은 1년 후가 될 것이다. 하나님이 아브라함에게 기력을 보하라고 2개월의 말미를 주신 것인가? 신앙의 남자도 의심으로 힘들게 마련이다. 성경에 보면 사라는 젊었을 때 미인이었다. 내 생각에 아브라함은 젊었을 때 미모의 아내와 왕성한 성생활을 즐겼을 것이다. 하지만 지금은 다르지 않은가?

그 다음에 벌어진 일을 보라. 신앙의 남자는 움직였다. 아마 2개월이 지나서였을 것이다. 그러자 불후의 미모를 지닌 여자는 자신을 열어, 하나님을 영화롭게 하는 남편의 행동을 받아들였다. 사라는 여성성이 충만하게 살아 있는 여자로서 하나님의 목적에 복종했다. 그래서 베드로는 "아내들아, 너희도 사라처럼 하라"고 말한다.

언젠가 한 여자가 내게 물었다. 다른 남자와 섹스를 하라는 남편에게 복종해야 하느냐고 말이다. 나는 이렇게 대답했다. "물론입니다. 범사에 복종하십시오. 온유하고 평온한 마음으로 안 된다고 하십시오."

다른 여자는 내게 남편이 시키는 대로 허위 서류에 연대 보증인으로 서명해야 되느냐고 물었다. 그녀는 남편에게 복종해야 하는가? 나는 이렇게 대답했다. "예, 범사에 복종하십시오. 온유하고 평온한 마음으로 서명을 거부하십시오."

내 반응이 이해가 안 된다면, 이 책을 다 읽을 즈음에는 이해가 될

것이다. 내 반응이 지금 이미 이해가 된다면 책을 끝마칠 때에는 더 잘 이해가 될 것이다. 나는 이것이 날마다 더 잘 이해가 된다.

여자를 여성답게 하는 것이 무엇인가에 대해 얼마든지 더 말할 수 있다. 그것은 아내, 여자친구, 자매, 어머니, 딸, 친구 등 무엇으로서든 여자의 관계방식을 통해 나타난다. 하지만 지금은 여자에 대해서는 이 정도로 충분하다. 이제 남자에게 관심을 돌려 이렇게 물어야 할 차례다. 남자를 남성답게 하는 것은 무엇인가? 어쩌면 이 단어도 성경적 목욕이 필요할 것이다.

7
남자를 남성답게 하는 것은 무엇인가?

남자들은 정욕을 품지만 그 목적을 모른다. 싸우고 경쟁하지만 상賞을 망각한다……남자들은 권력과 영광을 좇지만 삶의 의미를 놓친다. 조지 길더

인생의 황혼기에 들어선 지금도 나는 뭐가 뭔지 모르겠다……이것만은 말할 수 있다. 부와 명예는 허무한 것이다. 리 아이아코카

남자의 참된 가치를 측정하는 기준은 그가 추구하는 목표다. 마르쿠스 아우렐리우스[1]

이 책의 주제는 남편과 아내가 아니라 남자와 여자다. 지금까지 그 점이 분명히 밝혀졌기를 바란다. 결혼 여부를 떠나 우리 모두는 남성다운 남자와 여성다운 여자로서 충만하게 살아갈 수 있다. 물론 결혼하면 독특한 기회가 (도전과 함께) 주어진다. 성의 육체적·관계적 즐거움을 누릴

수 있는 기회이자 또한 성적 존재로서 관계의 성장을 이룰 수 있는 기회다. 하지만 남성다운 남자나 여성다운 여자로서 관계를 맺어야 할 소명은 기혼, 미혼, 이혼, 사별의 경우를 통틀어 우리 모두에게 해당한다.

여자는 대인관계를 통해 두 가지 독특한 방식으로 하나님의 관계적 속성을 드러내며, 그것을 드러내는 정도만큼 하나님이 보시기에 여성답다. 하나는 열려 있는 여자로서, 또 하나는 충만한 여자로서 그렇다. 열려 있는 여자는 타인에게서 하나님을 영화롭게 하는 행동을 불러내고 그것을 받아들인다. 충만한 여자는 하나님이 자기 안에 부어 주시는 생명을 받아들이고 그것을 나눈다. 그녀의 관계방식은 그것을 보여주는 증거다. 그녀가 그분의 생명을 나누는 궁극적 목적은 다른 사람들 안에 하나님을 영화롭게 하는 행동을 양육하기 위해서다.

간단히 말해서 열려 있는 여자는 경건한 행동을 초대하고, 충만한 여자는 경건한 행동을 양육한다. 둘 다 하나님을 닮은 모습이다. 그녀에게 이보다 더 큰 목적은 없다. 복종의 개념을 비롯하여 이런 몇 가지 개념은 여성성의 이야기에서 아직 시작에 불과하다. 거기서 수많은 의문이 제기된다.

그러나 여성성에 대해 더 말하기 전에 남자들에게도 똑같은 시간이 필요하다(하나님, 우리 남자들을 도와주소서). 남자들에게 시간이 더 많이 필요하다고 내게 귀띔해 준 여자들도 있다!

자카르

하나님이 자기 형상 곧 하나님의 형상대로 사람[아담]을 창조하시되 남자[자카르]와 여자[네케바]를 창조하시고(창 1:27).

자카르의 의미가 무엇이든 나는 자카르다. 모든 남자는 자카르다. 남자는 자신의 관계방식을 통해 하나님의 특정한 면을 드러내도록 지음 받았으며, 따라서 남자 특유의 그 관계방식을 통해서만 남성다워질 수 있다. 그렇다면 그 방식이란 무엇인가? 자카르의 의미는 무엇인가?

마가복음 10:6에 보면 예수께서 아르센(*arsen*)이라는 헬라어 단어로 남자를 지칭하신다. 1944년 7월 13일에 의사가 나의 부모님에게 "아들입니다"라고 말했다. 히브리어와 헬라어를 말하는 의사였다면 "당신의 아기는 자카르입니다, 아르센입니다"라고 말했을 수도 있다. 병원 원목牧院이 이런 내용을 알았다면 이렇게 덧붙였을 수도 있다. "당신의 어린 아들은 관계방식을 통해 하나님의 놀라운 면을 드러내도록 태어났습니다. 자카르와 아르센의 의미대로 아들을 기르십시오. 그러면 자라서 남성다운 남자가 될 것입니다."

원목의 말을 듣고 그 뜻을 알아내려고 히브리어와 헬라어 사전을 찾으러 달려가는 부모의 모습이 상상이 되는가? 물론 상상이 안 된다. 우리는 정말 자카르와 아르센의 의미를 공부할 필요가 있는가? 그래야 남자를 남성답게 하는 것이 무엇인지 알 수 있는가? 우리는 그것을 이미 알고 있지 않은가?

남자가 그저 도덕성을 지키고 포르노나 문란하고 변태적인 성생활을 멀리한다면, 사업의 성공과 직장의 안정보다 가족들과 친구들에게 우선적으로 헌신한다면, 책임감 있고 정직하게 살며 열심히 일한다면, 마음을 덜 닫고 소통을 더 배운다면, 지역사회와 교회에서 시간과

재능과 돈을 들여 불우 이웃에게 선을 행하고 가끔 아프리카 단기선교도 다녀온다면, 그러면 충분한 것 아닌가? 그 정도면 남자다운 남자가 아닌가?

많은 선량한 남자들이 그렇게 생각한다. 하지만 이는 과녁에서 빗나간 생각이다. 그래서 선량한 남자들이 얄팍해지고 섣불리 자기만족에 빠진다. 또한 마땅히 고민해야 할 다음과 같은 문제로 고민하지 않는다. "남자는 폐부를 찌르는 하나님의 강력한 사랑을 본받아 타인의 영혼 속으로 깊숙이 들어가 삶에 변화와 영향을 끼쳐야 하는데 그 능력을 상실하고 말았다." 이런 남자들은 자신에게 강력한 사랑의 능력이 없는데도 고민하지 않을 뿐 아니라, 아예 그 비참한 무력증을 인식조차 하지 못한다. 그들은 도스토옙스키의 『카라마조프가의 형제들』에서 지혜로운 노신부 조시마가 한 말의 의미를 모른다. "지옥이란 사랑할 수 없어 고통당하는 상태다."[2]

현대의 남성성은 하나님이 계획하신 본연의 모습에 한심하리만치 못 미친다. 아무리 성공한 사업가라도 사춘기 딸의 영혼 속으로 깊숙이 들어갈 줄 모른다면 남성답지 못한 것이다. 남자가 복음의 능력으로 관계를 맺는 법을 배우면 엄청난 일이 가능해진다. 그런데 오늘날의 남자들은 그 세계에 거의 무지하다.

나는 남성성의 의미에 관한 책들을 두루 읽어 보았지만, 남자가 지닌 하나님의 형상이 여자와는 다르고 독특하다는 감동적인 진리는 대개 거의 다루어지지 않는다. 남자도 여자처럼 하나님을 닮은 관계방식을 통해 그분을 대변하도록 지음 받았다는 인식도 희박해 보인다. 남자는 하나님을 닮은 관계방식을 통해 세상의 모든 합법적이거나 불법적인 즐거움보다 하나님을 더 즐거워하도록 부름 받았다. 하지만 내가 읽은 책들에서는 그러한 개념이 자아내는 감동을 별로 접할 수 없었다.

남자는 관계를 거룩하게 잘 맺는 일에 최고의 에너지를 쏟아부어야 한다. 그밖의 일에 최고의 에너지를 쏟아부어도 자신이 살아 있는 남자처럼 느껴질 수는 있지만 그것은 착각이다. 그런 남자는 자기를 위해 살아 있는 것이지 하나님을 위해 살아 있는 게 아니다. 남자는 하나님이 계획하신 남성의 운명대로 살아가야 한다. 그럴 때에만 자카르와 아르센으로서 하나님의 영광을 위해 충만하게 살아 있게 된다.

자카르는 "흔적을 남기다, 영향을 미치다"라는 뜻이다. 고대 근동의 문화에서 이 단어는 왕의 비서관을 가리킬 때 쓰였다. 비서관은 왕의 특별한 관심을 요하는 사안들을 왕에게 환기시켜 주는 중대한 특권을 맡은 인물이었다. 점차 자카르는 중요한 일을 기억하고 그에 따라 움직이는 사람을 뜻하게 되었다.

이처럼 자카르에는 생명력 있는 움직임이라는 개념이 암시되어 있다. 그렇다면 여기서도 우리는 성행위 때의 남자의 움직임을 생각해야 하는가? 앞서 말했듯이 "열려 있다"는 뜻의 네케바는 여자의 몸을 지칭할 수 있고, 그 몸은 다시 여자의 영혼의 추상적 모양을 가리키는 은유일 수 있다. 어쩌면 자카르에 대한 해석도 육체적 차원을 벗어날 수 있을 것이다. 즉 섹스 중의 남자의 움직임은 남성다운 남자가 관계 속에서 어떻게 움직이는지를 보여주는 은유일 수 있다.

아르센

남자를 뜻하는 헬라어 단어 아르센은 "들어 올리다, 짐을 지다"는 뜻이다. 즉 무엇인가를 한곳에서 다른 곳으로 옮기는 데 필요한 힘을 가리킨다. 아르센과 자카르를 종합하면 거기에 담긴 기본 개념은 이것이다. 남자는 중요한 것을 기억하고 무질서한 상황 속으로 힘 있게 들어가 중요한 변화를 만들어 낼 때 하나님을 반사한다. 이 부분을 계속 읽으면서 당신이 단단히 명심해야 할 것이 있다. 남성다운 남자의 관계방식은 하나님의 관계방식의 중요한 일면을 반사한다. 그분의 관계방식은 삼위일체 안에서도 나타나고 그분의 사람들을 대하실 때에도 나타난다.

남자들은 이러한 기본 개념 자체에 직감적으로 공감한다. 예컨대 나는 중요한 일을 기억하고, 힘 있게 움직여 그 일을 해낼 때 자부심을 느낀다. 의사는 레지던트 시절에 배운 내용을 기억하고, 고난도의 수술 중에 발생하는 곤란한 상황을 유능하게 처리한다. 기업 간부는 훈련받은 협상 기술을 기억하고, 회사의 큰 거래를 매끄럽게 매듭짓는다. 의견이 맞서 긴장이 감돌 때 남편은 결혼 세미나에서 들었던 도움말을 기억하고, 아내의 손을 잡고 부드럽게 눈을 마주치며 이렇게 다독인다. "지금 당신의 심정이 정확히 어떤지 말해 주시오. 정말 알고 싶소." 이 남자들은 모두 자신이 실력 있고 유능하고 민감한 남자라는 자부심을 느낀다.

하지만 이 남자들은 모두 하나님이 생각하시는 남성성의 개념에는 못 미친다. 우선 그들은 가장 중요한 것이 무엇인지 망각했다. 그래서 그들은 흔적을 남기도록 지음 받았지만 실제로 남기는 흔적은 미미하다. 정작 하나님이 기억하라 하신 것들에 대한 관계적 이해도 깊지 못하다. 물론 그들은 실력 있고 유능하고 자상한 움직임으로 무언가를 성취하지만, 이 또한 본래 성취하도록 되어 있는 수준에 못 미친다. 그래서 그들의 남성성은 충만하게 살아 있지 못하다. 그들은 본래 하나님이 의도하신 것만큼 그분을 드러내지 못한다. 불행히도 이런 잘못된 사고는 남자들의 성미에 잘 맞는다. 그리고 그것은 소년 시절부터 시작된다.

내가 십대 초반에 야구를 하던 때의 한 장면이 기억난다. 나는 삼루에서 몸을 날려 공을 잡은 후 재빨리 빙 돌아 홈으로 던졌다. 공은 완벽하게 직선으로 날아가 포수의 글러브 속으로 빨려들었다. 포수는 홈으로 미끄러져 들어오는 주자를 식은 죽 먹기로 아웃시켰다. 그것으로 경기는 끝났다. 우리가 6대 5로 이겼다. 팀 선수들이 온통 나를 에워쌌다. 나는 남자였다!

그로부터 몇 년 후에 나는 속구速球 소프트볼 투수가 되었다. 18세의 여자친구(지금의 아내)가 관중석의 높은 곳에 앉아 18세의 남자친구(나)의 활약을 지켜보고 있었다. 내가 눈부신 스피드와 우아한 몸동작으로 쉽게 던진 공에 (적어도 나는 그 순간을 그렇게 기억하기로 했다) 타자는 보기 좋게 헛스윙을 했다. 삼진 아웃이자 마지막 아웃이었다! 큰 시합에서 우리가 이겼다. 이번에도 팀 선수들이 온통 나를 에워쌌다. 하지만 내 시선은 빨간색과 흰색의 체크무늬 드레스를 입고 펄쩍펄쩍 뛰며 내게 환호하는 갈색 머리의 예쁜 여자에게 고정되어 있었다. 나는 남자였다!

그로부터 10년도 못 되어 나는 일리노이 대학교의 임상심리학과 박사과정을 수석으로 졸업했다. 박수갈채를 보내는 수천 명의 부모들, 배우자들, 친구들, 자녀들 앞에서 나는 동료 졸업생들의 맨 선두에 서서 무대에 올랐다. 얼마 후에 내가 어느 교회에서 설교하는데 마침 청중 속에 존더반 출판사의 설립자인 팻 존더반(Pat Zondervan)이 있었다. 그가 내게 다가와 내 메시지를 책으로 펴내면 좋겠다며 언제라도 원고를 보내 달라고 했다. 몇 년 만에 내 이름—크랩 박사—은 기독교계에 널리 알려졌다. 영광은 하나님의 몫이다. 그분은 한없이 신실하신 분이다. 나는 재능과 성공으로 살아 있었고 내 흔적을 남기고 있었다. 나는 남자였다! 그 기분이 좋았다.

누군가의 표현처럼 사이비 남성성으로 가는 나의 길은 야구장에서 시작되어 침실을 거쳐 집무실로 옮겨갔다.

그러는 동안 나의 결혼생활은 무너지고 있었다. 레이첼은 자신이 있으나 마나 한 존재처럼 느껴졌다. 내가 첫사랑을 좇느라 아내의 영혼에 눈길을 주지 않았던 것이다. 육체적 간음은 아니었다. 그보다 더 나쁜 영적 간음이었다. 내가 아내에게 드러내고 있던 신은 이 세상의 신이었다. 여러 교회에서 설교하고 기독교 서적을 집필하면서도 나는 그랬다. 가장 중요한 움직임을 망각했다. 하나님과 아내와 두 어린 아들을 멀리한 채 내 자부심에 도움이 될 만한 것들만 기억하고 추구했다. 재능을 과시하고 욕심을 즐기고 성공을 인정받기에 바빴다.

나는 남자로서 소통의 다리를 건너지 않았고, 열려 있는 한 여자에게는커녕 어느 누구에게도 희생적 사랑을 쏟지 않았다. 성 아우구스티누스의 표현을 빌려, 나는 내 안으로 굽어져 있었다. 하나님의 형상을 지니고 있으면서도 그분을 망각했다. 그분 자신을 즐거워하라는 부름에 귀를 막았다. 다른 사람들을 겸손히 사랑하지 않았고, 그리하여 나를 향한 그분의 겸손한 사랑을 드러내지 않았다.

나는 움직이기는 했지만 소통의 다리를 건너지는 않았다. 자아 속으로 움직여 나밖에 모르는 이기주의자가 되었다. 요컨대 나는 성공했지만 남성답지 못했다.

이제야 알았지만—그때는 몰랐다—나의 관계적 무력증은 곧 관계적 죄였다. 술 취함이나 포르노나 게으름이나 부정직함은 없었다. 하지만 내 관계방식은 잘못된 신을 드러냈고, 나는 열려 있는 아내에게 들어가지 않았다. 그래서 아내의 여성적 영혼은 눈길과 손길을 받지 못한 채 방치되었다. 나는 남자가 아니었다! 게다가 나 때문에 아내는 열린 상태로 남아 있기가 힘들었다. 경건한 움직임이 무엇인지 모르는 남자에게서 경건한 움직임을 불러내기가 힘들었다. 그런데도 나는 내가 안다고 생각했다. 영적으로 미성숙하면서도 안일에 빠져 있었다. 그렇게 너무 오랜 세월이 흘렀다.

하나님은 결코 자신의 언약을 잊지 않으시며 결코 희생적 사랑의 움직임을 멈추지 않으신다. 남자는 그와 같은 하나님의 관계적 움직임을 조금이나마 반사해야 한다. 그러기 전까지는 하나님의 영광을 위해 충만하게 살아 있는 남성성이 어떤 의미인지 결코 알 수 없다.

남자는 남들에게 다가감으로써 자신에게 다가오시는 하나님을 드러내야 한다. 자신이 하나님의 형상을 지니고 있음을 기억하고 남들에게 다가가 그분의 성품을 드러내야 한다. 그러기 전까지 남자는 중독자처럼 악착같이 사이비 남성성을 좇을 것이다. 재능을 과시하거나

욕심을 즐기거나 성공을 인정받기에 바쁠 것이다.

자카르는 자신이 하나님의 형상을 지니고 있음을 결코 망각하지 않는 남자다. 그는 또한 이 땅에 그리스도의 나라가 임하게 하는 것보다 더 중요한 일이 없음을 알며, 이 땅에 그 나라가 임하게 하려면 자신이 소통의 다리를 건너 거룩한 영향력으로 다른 사람들의 삶 속에 들어가야 함을 안다.

아르센은 자신이 다음과 같이 되지 않고는 다른 사람 속으로 잘 들어갈 수 없음을 아는 남자다. 즉 자신의 안위밖에 모르는 이기적인 자아가 깨어져야 하고, 그리하여 전심으로 하나님을 구하고 자비에 매달려야 한다. 이런 남자는 하나님의 생명이라는 원동력이 없이는 자신이 움직일 수 없음을 안다. 자기 힘으로는 다리 이쪽에서 한 발짝도 뗄 수 없고, 나약하여 사랑할 수 없고, 아무에게도 하나님의 생명으로 깊은 영향을 줄 수 없음을 안다.

그래도 남아 있는 의문이 있다. 하나님을 기억하고 의지하는 남자는 그분을 드러내는 방식으로 아내, 자녀, 부모, 친구, 동료에게 다가가야 한다. 그런데 아내가 이미 자신을 닫아 버렸다면, 아들이나 딸이 당신의 가슴에 못을 박는다면, 부모가 당신을 실망시켰다면, 한때 친했던 친구가 당신에게 등을 돌렸다면, 동료가 회사에서 승진하려고 당신을 비방해 왔음이 밝혀졌다면, 그때는 어떻게 하나님을 드러낼 것인가?

반대로 남성다운 남자가 다가가는 대상이 민감하게 반응하는 아내,

말 잘 듣는 자녀, 본분에 충실한 부모, 여전히 친한 친구, 잘 도와주는 동료라면 그럴 때는 어떻게 하나님을 드러낼 것인가?

하나님의 영광을 위해 충만하게 살아 있는 남성성이란 무엇인가? 두 곳의 성경 본문에서 그 의미의 실마리를 찾아볼 수 있다. 하나는 창세기에 있고 또 하나는 출애굽기에 있다. 그러한 남자는 소통의 다리 저쪽 끝에 서 있는 사람을 보고—정말로 보고—관계적 기회를 붙잡는다.

8
관계적 남성성

합리적이거나 가능해 보이는 것들로만 선택의 폭을 좁히면 당신은 자신이 진정 바라는 것과 단절된다. 남는 것은 타협뿐이다. 로버트 프리츠[1]

부활은……인류가 본연의 목표에 도달한다는 상징이요 보증이다. 본연의 목표란 그리스도 안의 "은혜" 이야기가 아담이 불러온 인생의 "죄" 이야기를 이기고 삼키는 것이다. 브렌던 번[2]

새 인류의 과제는 하나님의 방식을 행실로 보이는 것이다. 스탠리 그렌츠[3]

온 인류의 공동체는 남자들과 여자들의 공동체를 중심으로 이루어진다. 클로스 웨스터먼[4]

남자를 남성답게 하는 것이 무엇인지 더 말하기 전에, 위의 네 가지 인용문을 관통하고 있는 사고의 흐름에 주목해 보라. 그 흐름을 잘 포착하면 그것이 우리를 확신에 찬 희망으로 데려갈 수 있다. 정말로 우리는 하나님의 영광을 위해 충만하게 살아 있는 남자와 여자가 될 수 있다.

- 인용문 1: 불합리해 보이는 비전을 추구하라. 당신이 자기 영혼 안의 갈망과 연결되기만 하면 그 비전을 이루는 것이 가능해진다. 그런데 영혼 안의 갈망은 외부의 도움 없이는 결코 채워질 수 없다.
- 인용문 2: "은혜" 이야기 덕분에 외부의 도움이 가능해졌다. 그 도움을 받아들이면 그것이 내부의 도움으로 변한다. 우리는 자신이 진정 바라는 것, 곧 속에 묻혀 있는 갈망과 반드시 연결된다. 그것은 바로 우리의 관계방식을 통해 다른 사람들에게 하나님을 드러내고 싶은 갈망이다. 우리는 사이비 남성성과 사이비 여성성의 "죄" 이야기를 반드시 이긴다. 우리는 하나님의 형상을 지닌 남자와 여자로서 반드시 충만하게 살아 있게 된다. 참된 공동체에서 우리는 소통의 다리 위에서 만난다. 그때 우리는 남성다운 남자와 여성다운 여자로서 완벽한 조화, 더없는 만족, 활기찬 건강, 순전한 기쁨을 반드시 누린다. 이것은 반드시 이루어진다. 지금은 부분적으로 이루어지다가 영원히 충만하게 이루어진다.
- 인용문 3: 하나님을 즐거워하는 가운데 서로를 대하는 것이 하나님이 보장하신 우리의 운명이다. 이것은 가능한 일이다. 반드시 이루어진다.
- 인용문 4: 이혼, 유기遺棄, 거부, 무력함, 어색함, 외로움, 열등감, 실패 등 우리를 막아 다리 위에서 만나지 못하게 하는 모든 것들은 결국 과거의 일이 되어 망각 속으로 훨훨 사라진다. 그때까지 우리는 불가

능해 보이는 꿈을 향해 관계의 힘든 노정을 능히 통과할 수 있다. 그것이 우리의 관계적 운명이다. 그 꿈이 우리의 가장 강렬한 열망이자 가장 단호한 목표가 되면, 그 꿈은 다시는 무산되지 않는다. 좁은 길을 가면서 우리는 천국 공동체의 맛을 내는 남자와 여자로서 함께 춤추는 법을 배운다. 그 맛은 장차 영원히 푸짐한 잔치가 된다.

은혜 이야기가 드러내 주는 하나님의 관계적 속성을 생각해 보라. 하나님의 관계방식은 초대다. 그분은 문을 활짝 여시고 자신의 잔치에 오는 사람을 누구나 반겨 주신다. 그리고 삼위일체의 춤을 배우는 데 필요한 양분을 우리에게 넉넉히 공급하신다. 관계적 여성성은 초대하시는 하나님의 아름다움을 드러낸다.

하나님의 관계방식은 또한 성육신이다. 그분은 늘 자신의 불변의 언약을 기억하시고 우리와 함께해 주신다. 그리고 잃어버린 우리에게 희생적으로 다가오시되 십자가를 지기까지 하셔서 우리를 자신에게로 이끄신다. 관계적 남성성은 성육신하시는 하나님의 아름다움을 드러낸다.

이제 남성성의 기본 개념을 몇 가지 더 제시하려 한다. 우선 창세기부터 본 뒤에 출애굽기로 넘어갈 것이다. 남자가 일상의 관계 속에 들어가 하나님을 드러낼 때 그것이 어떤 모습으로 나타나는지 살펴보자.

아담은 기회를 잡았다가 놓쳤다

창세기 1장부터 2장 3절까지에는 초월자이신 하나님이 비할 데 없는 권능으로 천지를 창조하시는 "큰 그림"이 나온다. 2장 4절부터는 아담과 하와를 창조하시는 하나님께로 본문의 초점이 좁혀진다. 1장에 나오지 않는 내용이 이 부분에 나온다.

창세기 1:26에서는 하나님이 자신의 관계적 속성을 살짝 운만 띄우신다. "우리의 형상을 따라……우리가 사람을 만들고." 그러나 2장에 가면 하나님이 초월적 위엄으로 우리 위에 계실 뿐만 아니라 또한 내재적 사랑으로 우리와 함께 계심이 분명해진다. 하나님은 즐겁게 관계를 맺으시는 분이다. 자신의 그 기쁨의 공동체에 우리를 동참시켜 주시는 것이 그분의 계획이다.

그러나 함께 춤추자는 하나님의 따뜻한 초대에는 엄중한 경고가 따라온다. 즉 우리는 하나님이 뭔가 좋은 것을 숨기신다는 거짓말을 믿어서는 안 된다. 그분이 금하시는 것을 얻으려 해서는 안 된다. 그분이 공급하시는 것보다 더 많은 복을 누리려 해서도 안 된다. 우리는 선과 악을 규정하시는 하나님을 신뢰해야 한다. 선한 것은 그분이 공급하거나 허락하시고, 악한 것은 그분이 금하거나 거두신다(물론 하나님은 우리를 더 잘되게 하시려고 좋은 것을 거두실 때도 있다).

특정한 나무 열매를 먹지 말라는 명령은 곧 그 금령만 존중하면 하나님의 공급을 마음껏 누릴 기회가 주어져 있다는 뜻이다(참조. 창 2:16-17). 그런데 잘 보면 그 명령 뒤에 "사람이 혼자 사는 것이 좋지 아니하니"라는 그분의 말씀이 나오고, 곧이어 아담에게 공급을 추가하신다는 그분의 계획이 선포된다. "내가 그를 위하여 돕는 배필을 지으리라"(18절).

경고가 먼저이고 복이 다음인 이 이상한 흐름에서 두 가지를 볼 수

있다. 첫째로, 하나님은 금령부터 주신 뒤에 공급을 더하셨다. 하나님이 하와를 지으신 목적은 남녀가 함께 그분의 사랑의 박자에 맞추어 춤을 추고 그분의 관계적 영광을 드러내게 하시기 위해서였다. 그분은 삼위일체의 기쁨의 잔치에 동참하는 데 필요한 모든 것을 우리에게 공급하셨다. C. S. 루이스(Lewis)의 예리한 말마따나 "기쁨은 천국의 중대사다."[5]

여기서 분명하게 해둘 것이 있다. 하나님의 금령은 그분의 공급을 누리게 하려는 보호 장치로 존재한다. 하나님이 아담에게 한 가지를 금하신 것은 그가 잠시 후면 지어질 아내와 함께 나머지를 실컷 다 누리게 하시기 위해서였다.

둘째로, 첫째보다 더 이상할지 모르지만, 하나님은 아담에게 경고부터 발하신 뒤에 하와를 지으셨다. 왜 그렇게 하셨을까? 하나님은 아담에게 기억하고 움직일 수 있는 기회를 주셨다. 남자로서 관계를 맺을 수 있는 기회였다. 즉 아담은 중요한 일을 기억하고 움직여 그 일을 이루어야 했다. 창세기 이야기에 분명히 암시되어 있듯이 아담은 하나님의 말씀을 기억하고 하와에게 전해 주어야 했고, 실제로 그렇게 했다.

언제 그렇게 했는가? 창세기 1장에 보면 하나님은 아담과 하와 둘 모두에게 복을 주신다(참조. 28-30절). 그런데 2장에 가면 하나님이 하와를 지으시기 전에 아담에게만 경고를 발하신다. 1장의 복은 2장의 경고가 있은 뒤의 일이다. 순서는 분명하다. 먼저 하나님은 아담에게 금단의 열매를 먹지 말라고 경고하셨다. 그 다음에 하와를 지으셨고 맨 나중에 둘 다에게 복을 주셨다.

아담과 하와는 하나님의 복을 받은 후에 서로 손잡고 하나님이 주신 낙원을 즐겁게 거닐었을 것이다. 하나님의 풍성한 복에 감탄하며 말 그대로 평생 최고의 시간을 보냈을 것이다. 어쩌면 그 산책 중에 아담이 특정한 나무를 가리키며 하와에게 하나님의 경고를 전했을 것이다. 아마도 그분의 말씀을 기억하며 한 마디씩 또박또박 되풀이했을 것이다. 물론 아담이 언제 기억하고 움직였는지는 정확히 알 수 없다. 하지만 그가 기억하고 움직였다는 사실만은 분명하다.

이것은 남자가 관계적 남성성을 누릴 수 있는 최초의 기회였고, 아담은 그 기회를 잡았다. 내 생각에 아담은 보호하는 마음으로 하와가 잘되기만을 바라며 말했을 것이고, 하와는 감사하는 마음으로 귀담아 들었을 것이다. 아담은 기억하고 아내에게 다가갔고, 하와는 마음을 열고 양분을 주었다. 그렇게 둘은 소통의 다리 위에서 만났다.

아담이 관계적 남성성을 실천할 수 있는 두 번째 기회는 창세기 3장에서 찾아온다. 뱀이 사탄의 사주를 받아 하와를 파멸의 대화에 끌어들였다. 이미 하와는 남편을 통해 하나님의 경고를 들었지만 뱀이 그 기억을 흐려 놓았다. 하와는 다리의 한쪽 끝에 서서 사탄의 교활한 속임수에 순진하게 열려 있었다. 아담은 다리의 반대쪽 끝에서 대화를 듣고 있었다. 다시 기억하고 움직일 수 있는 절호의 기회였다. 아담은 다리를 건너가 하와에게 말해야 했다.

"여보, 뱀의 말을 듣지 말고 하나님의 말씀을 들으시오. 내가 기억하는 그분의 말씀을 정확히 다시 말해 주리다. 하나님은 나무를 만지지도 말라는 말씀은 하지 않으셨소. 지금 당신은 그분의 공급보다 그분의 금령을 더 부각시키고 있는 겁니다. 그리고 내가 제대로 들었다면, 당신은 우리가 금단의 열매를 먹으면 죽을지도 모른다고 말하는

것 같소. 하지만 하나님은 우리가 반드시 죽는다고 말씀하셨소. 당신은 불순종의 처참하고 확실한 결과를 축소하고 있는 거요."

하지만 아담은 침묵했다. 기억하지 않았고 움직이지 않았다. 관계적 남성성의 첫 실패였다. 지금은 그것이 아담의 모든 남자 후손들의 성미에 꼭 맞는 관계방식이 되었다. 남자들은 소통의 다리를 건너지 않는다. 남편들은 마음을 닫는다. 아내는 친밀함을 갈망하건만, 남편은 힘 있게 움직여 아내를 보호하기는커녕 오히려 돌아선다. 남자들은 합리적이고 가능해 보이는 것들만 선택한다. 사이비 남성성을 즐긴다. 남성답게 관계 속으로 들어가지는 않으면서 남자의 쾌락만 구한다. 그래서 포르노를 본다. 성공하고 인정받으려고 살아간다. 관계적 모험이 거의 필요 없는 방법들을 통해 자신의 가치와 능력을 확인하려 한다.

인내가 무한하신 하나님은 끊임없이 남자들을 불러 기억하게 하신다. 자신이 어떤 분이시고, 어떻게 관계를 맺으시고, 무엇을 가르치시는지 기억하게 하신다. 또한 그들을 다른 사람들 쪽으로 움직이게 하신다. 타협할 수 없는 단 하나의 목적을 가지고 관계를 맺게 하신다. 그 목적이란 바로 바른 내용을 기억하고 드러내는 것이다. 하나님의 부르심을 듣고 기억하고 움직이는 남자들은 남성다운 남자가 된다. 나머지 모두는 그렇지 못하다.

기억하면 언제나 움직임이 뒤따른다

하나님은 무엇인가를 기억하시면 언제나 움직이신다. 그분은 잃어진선善을 행동으로 되갚으시며, 무언가를 공급하여 자기 백성을 잘되게 하신다. 성경에 그것이 분명하게 나온다.

1. 하나님이 노아[를]……기억하사……물이 줄어들었고……하나님이 노아에게 말씀하여 이르시되 너는……방주에서 나오고……땅에서 번성하리라 하시매(창 8:1, 15-17).
2. 하나님이……롯이 거주하는 성을 엎으실 때에 하나님이 아브라함을 생각[기억]하사 롯을 그 엎으시는 중에서 내보내셨더라(창 19:29).
3. 하나님이 라헬을 생각[기억]하신지라. 하나님이……그의 태를 여셨으므로(창 30:22).
4. 이스라엘 자손은……그 고된 노동으로 말미암아 부르짖는 소리가 하나님께 상달된지라. 하나님이 그들의 고통 소리를 들으시고……그의 언약을 기억하사 하나님이 이스라엘 자손을 돌보셨고 하나님이 그들을 기억하셨더라(출 2:23-25).
5. 주의 종 아브라함과 이삭과 이스라엘을 기억하소서. 주께서 그들을 위하여 주를 가리켜 맹세하여 이르시기를 내가 너희의 자손을……많게 하고 내가 허락한 이 온 땅을 너희의 자손에게 주어 영원한 기업이 되게 하리라 하셨나이다. 여호와께서 뜻을 돌이키사 말씀하신 화를 그 백성에게 내리지 아니하시니라(출 32:13-14).
6. 여호와여, 주의 긍휼하심과 인자하심[을]……기억하옵소서. 여호와여, 내 젊은 시절의 죄와 허물을 기억하지 마시고 주의 인자하심을 따라 주께서 나를 기억하시되 주의 선하심으로 하옵소서(시 25:6-7).
7. 하나님이여, 주께서 어찌하여 우리를 영원히 버리시나이까……속량

> 하[신]……주의 회중을 기억하시며 주께서 계시던 시온 산도 생각[기억]
> 하소서(시 74:1-2).

하나님은 무엇인가를 기억하시면 반드시 움직이신다. 하나님의 백성은 그것이 그분의 관계방식임을 알았다. 환난을 당할 때면 그들은 하나님께 그분의 성품과 언약을 기억해 달라고 간구했다. 그분이 기억하시면 자기들을 위해 움직이실 것을 알았기 때문이다.

출애굽기 2:23-25를 더 자세히 보라. 『메시지』 역에는 이렇게 되어 있다.

> 이스라엘 자손이 종살이 때문에 신음하며 부르짖었다. 고된 노역에서 벗어나게 해달라는 그들의 부르짖음이 하나님께 이르렀다.
>
> 하나님께서 그들의 신음소리를 들으시고,
> 아브라함과 이삭과 야곱과 맺으신 언약을 기억하셨다.
> 하나님께서 이스라엘에게 일어난 일을 보시고,
> 그들의 처지를 헤아리셨다.

마지막 문구를 이렇게 번역할 수도 있다. "하나님께서 그들을 도우셔야 할 책임을 인정하셨다."

이 본문에서 하나님이 하신 일을 잘 보라. 그분은 들으셨고, 기억하셨고, 보셨고, 행동하셨다. 남자가 아내나 자녀나 부모나 친구나 여자친구나 동료를 대할 때 마땅히 더 해야 할 일이 많이 있겠지만, 관계 속에서 남성다워지려는 남자는 반드시 듣고, 기억하고, 보고, 행동한다.

- 남성다운 남자는 다른 사람들의 부르짖음을 듣는다. 사람의 심령 속에는 누구나 부르짖음이 있다. 채워지지 않은 갈망, 무산된 꿈, 깊은 두려움, 반복되는 실패 따위가 부르짖음을 낳는다. 복된 시절에는 부르짖는 본인에게조차 부르짖음이 잘 들리지 않을 수 있다. 하지만 남성다운 남자는 늘 경청한다. 자신의 부르짖음이 아무리 절박해도 그는 다른 사람의 부르짖음을 듣는다. 예수께서 십자가에 못 박히신 상태에서도 어머니의 고뇌를 들으셨던 것처럼 말이다.
- 남성다운 남자는 자기가 드러내도록 부름 받은 하나님을 기억한다. 그는 자기가 누구의 형상대로 지음 받았고, 누구의 목적을 진척시키기 위해 살고 있으며, 누구의 부르심에 따르기를 소원하는지 기억한다. 아내가 그를 비난하고, 자녀가 실망시키고, 부모가 몰라주고, 친구가 배신하고, 동료가 비방할 수 있다. 사업에 실패할까 봐 두려울 수 있고, 그냥 힘없이 허전할 수 있고, 깊은 상처를 입을 수 있다. 그래도 그는 하나님을 기억한다. 그는 자신이 하나님의 신실하고 영원한 사랑과 용서를 다른 사람들에게 드러내기 위해 존재함을 안다.
- 남성다운 남자는 타인의 고민을 들여다보며 자신의 부족함을 느낀다. 그 부족함은 하나님만이 채워 주실 수 있다. 그래서 그는 즉각 도우려 하기보다 더 자세히 알고자 한다. 그는 성급한 조언이나 쉬운 해답을 내놓지 않는다. 그런 도움이야 그도 얼마든지 베풀 수 있다. 그는 상대의 문제를 주관하려 하기보다 자신이 해결하기에 역부족임을 느낄 때까지 문제를 바라본다. 그리고 자기가 할 수 있는 최선의 일은 자신의 관계방식을 통해 상대에게 그리스도의 임재를 느끼게 해주는 것임을 안다.

- 남성다운 남자는 타인의 필요 속으로 들어가 하나님의 거룩한 사랑의 마음을 드러낸다. 지금까지 그는 상대의 부르짖음을 들었고, 자신의 삶으로 말하고 싶은 하나님의 이야기를 기억했고, 상대의 진짜 필요(어쩌면 상대가 느끼지 못할 수도 있는)를 적시에 채우시는 하나님의 공급을 잘 보고 분별했다. 이제 그는 행동해야 할 때임을 안다. 그는 부족한 모습 그대로 기꺼이 안전지대를 벗어나 움직인다. 자신의 움직임을 상대가 알아주지 않을지도 모른다는 모험을 무릅쓴다. 듣고 기억하고 보는 가운데 자신의 가장 깊은 내면을 기도로 분별하고 신뢰한다. 부드럽고도 과감하게 타인의 삶으로 다가가 열린 부분으로 들어간다. 상대의 필요 때문에 관계가 어느 한 부분이라도 열리게 마련이다. 그의 기쁨은 상대에게 인정받는 데 있지 않고 자신의 관계방식을 통해 자신이 품고 있는 하나님의 형상을 대변하는 특권에 있다.

관계적 여성성을 보여주는 여자는 열려 있어 경건한 움직임을 받아들인다. 또한 경건한 움직임을 양육하고픈 갈망이 있다. 반면에 관계적 남성성을 드러내는 남자는 하나님의 이야기를 기억하고 그 줄거리를 진척시키고자 움직인다. 우리 삶을 향한 하나님의 고결한 부르심을 희미하게나마 본다면, 우리는 긴 낮잠에서 깨어나 달콤한 갈망을 품을 것이다. 여성다운 여자와 남성다운 남자로서 충만하게 살아가고 싶어질 것이다.

우리의 가장 깊은 갈망은 여성다운 여자와 남성다운 남자로서 충만하게 살아가면서 우리의 관계방식을 통해 하나님의 아름다운 관계방식을 드러내는 것이다. 그 갈망을 채우지 못하게 우리를 가로막는 것은 무엇인가? 2부에서 이 질문에 답하고자 한다.

여기 힌트가 있다. 본인이 알든 모르든, 느끼든 느끼지 못하든, 우리 모두는 말 그대로 죽도록 두렵다.

II
핵심적 공포를 찾아서
우리를 무력하게 만드는 두려움

죄는 공동체를 죽인다.……우리는 하나님의 임재를 누리기는커녕 도망간다. 두려움 속에 살면서 하나님이 우리를 대적하신다고 생각한다. 하지만 사실은 우리 쪽에서 하나님을 대적하면서 그 적대감을 하나님께 투사하는 것이다. 무한히 하나님께 의존해야 할 우리가 오히려 그분을 피해 달아난다. 그분만이 우리의 두려움과 망가진 모습과 적대감을 극복하게 하실 수 있다. 그분만이 우리의 가장 깊은 필요를 채워 주실 수 있다. 이렇듯 죄는 하나님이 그분의 피조물에게 주시려는 공동체를 죽인다.……그래서 우리는 자신의 참자아로부터 소외된다. 그것은 결코 우리의 본연의 모습이 아니다. 스탠리 그렌츠[1]

우리는 하나님의 형상을 지녔지만 타락한 존재다. 그래서 **하나님께 의존적**이면서도 동시에 분노를 품고 **하나님을 대적**한다. 남자와 여자로서 충만하게 살아 있으려면 하나님을 의지해야 한다. 그런데 우리는 하나님께 의존하지 않고도 성적 실존과 개인적 건강과 관계적 만족을 누리기로 작정했다. 하지만 하나님께 의존하지 않고 무조건 그분을 대적하면 그 결과로 핵심적 공포가 생겨난다. 남자와 여자로서 충만하게 살고 싶은 갈망이 영영 실현되지 않을 것이라는 공포, 그래서 결국 개인적으로 공허하고 관계적으로 단절될 것이라는 공포다. 이 공포를 기어이 부정하고 가장 깊은 갈망을 자기 힘으로 채울 수 있다고 고집하면, 그것이 바로 성경이 말하는 미련함이다. 이런 교만한 독립은 한동안은 지혜로워 보이지만 결국은 어리석은 실존으로 판명된다.

여자와 남자의 마음속에 살고 있는 핵심적 공포를 2부에서 밝혀낼 것이다. 두려움은 자기방어적인 관계를 정당화한다. 우리가 느끼지 못하거나 부정할 때가 많지만, 두려움은 우리를 막아 하나님을 드러내지 못하게 하는 위력이 있다. 그뿐 아니라 두려움 때문에 우리는 하나님의 형상을 지닌 남성이나 여성으로서 그분을 드러내고 싶은 자신의 갈망을 보지 못할 수도 있다.

9
유일하게 두려워해야 할 것

자녀들은 혈과 육에 속하였으매 그도 또한 같은 모양으로 혈과 육을 함께 지니심은 죽음을 통하여 죽음의 세력을 잡은 자 곧 마귀를 멸하시며 또 죽기를 무서워하므로 한평생 매여 종노릇하는 모든 자들을 놓아 주려 하심이니. 히브리서 2:14-15

그들이 그날 바람이 불 때 동산에 거니시는 여호와 하나님의 소리를 듣고 아담과 그의 아내가 여호와 하나님의 낯을 피하여 동산 나무 사이에 숨은지라. 여호와 하나님이 아담을 부르시며 그에게 이르시되 네가 어디 있느냐. 이르되 내가 동산에서 하나님의 소리를 듣고 내가 벗었으므로 두려워하여 숨었나이다. 창세기 3:8-10

우리 대부분은 여성성과 남성성 안에서 충만하게 살아가지 못한다. 위의 두 성경 본문을 통해 그 이유를 조금이나마 이해할 수 있다. 다음 내용에 주목하라.

- 세상과 육신을 통해 역사하는 마귀가 우리를 눈멀게 해, 우리의 관계방식을 통해 사람들에게 하나님을 드러내는 독특한 기쁨을 보지 못하게 한다. 마귀는 우리를 두려움에 짓눌려 살아가게 만든다. 충만하게 살아 있는 여성성이나 남성성의 깊은 기쁨을 영영 모를 것이라는 두려움이다. 그래서 우리는 무슨 수를 써서라도 최악의 두려움에서 자신을 보호하려 하고, 어떤 대가를 치르고라도 최대한 자존심을 세우려 한다. 마귀는 그것이 선하고 옳은 일이라고 우리를 부추긴다.
- 두려움은 성경에 특정적으로 언급된 최초의 감정이다. 아담과 하와가 삶의 낙을 스스로 극대화하려 한 뒤에 맨 처음이자 가장 강하게 느낀 감정이 바로 두려움이다. 그 반항적 교만이 당신과 나를 포함한 모든 후손에게 전수되었다. 이제 우리는 자력으로 기쁨을 만들어 내려 한다. 하지만 불가능한 일을 시도하면 실패가 불가피하고, 실패는 두려움을 낳는다. 우리는 하나님이 우리 안에서 그분의 가장 깊은 일을 이루시도록 해드려야 한다. 그러기 전까지는 두려움이 우리의 관계방식을 형성하고 지배한다. 내 영혼이 삶다운 삶을 영영 놓칠 것이라는 두려움이다. 두려움이 우리의 원동력이 되면 자기방어적이고 자기중심적인 관계가 당연하고 불가피하게 느껴진다. 그것이 바로 "죽기를 무서워하므로……종노릇"하며 살아갈 때(히 2:15) 나타나는 우리의 관계방식이다.
- 우리는 남에게 고통당하지 않으려고 자신을 보호하는 일을 최우선으로 정당화할 수 있다. 그 일을 악으로 인식하지 않고, 따라서 한 번도

제대로 고백하지 않을 수 있다. 그렇게 되면 하나님의 임재를 반기지 않고 오히려 피하게 된다. 관계적 죄로 망가진 모습을 자백하지 않으면, 거룩하신 관계적 하나님에 대한 애틋한 체험도 모두 가짜가 된다. 우리는 살아남기 위해 관계적 죄에 매달리는데, 관계적 거룩함은 그 악을 폭로한다. 그래서 우리는 관계적 거룩함에 분노를 느낀다. 신기한 은혜에 놀라지 않는 한 우리는 하나님께 거부당할 것에 대한 두려움 때문에 그분께로 이끌릴 수 없다.

- 우리는 탈을 쓰고, 무화과나무 잎으로 치부를 가리고, 비판당하거나 거부당할 빌미를 주지 않으려고 타인에게 페르소나(persona, 가면)를 내보이고, 관계적 인상을 좋게 유지하려고 비밀을 간직한다. 이 모두는 끔찍한 두려움을 회피하기 위한 것이며, 우리를 멸하려 위협하는 임박한 영적 죽음의 고통에 무디어지기 위한 것이다. 그런 겉치레 때문에 우리는 혼자가 되어, 아무도 나를 원하거나 존중하지 않는다는 기분으로 살아간다.
- 그렇게 온갖 탈과 무화과나무 잎과 페르소나와 비밀이 떡 버티고 있으면, 우리는 자신의 관계방식을 통해 사랑의 하나님을 드러내기 위해 사는 게 아니라 자신을 멸하려 위협하는 두려움—핵심적 공포—을 피하여 숨기에 바쁘다. 그 결과는 무엇인가? 우리는 하나님의 관계적 영광에 이르지 못한다. 관계적 여성성이나 남성성 안에서 결코 충만하게 살아 있을 수 없다. 소통의 다리에서 아무도 만나지 못한 채 비참한 침묵 속에 홀로 살아가게 된다.

우리 영혼의 핵심적 공포는 우리를 죽음에 대한 두려움에 종노릇하게 만드는 위력이 있다. 두려움은 자기중심적 관계를 정당화할 뿐 아니라 하나님의 고결한 부르심을 듣지 못하게 한다. 관계적 여성성과 남성성이 충만하게 살아 있는 삶은 기쁨과 영광에 찬 비전인데, 두려움은 그것을 보지 못하게 한다. 이 핵심적 공포를 좀 더 실감하게 해줄 이야기가 있다. 그것을 "건너지 못한 다리의 비유"라고 하자.

건너지 못한 다리의 비유

꿈꾸는 여자

이 여자가 다니는 교회의 목사는 지옥 같은 것은 없다고 말했다. 하지만 그녀의 생각은 달랐다. 자기가 이미 지옥에 있기 때문이었다.

"내가 날마다 지옥에 살고 있는데, 이보다 더 심한 지옥이 있을까?" 그녀는 그런 의문이 들었다. 외로움을 견딜 수 없었고 두려움 때문에 무력해졌다.

이런 생각이 들었다. "더 심한 지옥이 있다면 그곳은 잠시 고생을 잊을 오락거리조차 없는 곳이겠지. 모든 관계에 친밀함의 환영幻影조차 없는 곳, 고통을 덜어 줄 한순간의 부질없는 재미조차 없는 곳이겠지. 내가 하는 어떤 일도 중요하다고 믿을 수 없는 곳일 거야. 정말 중요하지 않으니까."

그녀는 자기만의 지옥에 홀로 살았지만 그래도 용케 삶을 이어갔다. 정말 재주가 좋은 여자였다. 그녀는 어떻게든 어두운 토굴에서 기어 나와 사람들의 세계 속으로 들어가 한데 어울렸다. 어떤 날은 마치 직장 일이 중요하기라도 하다는 듯 일에 매달렸다. 웃기도 했고, 기발

한 영화를 즐기기도 했고, 활기찬 파티에서 낙을 찾기도 했다. 잃었던 사랑을 다시 찾는 명작 소설을 읽으며 자신의 삶에도 만족이 찾아올 수 있다는 실낱같은 희망을 품어 보기도 했다.

삶이야 그럭저럭 감당이 되었지만 자신의 영혼만은 그녀도 어찌할 도리가 없었다. 정체불명의 고통이 늘 떠나지 않았다. 그 고통에 정서적 거리를 두는 한 살아남을 수 있었다. 한동안 자신이 거의 승승장구하고 있다는 생각이 들 때도 있었다.

하지만 생각하면 괴로웠다. 생각하면 자신의 모든 선택을 지배하는 목표가 하나임을 인정할 수밖에 없었다. 목표를 추구하는 에너지도 하나의 절박한 갈망에서 비롯되었다. 불편한 깨달음의 순간에 그녀는 거의 사용하지 않던 일기장에 이런 글을 썼다. “공허함의 안개가 내 영혼을 가득 메우고 있다. 간신히 지어내고 있는 내 행복을 그 안개 때문에 망쳐서는 안 된다.”

친구들이 없지는 않았다. 남녀 친구들이 진심으로 그녀를 좋아했다. 그녀는 이지적이고 재치와 매력이 있었다. 재미있는 일에도 대체로 선뜻 나섰다. 당연히 사람들은 그녀를 즐거워했다. 하지만 그녀는 그 이상을 원했다. 고민과 실패 속에서도 누군가 자기를 원하고, 보아주고, 탐색해 주기를 갈망했다. 하지만 그녀는 두려웠다. 그래서 모든 것을 갖춘 사람처럼 행세했다. 친구들은 그 거짓을 믿었고, 한 번도 힘들여 그녀의 영혼 속에 들어가지 않았다. 그들은 그녀의 위장된 겉모습을 상대하면서 그녀를 만나고 있다고 생각했고, 서로의 우정이 깊다고 믿었다.

그녀는 자신이 가짜로 느껴졌다. 속으로는 비참하게 살면서 남들에게는 반대의 이미지를 투사하고 있었다. 사람들은 그녀의 쾌활한 성격, 자발적으로 도움을 베푸는 모습, 여러 가지 유능한 솜씨 따위를 즐거워했다. 하지만 그녀를 괴롭히는 의문이 있었다. 아무에게도 말하지 못하고 자신에게만 던지는 질문이었다. "잘생긴 마네킹이 패션을 과시하지만 사람들은 흘끗 한번 보고 지나갈 뿐이다. 나도 마네킹처럼 이런 장점들을 남들에게 내보이는 것일까?"

그녀는 그런 생각을 떨치려 했다. 생각하면 환상을 유지하기 힘들었다. 자신이 삶을 거뜬히 건사하며 만족을 누리고 있다는 환상이었다. 생각하면 위장하기 힘들었다. 그나마 위장 때문에 삶을 견딜 수 있었다.

하지만 밤이 되면 달라졌다.

언제부터 악몽을 꾸었는지는 기억에 없었다. 아마 어린 시절부터 한밤의 공포가 잠자는 그녀를 찾아왔을 것이다. 그때만 해도 꿈은 그녀의 어린 마음속에 구식 텔레비전의 흐릿한 화면처럼 등장했을 것이다. 그런 텔레비전에는 아무도 제대로 조정할 수 없는 V자형 안테나가 달려 있곤 했다.

하지만 지금의 꿈은 고화질이었다. 일주일에 며칠 밤씩 현실보다 더 현실 같을 정도로 생생하고 선명했다. 어쩌면 정말 꿈과 현실이 뒤바뀌었는지도 모른다. 그녀의 꿈이 현실이고 생시의 삶이 꿈이었는지도 모른다. 생시의 삶도 딱히 길몽은 못 되었지만, 적어도 꿈속에 등장하는 지옥 같은 상황에서 벗어날 수는 있었다. 이런 생각을 하면 그녀는 몸이 오싹해졌다.

꿈의 내용은 늘 똑같았다. 양쪽에 삐죽 솟은 천길 낭떠러지 사이로

협곡이 있고 그 위에 좁고 긴 다리가 걸려 있었다. 난간조차 없어 정말 건너기에 위험한 다리였다. 떨어지면 죽을 수밖에 없었다.

꿈속에서 그녀는 늘 다리 이쪽의 벼랑 끝에 서 있었다. 저쪽 끝에 한 남자가 서 있는데 시선만 그녀에게 고정되어 있을 뿐 얼굴은 알아볼 수 없었다.

그녀는 움직이고 싶지 않았다. 행여 떨어질까 겁이 났다. 하지만 움직이고 싶지 않은 이유가 또 있었다. 이상한 이유였지만 그게 더 강했다. 여자 쪽에서 다리를 건너는 일이 왠지 옳아 보이지 않았다. 그것은 마치 어른의 발에 아이의 신발을 신기는 일처럼 느껴졌다. 움직임은 그녀의 영혼에 들어맞지 않았다. 남자 쪽에서 움직여야 했다. 왠지 그게 더 나아 보였고 그래야 할 것 같았다.

그녀는 그냥 구식이었을까? 아직도 남자가 여자에게 문을 열어 주는 시대에 살고 싶었을까? 그녀는 이렇게 혼잣말을 했다. "말도 안 되지. 문이야 얼마든지 내가 열 수 있잖아. 그런데 나는 남자 쪽에서 다리를 건너 내 쪽으로 왔으면 하는 바람을 떨칠 수 없거든. 이것도 말도 안 되는 소린가?" 잘 분간이 가지 않았다.

남자는 움직이지 않았다. 여자는 남자의 눈에서 갈망을 보았다. 그녀를 향한 갈망, 움직여 그녀와 함께 있으려는 갈망이었다. 어쩌면 여자가 다리 이쪽에서 기다리면서 두 팔을 활짝 벌리고 그를 초대하면 남자가 움직일지도 몰랐다.

하지만 그녀는 남자의 눈에서 두려움도 보았다. 먼 거리에서 보기에도 두려움이 갈망보다 강해 보였다. "그는 왜 이렇게 두려운 것일까? 내가 그에게 위험해 보이기라도 하는 것일까?"

여자는 기다렸다. 그러다 문득 보니 자신이 움직이고 있었다. 갈망에 못 이겨 조심성조차 과감히 버린 채 그녀는 반대편의 남자 쪽으로 길고 좁은 다리 위를 달려갔다.

"제가 보이지 않나요? 당신 쪽으로 가고 있어요. 당신과 함께 있고 싶어요. 당신도 나를 원했으면 좋겠네요. 부디 두 팔을 벌리고 저를 받아 주세요. 혼자서는 못 살겠어요. 나를 사랑하는 남자 없이 혼자서는 못 있겠어요."

하지만 그렇게 움직이던 그녀는 때로 꿈속에서 난감한 상황에 부닥쳤다. 남자의 눈빛에 담긴 두려움이 분노로 변한 것이다. 그의 갈망은 사라졌다. 여자의 움직임은 남자를 불편하다 못해 화가 나게 만들었다. 왜 그런 것일까? 그녀는 알 수가 없었다.

혼란 때문에 그녀의 갈망도 두려움으로 바뀌었다. "그는 나를 원하지 않아. 원할 만한 게 내게 하나도 없는 거야. 나는 아무것도 아니야. 삶과 단절된 채 독신이라는 감방에 갇혀 있는 거지."

그 순간 여자는 밑을 내려다보다가 균형을 잃고 떨어졌다. 그렇게 떨어지면서 꿈은 끝났다. 그녀는 두려움에 떨며 깨어나 절망 중에 흐느꼈다. 자신의 정체와도 같은 공허한 안개 속으로 추락했기 때문이다. 그녀는 소멸되어 버렸다.

다행히도 꿈의 결말이 달라지는 일이 점점 잦아졌다. 이 경우 다리를 반쯤 건넌 그녀가 남자의 눈에서 본 것은 두려움보다 고집이었다. 그때마다 그녀는 화가 났다.

"내가 왜 저런 이기적이고 고집스럽고 나약한 남자를 원한단 말인가? 그냥 돌아서서 내가 건사해 온 안전한 삶으로 돌아가자. 열심히

일하고, 친구들과 어울리고, 좋은 영화도 보자. 친구들이 나의 참모습을 모르지만 그래도 괜찮다. 게다가 독신 생활은 안전하다. 내 힘으로 해나갈 수 있다."

그렇게 결심하고 깨어나면 슬픔과 체념이 밀려왔다. 그러면서도 삶을 지탱하려는 오기가 생겼다.

꿈의 결과로 자신이 소멸될 때도 있었고 오기를 품을 때도 있었지만, 어느 경우든 그녀는 삶보다 죽음에 더 가까웠다. 사람들로 가득한 세상에서 혼자였고, 있으나 마나 한 존재였다. 결혼 여부를 떠나 여성다운 여자로서 충만하게 살아간다는 말이 무슨 뜻인지 그녀는 전혀 몰랐다.

꿈꾸는 남자

이 남자는 자신이 교회 생활을 즐기고 있으며 목사의 말을 믿는다고 생각했다. 자신은 점잖은 사내이며 착실한 그리스도인이라고 생각했다. 교회에 꽤 큰돈을 내고 있었기에 특히 더했다. 그는 원래 고소득인데다 헌금액도 규정된 십일조를 약간 웃돌았다. 하지만 그가 전혀 모르는 사실이 있었다. 그는 스스로 의롭게 여겼고, 자기중심적이었고, 알팍했다. 그리고 두려움이 있었다.

그의 내면 어딘가에 늘 강한 두려움이 있었다. 하지만 그는 시간외 근무, 좋은 유머 감각, 80점대 초반—70점대로 내려갈 때도 있었다—의 일관된 골프 점수 따위로 그것을 용케 덮었다. 그 두려움의 정체가 무엇이든 그는 대개 그것을 느끼지 못했고 고집스레 무시했다.

하지만 늘 그를 괴롭히는 것이 있었다. "왜 그 문장을 내 머릿속에서 떨칠 수 없는 거지?" 그는 자신에게 물었다. 목사의 설교는 대부분 마침 기도를 하는 순간 기억 속에서 사라졌다. 그런데 유독 그 한 문장만은 예외였다. 그는 한 글자도 틀리지 않고 그것을 외울 수 있었고, 실제로 수시로 자신에게 되뇌곤 했다.

> 대부분의 남자들은 참된 남성성을 누리려면 특정한 무엇이 꼭 필요하다고 착각하면서 혹시나 그것을 잃을까 봐 남몰래 두려움에 지배당한다.

참된 남성성이라니? 이게 무슨 말인가? 그는 이 질문에 호기심이 들기보다 오히려 짜증이 났다.

그는 주로 무협소설과 경영서적을 읽었고 날마다 「월스트리트 저널」을 훑어보았다. 그런데 최근에 한 친구가 그에게 남성성에 대한 책을 주면서, 눈이 번쩍 뜨이게 하는 필독서라고 말했다.

서문의 첫 문장이 목사의 그 문장처럼 그를 떠나지 않았다. 그가 보기에 너무 긴 문장이었다. 왠지 모르게 그는 안 하던 일을 했다. 작은 카드에 그 문장을 베껴서 지갑에 접어 넣었다. 그리고 매주 적어도 한 번씩 읽었다.

> 발끈 화내고 나서 나중에 후회하는 버릇이 있다면, 자기만 생각해서 성욕을 채우려 한다면, 남자들끼리 대화하는 주제가 대부분 사업과 스포츠와 정치와 사회 비판이라면, 아내나 여자친구에게 다가가 여자로서 충만하게 살아 있도록 도와준다는 개념이 금시초문이라면, 이 중 하나라도 당신의 삶에 해당한다면, 그렇다면 당신은 아마 남자라는 존재의

의미를 잘못 알고 있을 것이다.

두 문장 모두 이 남자를 불안하게 했지만 그는 관심을 보이거나 가책을 받지 않았다. 어쩌면 약간 관심이 있었는지도 모른다. "내가 뭔가를 놓치고 있는 것인가? 남자라는 존재의 의미를 잘못 알고 있는 것은 아닌가?"

하지만 그는 다시 골프장에서 긴 드라이브를 날렸고, 다시 성적인 공상에 빠졌으며, 다시 친구들과 좋은 시간을 보냈고, 다시 고소득과 더 많은 헌금액을 보장해 줄 계약서에 서명했다. 그러다 보면 기분이 좋아졌다.

위의 두 구절은 그에게 정체불명의 애매하고 찜찜한 두려움과 불안한 의문을 불러일으켰다. 하지만 그런 것들은 실력을 인정받는 쾌감, 즐거운 관계, 가시적 성취, 자신이 대단한 존재라는 느낌 따위에 밀려났다. 거기에 자신이 모든 것을 갖추었다는 교만한 마음이 덤으로 따라붙고 자신의 많은 복을 하나님이 베푸셨다는 믿음까지 곁들여지면, 그야말로 삶은 흠잡을 데가 없었다.

하지만 밤이 되면 달라졌다.

침대맡의 전등과 텔레비전을 끌 때면 그는 이상한 기분이 들었다. 마치 자신이 드라큘라에게 물리지 않으려고 이불을 머리끝까지 뒤집어쓴 소년 같았다. 침대 밑에 숨어 있는 악어에게 팔을 베어 먹히지 않으려고 팔을 밑으로 내려뜨리지 않는 겁먹은 아이 같았다. 벽장에서 도깨비가 나와 자기를 죽일지도 모른다며 하나님께 보호해 달라고 애원하는 공포에 질린 아이 같았다. 갑자기 그는 그 모두가 되어 있었다. 겉모습만 어른일 뿐이었다.

이 남자는 이제 삶이 자기를 덥석 물까 봐 두려웠을까? 팔을 베어 먹는 악어는 장래가 불투명한 직장, 재미와 실리는 있지만 깊이가 없는 관계, 피할 수 없는 건강상의 문제 따위로 변했을까? 이제 그의 내면에 도깨비가 있어 그가 가진 모든 것을 무너뜨리려고 위협하고 있었을까?

그리고 악몽이 있었다. 그 꿈 때문에 잠자리가 뒤숭숭했고 매번 기운이 쭉 빠졌다. 어떤 꿈이었던가?

꿈의 내용은 늘 똑같았다. 양쪽에 삐죽 솟은 천길 낭떠러지 사이로 협곡이 있고 그 위에 좁고 긴 다리가 걸려 있었다. 난간조차 없어 정말 건너기에 위험한 다리였다. 떨어지면 죽을 수밖에 없었다.

꿈속에서 그는 늘 다리 이쪽의 벼랑 끝에 서 있었다. 저쪽 끝에 한 여자가 서 있는데 시선만 그에게 고정되어 있을 뿐 얼굴은 알아볼 수 없었다.

그는 꿈속의 남자가 자기임을 알았다. 움직이고 싶다는 것, 다리를 건너가 여자를 만나고 싶다는 것도 알았다. 자기 쪽에서 움직이는 것이 발에 꼭 맞는 신발을 신는 일처럼 옳게 느껴졌다.

그녀의 눈빛이 그를 초대했다. 그런데 그는 움직여지지 않았다. 꿈속에서도 그는 곤혹스러웠다. 그래서 자신에게 물었다. "왜 움직여지지 않는 거지? 이 다리를 건너는 게 위험한 일인 줄은 안다. 떨어질까 두렵다. 하지만 그것 말고도 나를 막는 게 있다. 그것이 무엇인지 모르겠다. 나는 그녀와 함께 있고 싶고, 그녀를 지켜 주고 싶고, 그녀의 안에 있고 싶다. 그런데 움직여지지가 않는다. 이유를 모르겠다."

한 가지만은 분명해 보였다. 친밀함에 대한 희망이 그에게 의욕을 주었지만, 실패나 비난에 대한 두려움이 그 이상으로 그를 무력하게 만들었다. 친밀함을 간절히 원했음에도 불구하고 말이다. 그가 계속 가만히 서 있자 여자 쪽에서 움직여 다리 위로 올라섰다. 그가 보기에 그녀는 적극적이었다. 여자가 남자 쪽으로 오고 있었다. 여전히 멀었지만 시시각각 더 가까워지고 있었다.

남자의 혼란은 갑자기 분노로 바뀌었다. "그녀는 내가 움직일 수 없다고 생각하는 것인가? 물론 나는 움직일 수 있다. 하지만 이런 여자에게는 다가가기 싫다. 왜 그녀는 다리의 저쪽으로 돌아가 내가 움직이기를 기다리지 않는가? 이유를 알 것 같다. 그녀는 나를 무시하는 것이다. 내가 약하다고 생각하는 것이다. 하지만 나는 자신을 무시하지 않겠다. 그녀의 움직임을 받아들이지 않겠다. 나는 위안을 얻으려고 엄마의 입맞춤이나 받아들이는 겁에 질린 소년이 아니다. 관계란 정말 피곤한 것이다. 실리적인 동료들과 재미있는 친구들이 훨씬 쉽다."

남자는 더 이상 여자의 눈에서 본 갈망에 끌리지 않았다. 그녀의 움직임에 오히려 짜증이 났다.

그가 꿈속에서 다음에 한 행동은 자신마저 놀라게 했다. 그는 다리 위로 올라서서 한 걸음씩 천천히 움직였다. 그녀와 소통하고 싶은 마음이 남아 있었던 것이다. 하지만 가까이 다가갈수록 그 지긋지긋한 두려움이 그의 갈망을 삼켜 버렸다. 그럴수록 그는 더 화가 나고 고집스러워졌다.

그 순간 그는 밑을 내려다보다가 균형을 잃고 다리에서 떨어졌다.

바로 잠에서 깬 그는 땀을 흘렸고 뼛속까지 떨렸다. 어서 골프채를 들고 골프장으로 나가고 싶었고, 한없이 짜릿한 성적 공상에 빠지고 싶었으며, 다음번 사업 거래를 구상하고 싶었다. 교회에서 누군가와 대화를 해야겠다는 생각은 추호도 들지 않았다. "왜 그래야 하는가? 교회가 나에게 정말 중요한 일과 무슨 관계가 있단 말인가?"

그러나 꿈의 결말이 달라지는 일이 점점 잦아졌다. 이제 그는 움직이지 않았다. 여자도 다가오던 걸음을 멈춘 채 그의 눈을 쳐다보다가 어깨를 으쓱해 보이고는 돌아서서 저쪽으로 가 버렸다.

그는 여자가 자기 쪽으로 다가올 때도 미웠지만 멀어져 가는 그녀는 더 미웠다.

웬만한 여자라면 이 남자와 함께 살 수 있다면 반색할 것이다. 그는 매력, 돈, 외모, 도덕성, 유머 감각, 중요한 직장, 왕성한 성욕 등 모든 것을 갖추었다. 점잖은 사내이며 착실한 그리스도인이었다. 그런데 이 여자는 뭐가 불만이란 말인가? 차라리 그는 독신 생활이 아주 좋아 보였다. 상대를 바꾸어 가며 데이트나 성생활도 얼마든지 가능했다.

아직 꿈속에서 그는 성적으로 깨끗하게 살아 보는 것도 좋겠다는 생각이 들었다. 섹스를 하지 말자. 적어도 너무 자주는 아니다. 그러면 더 "그리스도인답게" 될 것이다.

꿈에서 깨어난 그는 전보다 더 스스로를 의롭게 여겼고, 더 자기중심적이었고, 더 얄팍해졌다. 자신이 점잖은 사내이며 착실한 그리스도인이라는 확신도 더 깊어졌다. 정말 남자가 된 것 같았다.

그는 꿈을 잊어버리고 일과에 매진하곤 했다. 가끔은 결혼도 생각했다. 결혼해도 나쁘지 않을 것 같았다. 하지만 그 두 구절만은 좀처럼 잊히지 않았다. 거기서 유발되는 두려움이 만성 두통처럼 그를 떠나

지 않았다. 동료들 앞에서 멋진 드라이브를 날릴 때나 공상 속에서 매력 있는 여자의 옷을 벗길 때나 큰 계약을 성사시킬 때 느끼는 희열도 그 때문에 반감되었다.

그는 삶보다 죽음에 더 가까웠다. 혼자였고 자신의 움직임이 아무런 변화도 낳지 않을까 봐 두려웠다. 그러면서도 두려움을 애써 외면했다. 결혼 여부를 떠나 남성다운 남자로서 충만하게 살아간다는 말이 무슨 뜻인지 그는 전혀 몰랐다.

여성답지 못한 여자와 남성답지 못한 남자는 늘 서로 멀리 떨어져 살아간다. 친구들과도 마찬가지다. 결코 소통이 없다. 즐거운 시간과 짜릿한 감정이 소통을 흉내 낼지 모르지만 진정한 소통은 없다. 부부 사이에나 친구 사이에나 다를 바 없다.

하지만 여자가 여성다워지고 남자가 남성다워지면 공동체가 생겨난다. 사람들이 소통의 다리 위에서 만난다. 그리고 하나님이 드러난다.

남자와 여자를 막아 하나님의 영광을 위해 충만하게 살아가지 못하게 하는 핵심적인 공포는 각각 무엇인가?

10
여자의 핵심적 공포
응답 없는 초대

내게로 오라. 내가 너희를 쉬게 하리라. 예수, 마태복음 11:28

예루살렘아, 예루살렘아……암탉이 그 새끼를 날개 아래에 모음 같이 내가 네 자녀를 모으려 한 일이 몇 번이더냐. 그러나 너희가 원하지 아니하였도다. 예수, 마태복음 23:37

그는……우리가 보기에 흠모할 만한 아름다운 것이 없도다. 이사야 53:2

사랑 안에 두려움이 없고 온전한 사랑이 두려움을 내쫓나니……두려워하는 자는 사랑 안에서 온전히 이루지 못하였느니라. 요한일서 4:18

관계적 여성성에는 무서운 모험이 수반된다. 여성다운 여자는 그리스도의 아름다운 초대로 사람들을 대하고, 꼭꼭 닫아 자신을 보호하기

보다 활짝 열어 환영하며, 받으려고만 들지 않고 자신을 내주어 양육한다. 하지만 그렇게 하는 여자는 자신이 귀히 여기는 모든 것을 잃을 수도 있다. 하나님만 빼고 모든 것을 말이다.

당신은 하나님 자신을 아는 것보다 더 선한 일을 상상할 수 없는가? "예수님 더하기 0은 전부"라는 말이 멋있고 감동적인 상투어가 아니라 당신의 심정 그대로인가? 하나님을 인격적이고 더없이 친밀하게 알면, 그 힘으로 관계 속에서 그분을 드러낼 수 있고 그분의 고난에까지 동참할 수 있다고 믿는가? 그렇다면 당신의 영혼 속에 성령께서 이렇게 속삭여 주시는 말씀이 들려올 것이다.

> 가장 선한 그 일을 열심히 추구하여라. 그러면 최악의 두려움을 피해야겠다는 생각이 약해질 것이다. 가장 두려운 것을 피하기 위해 살지 말고 가장 사모하는 것을 이루기 위해 살아라. 그래야만 예수님이 너를 어떤 존재로 만드셨는지 알 수 있다. 너는 아버지께서 기뻐하시는 아름다운 여자이며, 하나님께 쓰임 받아 이 땅에서 그분의 나라가 임하게 할 영향력 있는 여자다.

하지만 그 이면에는 큰 위험이 도사리고 있다. 우선 가장 원초적인 두려움의 종노릇을 하던 데서 해방되려면 마귀의 권능에 대해 죽어야 한다. 당신의 핵심적 공포에 직면해야 한다. 살아 있는 여자로서 마음껏 본연의 자신이 되려면 관계적 여성성의 위험을 무릅써야 한다. 위험은 현실적인 것이다.

- 아름답고 여성다운 여자가 마음을 열어도 남자가 들어오지 않을 수 있다. 수많은 눈먼 남자들처럼 그도 자신을 평생의 헌신 쪽으로 매혹하는 그녀의 영적 아름다움을 보지 못할 수 있다.
- 아내가 마음을 열고 양분을 내주어도 이미 신성한 혼인서약으로 헌신한 남편이 악하게 그것을 외면할 수 있다. 그는 직업의 성공, 사역의 성취, 포르노의 쾌락, 심지어 영적 훈련 따위에서 더 쉽게 즐길 만한 만족을 구할 수 있다.
- 좋은 아빠가 되고 싶은 그리스도인 남자도 자신이 딸과 의미 있게 교감하지 못함을 모를 수 있다. 부성애라는 남성적 힘으로 딸의 영혼을 만져 주는 것이 그에게 무섭고 어색하고 혼란스럽게 느껴질 수 있다. 텔레비전이나 보는 게 더 편하다. 딸은 메시지를 알아듣는다. "내게는 남자들이 애써 얻고 싶을 만한 아름다움이 없다."
- 아주 경건한 여자에게 마음이 끌려 그녀와 친하게 지내는 친구들—동성과 이성 모두—도 그녀의 심연을 탐색할 생각은 들지 않을 수 있다. 그녀는 메시지를 알아듣는다. "나는 성격도 좋고 재능도 쓸 만하지만 그 이상은 아니다. 내 안에는 사람들의 눈에 띄는 불가항력적인 아름다움이 없다. 그러니 누가 그것을 찾아내서 칭찬할 일도 없다."

초대해도 아무도 오지 않는다. 열어도 아무도 들어오지 않는다. 양분을 내주어도 사람들이 다른 데로 간다. 관계적 여성성에는 위험이 따른다. 그래서 참담한 결론이 불가피해 보인다. "여성다운 여자로서 사람을 대한다는 것은 있지도 않은 아름다움을 드러내려는 미련한 시도다." 너무 고통스러워 감당할 수 없는 결과를 낳을 수도 있다.

제정신인 여자치고 그렇게 위험하고 불확실한 관계의 세계에 감히 들어설 사람이 누가 있겠는가? 초대와 열린 마음과 양육도 다 좋지만 너무 비현실적이다. 차라리 경계를 늦추지 않고 안전을 지향하는 게 낫다. 상대의 반응이 너무 실망스러울 때는 언제라도 뒤로 물러나야 한다. 하지만 그것은 예수님의 방식이 아니다. 그분의 방식은 너무 위험하지 않은가? 정말 가치가 있는가?

예수님처럼

'영성계발'(영성형성)은 우리 기독교의 어휘에서 아주 편한 상용구가 되었다. 그래서 나는 예수님이 우리 안에 형성되신다는 의미를 우리가 정작 놓치지 않았나 생각된다. 능력을 입어 예수님처럼 관계를 맺지 못해도 그분의 임재를 경험하기만 하면 영적으로 계발되고 있는 것인가? 우리는 정말 그렇게 믿는가? 사역의 효율성이 성숙을 측정하는 최고의 척도인가? 아니면 공동체 안에서의 소통이 그리스도께서 우리 안에 형성되고 계시다는 더 확실한 지표인가? 여기서 소통이란 삼위일체 하나님의 관계적 삶을 희미하게나마 드러내 주는 그런 소통을 말한다.

예수님은 자신을 따르는 사람들에게, 자신을 보았으면 곧 아버지를 본 것이라고 말씀하셨다. 그분은 하나님의 관계적 아름다움을 보여주러 오셨다. 하나님은 우리의 흉한 모습과 필요 속으로 들어오시고, 그분의 아름다움과 보화를 누리도록 우리를 초대하신다. 예수님의 관계 방식이 어떻게 관계적 여성성을 규정해 주는지 잠시 살펴보자.

- "내게로 오라"(마 11:28). 예수님은 사람들이 자신에게 반응하지 않을 것을 아시면서도 문을 열고 초대하셨다. 그럴 때 그분의 심정이 어떠했겠는가?
- "내가 네 자녀를 모으려 한 일이 몇 번이더냐. 그러나 너희가 원하지 아니하였도다"(마 23:37). 만일 예수께서 사람들의 주관적 필요에 영합하셨다면 틀림없이 더 많은 무리를 더 빨리 끌어들이실 수 있었을 것이다. 하지만 그분은 그들에게 꼭 필요한데도 그들이 모르고 있는 것을 누리도록 초대하셨다. 그것은 바로 자격 없이 누리는 하나님과의 친밀한 관계였다. 그분과 친밀해지면 그들도 다른 사람들을 막힘없이 잘 사랑할 수 있게 된다. 설령 상대가 사랑으로 갚지 않더라도 말이다. 하지만 그분께 관심을 보인 사람은 소수에 불과했다.
- "그는……우리가 보기에 흠모할 만한 아름다운 것이 없도다"(사 53:2). 예수님은 아름다움을 보여주셨건만 사람들은 그것을 보지 못했다. '아무도 보아주지 않는 하나님의 이야기'는 예수님의 전기에 딱 맞을 불편한 제목이다.

아무도 보아주지 않는 삶에 본능적으로 끌릴 여자는 없다. '아름다움이 없어 아무도 보아주지 않는 여인의 이야기'를 자신의 전기 제목으로 원할 여자도 없다. 모든 여자는 누군가가 자신을 보아주고, 배려하고, 무시하지 않고, 원하고, 귀히 여기고, 즐거워하고, 존중해 주기를 갈망한다. 여자의 핵심적 공포는, 자신이 누구의 눈에도 띄지 않는 것이다. 보여주어도 아무도 보지 않고, 내어 주어도 아무도 원하지 않는 것이다. 하지만 관계적 여성성의 모험을 피하면 계속 그 두려움의 노

예로 살아가게 된다. 눈길을 끌지 못하는 자신의 영혼을 어떻게든 보호하는 쪽으로 사람들을 대하게 된다. 외로움을 느끼지 않기 위해서다. 이제 그녀는 고집스레 닫힌 마음으로 살아가게 되고, 상대가 알아줄 것 같지 않으면 분노하여 누구에게도 부드럽게 양분을 내주지 않는다.

하지만 그것은 예수님의 방식이 아니다. 그분은 마음을 닫으신 적이 없고, 생명을 살리는 사랑을 내주지 않으신 적도 없다. 그러느라고 필연적인 죽음까지 감수하셨다. 당신이 여자라면, 당신 안에 바로 그 그리스도가 형성되기를 원하는가? 하나님의 부르심인 관계적 여성성에 끌리는 여자는 온전한 사랑이 두려움의 굴레와 위력으로부터 자신을 해방시킬 수 있음을 믿는다. 사람들은 아름다움을 보지 못할 수 있다. 그래서 하나님은 사람들을 초대하여 아름다움을 누리게 하라고 여자를 부르셨다. 그런데 여자가 이 부르심을 미련한 모험의 부르심으로 듣는다면, 이는 그녀가 "사랑 안에서 온전히 이룬다"는 의미를 아직 맛보지 못했다는 증거다. 그러한 여자는 사랑받는다는 의미를 모른다.

두려움의 위력

두려움의 위력이라는 개념을 좀 더 설명해 보자. 상대의 비난이나 거부는 여자가 자신의 관계방식을 통해 그리스도를 드러냈는지의 여부를 분별할 수 있는 기회다. 하지만 두려움에 예속되어 살아가는 여자는 그런 기회를 받아들일 줄 모른다. 자신의 두려움을 알고 있든 모르고 있든 마찬가지다. 두려움의 손아귀에서 벗어난 여자만이 그러한 분별의 질문을 던질 수 있다. 우선 상대의 비난이나 거부는 사랑으로 해방된 여자의 관계방식이 예수님을 닮았기 때문일 수 있다. 만일 겸손히 그렇게 여겨진다면, 그녀는 자신이 그분의 고난에 동참하는 것을 특권으로 여긴다. 그리고 자신에게 상처를 준 상대가 하나님의 아름다움을 보게 되도록 그를 위해 기도한다. 그러나 만일 상대의 비난이나 거부를 계기로 자신의 죄를 깨닫게 된다면, 그녀는 하나님의 관계적 영광에 이르지 못한 죄를 기꺼이 회개한다. 자신이 두려움에 지배당했으며 방어벽을 둘러쳐서 그리스도의 아름다움을 가렸음을 자백한다. 그녀는 그분의 온전한 사랑 안에서 자신이 더욱 온전하게 되기를 사모하며, 자신을 비난하거나 거부한 사람에게도 용서를 구한다. 분별의 결과가 둘 중 어느 경우이든 그녀는 안식을 누린다.

그러나 아직 두려움에 예속되어 있는 여자는 상대에게 거부당할 때 이런 의문이 들 것이다. "나는 조금이라도 가치 있는 존재인가? 누군가가 원할 만한 것이 내게 있는가?" 이 두려운 질문에 그녀는 행위로 답한다. 그녀의 생각은 이렇다. "내가 세상을 바꾸어야 한다. 살을 빼자. 매사를 책임감 있게 제대로 하자. 모두에게 잘해 주자. 그러면 나도 내 가치를 찾게 될 것이다. 사람들의 눈에 띄고 존중받으며 결코 무시당하지 않을 것이다. 어쩌면 누군가가 나를 원할지도 모른다." 그래서 그녀는 늘 짓눌려 있다. 자신의 무가치함을 과도한 헌신으로 은폐하며, 아침마다 그날 중에 해야 할 일들을 적기에 바쁘다. 안식과 기쁨을 모른 채 압박감에 시달릴 뿐이다.

이렇게 짓눌려 있는 여자가 장기간 일손을 놓으면 자신이 정말 버림받은 여자임을 깨닫게 된다. 그녀를 챙겨 주는 사람은 아무도 없다.

그녀 쪽에서 모두를 수발해야 한다. 한 사람에게라도 실망을 안겨 주면 그녀의 세계는 무너진다. 그녀는 새로운 압박감이 자신의 영혼에 물밀듯이 밀려옴을 느낀다. "모든 것을 내 힘으로 해야 한다. 기혼이든 미혼이든, 사별했든 이혼했든, 교회에서 소그룹에 있든 홀로 있든, 나는 혼자다. 아무도 나를 보아주지 않는다. 나와 함께 있으려는 사람, 나를 도와주려는 사람, 내 마음속에 들어오려는 사람이 아무도 없다."

그렇다면 그 이유는 무엇인가? 짓눌리고 버림받은 여자가 자신의 묻혀 있는 중심을 파헤쳐 보면, 거기에 아무도 보아주지 않는 여자가 있다. 당연히 그녀는 모든 행위를 해야 한다. 남들의 눈에 자신이 아무런 존재도 아니기 때문이다. 당연히 그녀는 버림받는다. 아무도 그녀 안의 무언가를 원하지 않는다. 이런 현실 앞에서 그녀는 대용품 삶을 만들어 낸다. 자신의 존재와 가치를 허상으로라도 내보이기 위해서다.

두려움이 톡톡히 위력을 발휘했다. 마귀가 흡족한 웃음을 흘리고 있다. 관계적 여성성의 비전은 먹구름에 덮이고 말았다. 공포에 이끌리는 여자는 다음과 같은 결론을 내릴 수밖에 없다.

- 나를 지킬 사람은 나밖에 없다.
- 고통은 무조건 피해야 한다.
- 사교적인 페르소나 뒤에 숨어야 한다. 그리스도인의 페르소나라도 좋다.
- 현실 세계에서 안정을 찾으면 좋지만, 부득이 그런 희망을 버려야 한다면 그때는 공상의 세계 속으로 사라져야 한다.
- 내 마음을 덮은 굳은살이 비난이나 거부나 학대에서 나를 지켜 줄 때

까지 마음을 독하게 먹어야 한다.

• 무엇이든 내가 찾을 수 있는 행복이나 위안을 위해 살아야 한다.

두려움은 여성성을 무너뜨린다. 짓눌리고 버림받은 여자는 핵심적 공포의 노예가 되어 혼자 힘으로 살아간다. 여자의 핵심적 공포란 바로 아무도 보아주지 않는 여자, 선망 받을 만한 아름다움이 없는 여자가 되는 것에 대한 공포다.

얼굴의 탈은 계속되고 페르소나는 굳어진다. 수치는 무화과나무 잎에 가려지고 끔찍한 두려움은 속으로 숨는다. 물론 여자는 생존한다. 하지만 두려움에 지배당하는 여자는 누구도 삶다운 삶을 살지 못한다. 생존은 여러 형태로 나타나지만 그중 어느 것도 하나님의 아름다움을 드러내지 못한다.

11
두려움의 위력(1)
여자를 가려 주는 네 가지 페르소나

사람을 두려워하면 올무에 걸리게 되거니와 여호와를 의지하는 자는 안전하리라. 잠언 29:25

여호와께서 이와 같이 말씀하시니라. 무릇 사람을 믿으며 육신으로 그의 힘을 삼고 마음이 여호와에게서 떠난 그 사람은 저주를 받을 것이라. 그는 사막의 떨기나무 같아서 좋은 일이 오는 것을 보지 못하고 광야 간조한 곳, 건건한 땅, 사람이 살지 않는 땅에 살리라. 예레미야 17:5-6[1]

주님이 없다면 우리가 어떤 존재가 될지 그분이 가끔씩 보여주실 때가 있다. 오스왈드 챔버스[2]

다른 사람이 나에게 어떻게 할지 두려워 거기에 지배당하는 여자는 올무로 직행하는 것이다. 자신의 지혜와 자원에 의지하여 그 올무를 피하고 두려움을 극복하려 한다면, 그런 여자는 "사막의 떨기나무 같이" 살아간다. 열매를 하나도 맺지 못하여 자신의 삶 속에 또는 자신의 삶을 통해 어떠한 선도 이룰 수 없다. 두려움에 지배당하는 여자는 "관계가 살지 않는 땅," 곧 소통 없는 공동체(아예 공동체가 아닌)에서 살아간다. 그래서 영혼을 만족시켜 줄 물을 얻지 못해 목마르다.

그녀는 "광야 간조한 곳, 건건한 땅에 살며" 주변에 누가 있든 간에 혼자 살아간다. 알고 보면 그녀의 자원은 재난이 닥칠 때 망상적 기쁨조차 만들어 낼 수 없다. 그녀에게 꿈의 무산은 곧 인생의 무산과 같다.

두려움에 휘둘리는 여자는 죽거나 간신히 살아남거나 둘 중 하나다. 두려움이 삶을 지배하는 한 그녀는 하나님의 영광을 위해 여성다운 여자로 충만하게 살아간다는 말이 무슨 뜻인지 모른다. 뭔가가 빠져 있고 잘못되어 있음을 속으로 알 뿐이다. 그렇게 자신의 자원이 무용지물이 될 때야말로 그녀가 예수님의 기쁜 소식을 들을 수 있는 절호의 기회다. 그녀는 용서받고 진정한 삶을 얻을 수 있다.

여자는 자아를 부인하고 그리스도를 의지해야 한다. 하나님을 아는 지식에 인생의 닻을 내려야 한다. 자존심을 버리고 성령을 신뢰해야 한다. 그래야 아무도 보아주지 않는 여자가 될 것에 대한 두려움에 예속되지 않고 해방될 수 있다. 이렇게 삼위일체 하나님을 통하지 않고는 간신히 살아남는 정도를 면할 수 없다. 그러한 여자의 네 가지 부류를 이번 장에서 살펴볼 것이다.

여자 1-정신착란으로 방어하는 여자

여자 2-현 상태로 만족하는 여자

여자 3-분노로 완고해진 여자

여자 4-눈에 띄게 고민하는 여자

간조한 땅에 사는 여자의 모습은 아름답지 못하다. 당신도 이 네 부류 중 하나일 수 있다. 읽으면서 명심해야 할 것이 있다. 아무리 삶이 고통스럽거나 두려움이 막강할지라도 그리스도의 온전한 사랑이 미치지 못할 대상은 없다. 올라가려면 먼저 내려가야 한다. 관계적 여성성의 비전을 품고 살려면 먼저 사람을 무력하게 만드는 두려움을 통감해야 한다. 꼭대기의 약속은 구덩이 속에서만 똑똑히 보이는 법이다. 누구나 그리스도께 나아와 진정한 삶을 얻도록 그분이 우리를 초대하신다!

여자 1-정신착란으로 방어하는 여자

상담 시간이 거의 끝나갈 무렵 나의 내담자인 중년 여성이 갑자기 자리에서 벌떡 일어났다. 그녀는 고개를 젖혀 상담실 천장을 보면서 어린 소녀처럼 해맑은 기쁨의 미소를 띠고 말했다. " 당신, 프랭크인가요?" 그러고는 다시 갑자기 자리에 앉아 나를 보았다. 어느새 그녀의 미소는 다 안다는 듯한 회심의 미소로 바뀌어 있었다. 그 상태로 그녀가 말했다. "프랭크가 밤마다 나에게 노래를 불러 주거든요. 정말 좋아요. 내가 아주 특별한 사람이 되는 기분이랍니다." (나중에 알고 보니 그녀가 말한 프랭크는 가수 프랭크 시나트라였다.)

내가 심리학을 공부할 때 어느 지혜롭고 노련한 교수가 해준 말이 있다. "갈망이 채워지지 않으면 괴롭고 두려워 차라리 정신질환이

솔깃해 보일 수 있다. 행복을 얻을 수 있는 희망이 그것뿐이기 때문이다. 그 점을 모르고는 인간의 본질을 이해할 수 없고 정신이 망가지는 이유도 알 수 없다." 이 여자를 상담할 때 그 교수의 말이 떠올랐다.

면담이 몇 차례 더 진행된 후에 그녀가 5분 이상 제정신으로 돌아왔다. 그 이유를 나는 그때도 몰랐고 지금도 잘 모른다. 전문가로서 치료하기보다 진심으로 그녀를 알기를 더 원했던 내 마음이 아마도 하나님의 형상을 지닌 그녀의 영혼 속 어딘가에 느껴졌던 모양이다. 어쩌면 그녀는 영영 누릴 수 없을 줄로만 생각했던 안전한 관계를 맛보았는지도 모른다. 어쨌든 그녀는 용기를 내서 자신의 망상 속에 숨어 있는 겁에 질린 여자를 나에게 만나게 해주었다. 그녀의 말은 명료했고 진솔한 감정이 실려 있었다. 그녀는 30년 전 결혼 첫날밤에 있었던 일을 들려주었다.

"호텔 방에 들자마자 남편은 대충 짐을 풀고 곧바로 텔레비전을 켰습니다. 미리 알고 있었던 듯 스포츠 중계를 찾더니 앉아서 보더군요. 나는 아예 방에 없는 거나 마찬가지였어요. 어렸을 때 아버지도 나를 보아준 적이 없었어요. 울어도 소용없었지요. 그래도 남편만은 나를 보아주어야 했습니다. 남편에게 다가가 그의 머리칼을 어루만지며 귀에 대고 속삭였지요. '조금 있다 나올게요.'

화장실에 들어가 첫날밤을 위해 특별히 아껴둔 실크 잠옷을 입고 나왔어요. 그는 나를 보더니 멋있다고 한마디 하고는 다시 중계방송을 보더군요. 정말 소리라도 지르고 싶었어요. '나 여기 있어요! 스포츠 시합보다 내가 더 매력 있지 않나요?'

그냥 말없이 수면제 세 알을 삼키고 커다란 침대에 올라가 잤습니다. 그런데 이튿날 아침에 그가 대판 화를 내는 겁니다. 시합이 끝날 때까지 자기를 기다렸다가 섹스를 하지 않았다고 말이지요. 그러면서 내가 잠든 사이에 자기가 나한테 '그 짓'을 했다고 하더군요. 나는 그 표현이 싫었어요. 나한테 그렇게 했다는 것도 싫었고요. 그 사람이 미웠고 지금도 마찬가지예요. 지금도 그 표현이 싫어요."

그녀의 첫날밤은 응답 없는 초대로 끝났다. 그뿐 아니라 여자로서 열려 있는 그녀에게 상대 쪽에서 일방적으로 난폭하게 들어왔다. 그 뒤로 30년 동안 그녀는 여남은 명의 남자들을 유혹했다. 지난 몇 년 동안에는 날마다 몇 시간씩 시나트라의 음악을 들었다. 그러면서 서서히 본격적인 정신질환으로 진전되었다.

물론 뇌의 화학반응이 잘못되어 그녀를 가공의 세계 속으로 떠밀었을 가능성도 얼마든지 있다. 하지만 나를 가르쳤던 옛 교수의 말이 일리가 있다고 본다. 갈망을 채움 받지 못하는 괴로움이 그녀를 핵심적 공포 속으로 깊숙이 떠밀었다. 자신이 초대해도 상대가 와 주지 않는다는 참담한 공포였다. 그 충격적인 첫날밤에 그녀의 "정상적" 자원은 무용지물이 되었다. 그래서 그녀는 두려움에 무디어지려고 정신착란으로 방어했다. 자신에게 남을 매혹할 만한 아름다움이 없어 보였기에 공상 속에서만 그것을 찾아내려 했다.

여자 2-현 상태로 만족하는 여자

정신질환으로 진단될 만한 여자들은 (다행히) 극소수인 반면, 현 상태로 만족하는 여자들은 대다수를 이룬다. 내 생각에 그들은 '라오디게아 여성회'다. 이 비공식 단체의 여자들을 한데 묶어 주는 요소는 안일함이다. 그들은 삶의 복에서 만족을 얻는다.

그중에는 행복한 결혼생활을 하는 여자들, 말 잘 듣고 건강한 자녀를 둔 엄마들, 은사가 뛰어난 성경 교사들, 손대접을 잘하기로 유명한 사교적인 여자들, 옷맵시가 좋은 매력적인 여자들, 성공한 전문인들과 사업가들, 재능이 뛰어난 뮤지션들과 저자들, 불우 이웃을 돕는 마음씨 고운 여자들이 두루 들어 있다.

그들은 막중한 책임감을 오히려 숭고한 짐으로 느낀다. 하지만 버림받은 심정이나 외로움에 대해서는 잘 모른다. 그런 감정이 자신의 만족을 무너뜨리려 위협해 오면 그들은 좋은 친구나 자상한 남편과 함께 시간을 보내면서, 그런 복을 통해 안일한 만족을 되찾는다. 그러면서 그런 만족을 기쁨으로 착각한다. 그들의 활동은 다분히 핵심적 공포에서 비롯된 것이며, 그들의 선한 행위는 깊은 두려움을 억압해 준다. 하지만 라오디게아 여성회에게 그렇게 말해 보라. 일고의 여지도 없이 일축당할 것이다.

분명히 말하지만 복을 즐거워하는 것은 옳은 일이다. "또한 어떤 사람에게든지 하나님이 재물과 부요를 그에게 주사 능히 누리게 하시며 제 몫을 받아 수고함으로 즐거워하게 하신 것은 하나님의 선물이라"(전 5:19). 하지만 이 세상의 복에 의지하여 영원한 기쁨을 얻으려는 것은 잘못되고 위험한 일이다. 바울은 디모데에게 "네가 이 세대에서 부한 자들을 명하여 마음을 높이지 말고 정함이 없는 재물에 소망을 두지 말고 오직……하나님께" 두게 하라고 했다(딤전 6:17). 베드로

도 "좋은 날 보기를 원하는" 사람은 관계를 잘 맺고 사람들에게 생명의 말을 해주어야 한다고 했다(참조. 벧전 3:10-12).

정신착란으로 방어하는 여자가 공상의 아름다움을 즐긴다면, 현 상태로 만족하는 여자는 이 세상의 복으로 채울 수 있는 갈망만을 인정하고 수용한다. 그리하여 자신의 핵심적 공포를 억누른다. 사실 우리에게는 복을 통해서만이 아니라 역경을 통해서도 하나님을 알고 또 알리려는 더 깊은 갈망이 있다. 하지만 그러한 갈망은 안전하게도 그녀에게 아예 느껴지지 않거나 혹시 느껴지더라도 미미한 수준이다. 사탄의 들쑤심과 육신의 부추김에 이끌려 그녀는 복의 아름다움을 즐기면서 용케 안정감과 살아 있음을 느낀다. 하지만 자신의 관계방식을 통해 하나님을 드러내려는 진지한 관심은 없다.

내 친구 하나는 자신 있게 웃으며 말한다. "하나님은 좋으신 분이 아닌가요!" 질문이 아니라 서술이다. 그녀의 말에는 "좋다"는 단어가 후렴구처럼 등장한다. 그녀는 좋은 남자와 행복한 결혼생활을 하고 있고, 정말 좋은 두 자녀를 두었고, 좋은 교회에서 성경 교사로 좋은 사역을 즐기고 있고, 좋은 친구들을 집에 불러 좋은 시간을 보낸다. 또한 아침마다 예수님과 함께 굉장히 좋은 시간을 많이 보낸다고 고백한다.

한번은 내가 그녀에게 물었다. "나쁜 일이 벌어져도 하나님이 좋으신 분이라고 말하겠습니까?" 그녀는 난감한 표정을 지으며 그것도 모르냐는 듯이 말했다. "내가 믿기로 좋으신 하나님은 그분의 자녀에게 나쁜 일을 허락하실 분이 아닙니다. 설령 허락하셔도 늘 좋은 목적이 있지요. 아무리 나쁜 일도 그분의 손안에서 금방 좋게 바뀝니다."

이 여자는 거짓된 낙관론이라는 유행병에 걸린 극단적 사례다. 그녀는 자신의 복을 최고의 보배로 즐기며 현 상태로 만족한다. 그러면서 하나님이 그 복을 계속 주실 거라고 순진하게 (잘못) 믿고 있다. 그녀가 이해하는 그리스도인의 삶에는 고난이 들어설 자리가 거의 없다. 그녀의 영혼 안에 존재하는 모든 두려움은 거짓된 낙관론 속에 깊이 파묻혀 있다. 그 거짓된 낙관론을 그녀는 하나님을 신뢰하는 것이라고 착각한다. 그녀의 대인관계에는 영적인 힘이 별로 없다.

여자 3-분노로 완고해진 여자

사람들이 실망시키면 어떤 부류의 여자는 고통과 두려움에 무디어지려고 분노에 찬 권리의식을 내세운다. "나는 이보다 나은 대접을 받을 자격과 권리가 있다. 그것을 얻어내기 위해서라면 나의 어떤 행동도 정당하다." 이런 여자는 분노로 완고해진다. 자신의 삶은 물론 자신에게 중요한 모든 사람의 삶을 통제함으로써 고통을 피하려 한다. 그녀는 아내로서 요구를 일삼거나, 부모로서 군림하거나, 친구로서 거리를 둘 수 있다.

분노로 완고해진 여자는 공상의 세계로 숨어들 필요를 느끼지 못한다. 현실 세계를 자신이 얼마든지 통제할 수 있다고 여기기 때문이다. 그녀는 주어지는 복에서 만족과 안일을 얻지도 않는다. 겉보기에는 매력적이고 잘 돕는 진실한 그리스도인일 수 있지만, 그녀는 늘 매사를 통제하고 조종한다. 자기도 모르게 그녀는 하나님이 예배를 받으시기에 합당하신 것만큼이나 자기도 사람들에게 좋은 대접을 받아 마

땅하다고 생각한다.

그녀는 아름다움을 공상이나 복에서 찾지 않고 권력에서 찾는다. 관계적 권력의 아름다움으로 삶을 부지한다. 남들이 그녀의 권위에 굴복하는 정도만큼 그녀의 두려움도 사라진다. 분노로 완고해진 여자는 자신이 겁에 질린 여자라는 개념을 비웃는다. 그녀는 두려움의 대상이 자신의 영혼을 무너뜨릴 것 같아 그 대상을 피하며 살지만, 그것도 부인한다. 사실 그녀는 사람이 살지 않는 땅에 혼자 살고 있다.

한 여자가 자신의 자녀들까지 포함해서 모든 사람을 전남편의 적으로 만들려는 운동에 돌입했다. 그녀가 심하게 학대당했다고 주장하는 사람들은 그녀의 친한 친구가 된다. 하지만 그녀가 결정한 이혼이 성경적으로 정당한 것인지 의문을 제기하는 소수의 사람들은 그녀에게 배척당한다. 그녀는 자신의 전남편을 지지하는 사람들을 대놓고 경멸한다. 그녀의 교회 공동체에는 그녀의 사역 활동을 귀히 여기는 사람들이 많이 있다. 그들은 그녀를 학대당한 여자, 그리스도를 위해 열심히 노력하는 여자로 본다. 이혼 과정 중에 그녀의 원한이 불거져 나오자 상담자가 그녀에게 그 뿌리를 탐색해 보라고 권했다. 그러자 그녀는 상담을 중단해 버렸다. 그녀는 분노로 완고해진 여자다. 외로움에 무디어지려고 관계적 권력으로 다른 사람들을 지배한다. 그리고 거기서 통제의 쾌감과 안전을 얻는다.

여자 4-눈에 띄게 고민하는 여자

자기 자신을 아는 여자는 고민하게 마련이다. 사람들은 그녀의 깊은 고민을 보며 그녀를 미성숙하게 여길 수 있고, 도움을 받아서 "현 상태로 만족하는 여자"가 되어야 한다고 생각할 수 있다. 하지만 그것은 틀린 생각이다. 그녀의 고민이 사실적 자아 인식에서 비롯된 것이라면, 자신의 깊은 두려움을 감쪽같이 부인하는 여자들보다 그녀가 하나님의 음성을 더 잘 들을 수 있다. 이 네 번째 부류의 여자들이야말로 고립된 생존에서 관계적 성공으로 옮겨갈 가망성이 가장 높다.

이 여자는 두려움을 피하려고 공상 속으로 달아나지 않는다. 또한 주어진 복을 누리면서도, 동시에 이 세상 무엇으로도 채울 수 없는 결핍을 예리하게 느끼고 아파한다. 그리고 자신이 본연의 여자의 모습이 아님을 알기에 그녀의 영혼은 완고해지지 않고 오히려 겸손해진다.

본인도 이유를 잘 알지 못할 수 있지만, 그녀는 현실을 피해 백일몽 속에 숨지 않는다. 만사가 잘되고 있는 척하지도 않는다. 또한 가장 중요한 일일수록 자신이 거의 통제할 수 없음을 안다. 그녀는 자신의 삶과 마음에 정직하게 부딪친다. 마음을 열고 여자로서 자신의 가장 깊은 열망을 느끼고, 여자로서 자신의 최악의 실패를 직시한다.

이렇게 현실 앞에서 겸손히 고민하는 여자는 자신을 향한 하나님의 비전을 볼 줄 아는 눈이 있다. 물론 하나님께 지음 받은 본연의 모습이 되지 못할지도 모른다는 두려움 때문에 한동안 그 비전이 보이지 않을 수도 있다. 그것을 보면 희망보다 좌절이 더 크게 느껴질 것이다. 하지만 그녀는 채움 받지 못한 갈망과 관계적 실패를 인식하고 있기에 계속 지금보다 더 나은 상태를 추구한다. 그리고 성경에 제시된 관계적 여성성의 비전과 자신의 현실 사이에서 괴리를 본다. 인생 여정의 현시점에서 자신의 모습이 그 비전에 못 미치기 때문이다.

그녀는 자신의 실패와 변화될 수 없는 무력함에 깨어졌다. 그래서 영혼의 중심으로부터 하나님께 이런 기도가 터져 나온다. "하나님, 하나님께 옵니다. 저를 하나님이 원하시는 대로 하소서. 모든 두려움을 내쫓는 하나님의 온전한 사랑 안에 저를 품어 주소서."

고민하는 여자가 보는 아름다움은 공상이나 복이나 권력에 있지 않고 심지어 자기 내면에도 있지 않다. 자신의 삶에 결핍된 것을 솔직하고 진지하게 추구하는 과정에서, 그녀는 자신이 누리기를 갈망하는 아름다움이 예수님 안에 있고 그분이 계시하시는 아버지 안에 있음을 본다. 남이 원할 만한 아름다움이 자기에게 없다는 두려움은 이제 의미를 잃고 사라진다. 온전한 사랑의 임재 안에서 그녀의 핵심적 공포는 힘을 잃는다. 그녀의 영혼은 성령께서 계시하시는 예수님의 아름다움에 사로잡힌다.

시간이 가면서 그녀는 더 이상 두려움을 피하느라 급급해하지도 않고, 자신의 아름다움을 인정받으려는 강박관념도 사라진다. 자아에 집착하던 마음이 하나님을 예배하는 마음으로 서서히 바뀐다.

하나님이 들추어내시는 공포가 놀랍게도 오히려 그분의 임재 안으로 들어가는 통로로 바뀐다. 성령께서 그렇게 역사하신다. 여자가 그리스도의 초대에 응하여 그분께 가면 놀라운 일이 벌어진다. 두려움에 매여 있던 사슬이 벗겨지면서 다른 어떤 갈망보다도 더 강한 갈망을 인식하게 된다. 바로 초대하시는 주님의 아름다움을 사람들에게 드러내고 싶은 갈망이다. 그분은 열려 있으시며 양분을 공급하신다. 결국 고민하는 여자는 다음의 성경 말씀에 공감하게 된다.

하나님은 사랑이십니다. 우리가 사랑의 삶 속에 영원히 살기로 작정하면, 우리는 하나님 안에 살고 하나님도 우리 안에 사십니다. 이처럼 사랑이 우리 안에 자유롭게 드나들고 익숙해지고 성숙해지면, 심판날에 우리는 염려할 일이 없을 것입니다. 그리스도께서 사신 대로 우리도 그렇게 살기 때문입니다. 사랑 안에는 두려움이 들어설 자리가 없습니다. 온전한 사랑은 두려움을 내어 쫓습니다(요일 4:17-18, 『메시지』).

지속되는 고민의 한가운데서 예수님의 아름다움이 확연히 드러난다. 그 이유는 바로 그녀가 더 이상 자신이 아름다운지의 여부에 집착하지 않기 때문이다. 예수께서 아름다우시고 자신이 그분 안에 사는 것으로 충분하다. 눈에 띄게 고민하는 여자는 두려움과 절망을 지나 하나님의 영광을 위해 충만하게 살아 있는 여성다운 여자가 되어 간다. 이 여정의 본질을 4부에서 더 자세히 살펴볼 것이다.

지금은 남자의 핵심적 공포를 알아볼 필요가 있다.

12
남자의 핵심적 공포
영향력 없는 존재

세계 역사는 중대한 분수령에 이르렀다. 중세에서 르네상스로 넘어가던 시기만큼이나 중요하다. 세상은 우리에게 영적 불꽃을 요구한다. 우리는 새로운 높이의 비전, 새로운 차원의 삶으로 비상해야 한다. 알렉산드르 솔제니친[1]

회의懷疑는 우리가 현실과 맞닿아 있다는 증거다. 현실은 믿음을 위협하기도 하지만 믿음을 비옥하게 하기도 한다. 현실과 동떨어져 있으면 우리의 믿음은 나약하고 부적절한 맹신이 되기 쉽다. 프레드릭 뷰크너[2]

생각해 보라. 하나님은 우리의 말을 들으시고, 우리를 기억하시고, 우리를 바라보시며, 우리 쪽으로 움직이신다. 남자는 자신의 관계방식을 통해 그분의 성육신적 아름다움을 드러내는 정도만큼 남성답다. 그렇다면 대다수의 남자들은 전혀 남성답지 못하다. 이런 문제를 심각하게 생각하지 않는 남자들은 물론이고 자신이 남자답다고 꽤 자부하는 사람들도 모두 마찬가지다.

- 자신의 아내, 자녀, 늙어가는 부모, 친구의 깊은 상처와 염려에 정말 주파수를 맞추는 남자가 몇이나 되는가? 그들의 말을 들어주는 남자가 몇이나 되는가?
- 자신의 삶 속에 들어오신 하나님을 기억하고 감사가 넘쳐 자신도 비슷하게 누군가의 삶 속에 들어가려는 남자, 그보다 더 의미 있는 일을 생각할 수 없는 남자가 몇이나 되는가? 하나님을 기억하는 남자가 몇이나 되는가?
- 자신의 아내나 여자친구의 내면세계를 자상하고 관심 있게 탐색하는 남자가 몇이나 되는가? 해결할 방도를 모르면서도 기꺼이 여자의 고민을 알려 하고, 여자의 실망이 남자인 자신의 실패를 폭로하는데도 기꺼이 그것을 직시하는 남자가 몇이나 되는가? 다른 사람들의 깊은 속을 보는 남자가 몇이나 되는가?
- 여자의 고민을 보고 들으면서 즉시 고민을 해결하려 하기보다 그녀의 고통 속에 함께 머무는 남자, 그녀의 삶 속에 신중하게 들어갈 지혜를 달라고 기도하는 남자가 몇이나 되는가? 그리스도의 순전한 사랑에 이끌려 여자 쪽으로 움직이는 남자가 몇 이나 되는가? 이때 남자의 목표는 자신이 인정받을 만한 존재임을 드러내는 것이 아니라 사람들을 "작은 그리스도"로 바꾸실 수 있는 하나님을 드러내는 것이어야 한다. 그러면 하나님이 남자를 통해 기적을 행하실 수 있다. 이러한 확신을 가지고 사람들과의 관계 속으로 들어가는 남자가 몇이나 되는가?

이와 같은 기준으로 남자를 측정해 보라. 기준에 미달될 것이다. 그 이유가 무엇인가? 남성다운 관계방식으로 하나님을 드러낸다는 말이 무슨 뜻인지 생각이라도 해보는 남자가 왜 이렇게 적은가?

두려움 때문에 실패하는 남자들

관계적 여성성을 불가항력의 비전으로 삼고 살아가는 여자는 별로 없다. 자신을 열고 초대하기보다 자신을 닫고 보호하는 쪽이 여자로서 더 쉽다. 여자들은 자신의 잘못된 관계방식을 보지 못할 때가 너무 많다. 그 이유가 무엇인가? 주변의 남자들이 여자 쪽으로 움직이지 않아서일까? 아버지들이 딸의 여성적 영혼을 존중하고 탐색하고 즐거워하지 않아서일까? 남자들은 잘 모르지만, 남자 쪽에서 여자의 아름다운 실체 속으로 들어갈 관심을 보이지 않으면 여자가 계속 열려 있기가 어렵다.

하지만 여성성의 실패는 여성성에 대한 여자 자신의 두려움과 더 관계가 깊다. 온전한 사랑만이 이 두려움을 무력하게 만들 수 있는데, 온전한 사랑은 어떤 남자도 줄 수 없고 오직 그리스도만이 주실 수 있다. 온전한 사랑 속에서 온전히 안식하는 여자는 아무도 없다. 천국에 갈 때까지는 그렇다. 따라서 아무도 보아주지 않을 것에 대한 두려움은 모든 여자의 삶 속에 어느 정도 존재한다. 거부는 치명타처럼 느껴진다. 두려움 때문에 여자들은 무화과나무 잎으로 겉을 예쁘게 꾸미고, 실력과 성취의 탈을 쓰고, 쾌활한 사교성의 페르소나로 외로운 내면을 가린다. 많은 여자들이 자신의 수치와 두려움을 비밀로 숨긴다.

그 결과는 무엇인가? 여자들은 하나님의 부르심에 미치지 못한다. 즉 초대하시는 하나님의 아름다움을 자신의 관계방식을 통해 드러내지 못한다.

남자들은 어떤가? 하나님을 드러내는 남성적 관계방식을 막는 두려움은 무엇인가?

남자는 행동하는 존재다. 우리 남자들은 천성적으로 타인의 상처에 참을성 있게 주목하지 못한다. 남자치고 자신의 삶 속에 들어오신 하나님을 기억하고 감사와 찬송이 넘쳐, 매 순간 모든 관계 속에서 자신의 관계방식을 통해 그분의 움직임을 본받으려 하는 사람은 없다. 그러한 열정에 사로잡히고 지배당하는 남자는 없다. 방어와 평가가 배제된 관심으로 타인의 숨은 세계를 들여다보는 남자는 드물다. 반대로 힘들어하는 사람을 보며 왜 그냥 "용감히 맞서지 않느냐"고 답답해하는 남자는 흔하다. 자신이 해결할 수 없는 문제인데도 타인에게 따뜻하게 다가가려면 남자에게 용기가 필요하다. 그런데 이 용기를 찾아보기 힘들다. 타인의 영혼에 의미 있는 영향을 미치려면 남자에게 영향력이 필요하다. 그런데 하나님이 그런 영향력을 주시리라는 겸손한 확신을 품고 움직이는 남자가 별로 없다. 이 확신이 있어야 자신이 타인에게 어떤 영향을 미쳤는지 정직하게 평가할 수 있다.

아무나 남자 하나를 골라 이런 기준에 대 보라. 필시 남성답지 못함이 밝혀질 것이다. 그 이유가 무엇인가? 남자가 움직이려고 노력해도 주변의 여자들이 알아주지 않아서일까? 아내가 그의 장점을 인정해 주기보다 단점을 더 비난해서일까? 아버지한테 받은 상처가 원인일까?

사실은 다른 원인이 있다. 모든 남자는 적어도 어느 정도는 하나님

의 부르심에 이르지 못한다. 즉 성육신하시는 하나님의 아름다움을 자신의 남성다운 관계방식을 통해 드러내지 못한다.

- 남자들은 잘 듣지 못한다.
- 남자들은 하나님을 최고의 기쁨으로 기억하지 못한다.
- 남자들은 참을성 있는 관심으로 사람들의 속을 보지 못한다.
- 남자들은 자기가 사랑한다는 사람들의 삶 속으로 지혜롭게 들어가지 못한다.

그 이유가 무엇인가? 간단히 말해서 우리는 죽도록 두렵다. 두려움이 생각보다 훨씬 심하게 우리를 지배한다. 흔히들 고혈압을 가리켜 심장을 죽이는 침묵의 살인자라 부른다. 피해가 발생하는 동안에도 증상이 느껴지지 않기 때문이다. 마찬가지로 남자는 공포에 예속되어 있는 동안에도 그 공포를 감지하지 못한 채, 자신이 자유롭고 강하고 성공적이고 살아 있다고 느낀다. 공포는 영혼을 죽이는 침묵의 살인자다.

남자들은 자기 내면에 존재하는 두려움을 웬만해서는 인정하지 않는다. 인정한다 해도 그 심도와 위력을 축소한다. 성찰하지 않는 삶은 가치 없는 삶이라고 그들도 동의할 수는 있다. 하지만 전립선암 판정이 두려워 병원에 가지 않으려고 늘 너무 바쁘게 사는 남자처럼, 그들도 시간을 내서 자신의 관계적 삶을 지배하는 배후의 에너지를 깊이 들여다보는 일은 거의 없다. 삶을 영위하는 것이 삶 속에 들어가는 것보다 더 생산적으로 보인다. 관계적 삶은 더 말할 것도 없다.

다음 장에서 나의 삶 속으로 들어가 볼 것이다. 내 영혼 안에 묻혀 있는 공포와 그보다 더 깊이 묻혀 있는 희망을 함께 찾아볼 것이다. 남자들의 이면은 누구나 거의 같기 때문에 내 안에 있는 것이 당신 안에도 있을 수 있다. 하지만 지금은 잠시 다윗 왕과 함께 말없이 앉아 있으라. 그의 일기장에 적혀 있는 기도의 말로 당신도 기도해 보라.

> 여호와여, 주께서 나를 살펴보셨으므로
> 나를 아시나이다……
> 이 지식이 내게 너무 기이하니
> 높아서 내가 능히 미치지 못하나이다……
> 내가 혹시 말하기를 흑암이 반드시 나를 덮고
> 나를 두른 빛은 밤이 되리라 할지라도
> 주에게서는 흑암이 숨기지 못하며……
> 하나님이여, 나를 살피사 내 마음을 아시며
> 나를 시험하사 내 뜻을 아옵소서.
> 내게 무슨 악한 행위가 있나 보시고
> 나를 영원한 길로 인도하소서(시 139:1, 6, 11-12, 23-24).

영향력 없는 존재

나의 핵심적 공포를 파헤치기 전에 먼저 지적할 것이 있다. 남녀가 공유하고 있는 인간 실존의 기본적 두려움이 있다. 본래 우리는 공동체의 공기를 호흡하며 생명을 얻도록 되어 있다. 그래서 고립이라는 개

념 자체를 견디지 못한다. 우리는 고독을 두려워한다. 소통 없는 삶, 교감 없는 성취, 우정 없는 실존, 외로운 절망 속의 영원한 방황을 두려워한다.

외로움은 지옥의 맛이다. 고독에 대한 기본적 두려움을 여자들은 누구의 눈에도 띄지 않을 것에 대한 공포로 경험한다. 자신을 보아주거나 원하는 사람이 아무도 없는 게 두려운 것이다. 자기 쪽으로 다가오도록 타인을 초대하라는 부르심은 여자에게 두려움을 불러일으킨다. 여자들 속에 말없이 타오르는 의문이 있다. "다른 사람들이 원할 만한 아름다움이 나에게 있는가?"

남자들은 대인관계 속으로 들어가도록 지음 받고 부름 받았다. 그래서 고독에 대한 두려움도 다르게 느낀다. 고독 속에서 남자들은 자신에게 영향력이 없을 것을 두려워한다. "나는 과감히 공동체 안으로, 영혼 대 영혼의 소통 속으로 들어갈 수 있는가? 내 움직임이 이렇다 할 영향을 미치지 못해도 그것을 감수할 수 있는가? 상대가 내 움직임의 가치를 몰라주어도 나는 그 사람에게 다가갈 수 있는가?"

나는 여자에 대해 쓸 때는 외부인의 입장에서 쓴다. 내 글을 읽은 여자들에게서 "꼭 그렇지는 않지만 그래도 비슷하다"보다 더 심한 평은 나오지 않기를 바란다. 하지만 남자에 대해 쓸 때는 나도 같은 남자로서 쓴다. 그 이점을 살리고 싶다. 내 이야기를 하면 아마 다른 남자들도 자신의 이야기를 인식하게 될 것이다.

나는 남성성의 "영적 불꽃" 속에 살고 싶다. 솔제니친은 하나님이 설계하신 관계의 영적 불꽃을 우리가 세상에 보여주어야 한다고 촉구했다. 나도 거기에 부응하고 싶다. 하지만 예수님의 불타오르는 삶에 비하면 나의 삶은 깜빡거리는 촛불에 지나지 않는다. 그분의 불이 내게도 옮겨붙을 것인가? 회의는 모든 불길을 소멸하려고 위협한다. 그래도 나는 뷰크너의 말에서 용기를 얻어 나의 회의를 오히려 불편한 현실을 직시하는 계기로 받아들인다. 날마다 나는 그리스도의 관계적 영광에 이르지 못한다. 나의 실패는 너무도 쉽게 어둠이 되어 희망의 실체를 가린다.

하지만 나의 회의를 자세히 살피고 두려움—내가 남자답게 움직이지 못해 결국 소통하지 못하리라는 두려움—을 직시하면 무언가 예상치 못했던 일이 벌어진다. 그리스도인 남자로서 나의 중심을 발견하게 된다. 하나님이 내게 다가오시는 것처럼 나도 사람들에게 다가가고픈 갈망을 발견하게 된다. 그러면 나는 남자들의 두려움이 더 예민하게 느껴지고, 남자들을 향한 하나님의 부르심이 더 명확하게 들려온다. 그리하여 평생의 전투가 시작된다. 육과 영의 싸움이다. 마귀가 부추기는 두려움과 하나님이 내 안에 주신 생명을 발산하고픈 갈망 사이의 싸움이다.

남자 속에서 남자다운 관계를 막는 공포는 무엇인가? 남자들은 그 핵심적 공포를 찾아내기 어렵고 잘 보지도 못한다. 그것을 자신의 진짜 문제로 인정하기는 더 어렵다. 남자의 악명 높은 자존심이 그 일을 방해한다.

그래서 내가 모험에 나서려 한다. 내가 가장 잘 아는 남자의 두려움을 정직하게 탐색하고 싶다. 아주 어리석은 이 모험의 영감을 나는 C. S. 루이스에게서 얻었다. 그의 책 『스크루테이프의 편지』(*The Screwtape Letters*)는 마귀들이 인간을 유혹하는 방법에 대한 이야기다. 이 책을

읽은 독자들은 루이스가 "다년간의 도덕적, 금욕적 신학 공부를 통해" 지옥의 생리를 배운 줄로 생각했다. 하지만 루이스는 이렇게 답변했다. "그들이 망각하고 있는 것이 있다. 유혹의 생리를 배우는 방법으로 그보다 덜 훌륭하지만 똑같이 확실한 방법이 있다. 내 마음을 보면 불경한 인간의 악을 알 수 있다. 굳이 다른 누구의 마음을 볼 필요가 없다."[3]

남자의 핵심적 공포에 대해 배울 때도 굳이 다른 누구의 삶을 볼 필요가 없다. 내 삶을 보면 된다. 만일 내가 다른 남자들의 두려움을 제대로 파헤친다면 그것은 다분히 거울 속의 나 자신을 고통스럽게 들여다본 결과다. 하나님이 나에게 보내신 66통의 연애편지가 그 거울을 환히 비추어 준다.

13
남자의 두려움을 인식하라

하나님이 우리에게 주신 것은 두려워하는 마음이 아니요 오직 능력과 사랑과 절제하는 마음이니. 디모데후서 1:7

이 글을 쓰는 지금, 나는 내일 어느 대학의 채플에서 강연을 하기로 되어 있다. 기대감도 있지만 무관심과 두려움도 함께 있다. 관심을 갖고 싶은데 왜 관심이 없는가? 무엇이 두려운가?

내가 살아온 세월이 어느덧 68년이 되었다. 그리스도인으로 60년, 남편으로 46년, 아버지로 44년, 심리학자로 40년, 저자와 강사로 36년, 그리고 남자로 전체 68년을 살았다. 그런데 지금 나는 자신에게 실망해 있다. 이맘때쯤이면 내가 더 성숙해 있을 줄로 알았다. 하지만 40세 때가 지금보다 더 성숙하게 느껴진다.

그동안 나는 솔직하게 씨름하는 사람이라는 평판을 얻었는데, 그만큼 문제가 많은 사람이라서 그렇다. 나는 의심 많은 도마와 같다. 충성

스러운 바울처럼 되고 싶지만 정작 내 삶은 변덕스러운 베드로에 더 가깝다. 또한 윌리엄 카우퍼(William Cowper, 18세기 영국의 고전 문학가이자 찬송 작사가로, 어려서 어머니를 사별한 후 평생 우울증에 시달렸다—옮긴이)처럼 너무 쉽게 우울해진다. 어떤 사람들은 나의 씨름을 통해 자신의 고단한 영혼에 위로를 얻는다. 어떤 사람들은 내가 기도하는 마음으로 영적 훈련에 더 힘쓰거나 항우울증 치료제를 복용해야 한다고 생각한다.

포스트모더니즘은 공동체 내의 진정성과 투명성을 강조한다. 나도 거기에 공감한다. 특히 투명성은 교회가 되찾아야 할 잃어버린 덕목이다. 혼자 숨어서 치유되는 사람은 없다. 하지만 내가 자신을 내보일 때 원하는 것은 따뜻한 수용 이상이다. 나는 진리를 듣고 싶다. 나를 변화시키고 두려움에서 해방시킬 능력이 있는 진리를 듣고 싶다. 그러나 알다시피 진리를 그냥 가르치기만 해서는 능력이 별로 없다. 하나님의 진리가 신빙성을 얻으려면 탄탄한 개연성을 확보해야 한다. 즉 공적으로 선포되는 진리가 그 진리를 선포하는 사람의 관계방식 속에 사적으로 구현되어야 한다. 그렇지 않으면 진리는 그저 말잔치로 그친다. 사람들을 거룩하게 하기보다 오히려 교만하게 만드는 메마른 교리가 되고 만다.

그럼에도 나는 하나님이 계시하신 진리가 말로 계시되었음을 믿는다. 그것이 바로 성경 말씀이다. 진리는 단순히 그 속에 들어 있다. 내가 믿든 믿지 않든, 느끼든 느끼지 못하든 진리는 진리이며 나와 무관하게 존재한다. 하지만 하나님이 계시하신 객관적 진리는 또한 관계적 하나님이 계시하신 관계적 진리이기도 하다. 그래서 그분은 우리가 진리를 구하는 예배자들의 공동체 속에서 그분의 진리를 주관적으로 체험하기를 원하신다. 우리 예배자들은 서로를 대할 때나 세상 속에서나 우리의 관계방식을 통해 함께 하나님을 드러내기를 갈망한다.

그런데 여기 문제가 있다. 나는 진리를 경험할 때보다 진리를 가르칠 때가 훨씬 많다. 내 믿음과 삶의 괴리는 회의를 불러일으킨다. 나 자신은 물론이고 다른 사람들도 나와 내 믿음에 대해 의심이 들 수 있다. 물론 이런 괴리는 내 마음속에 겸손한 신앙과 하나님을 의지하는 자세를 낳아야 한다. 그럴 때도 있다. 하지만 아침 해를 가리는 구름처럼, 그럴 때도 회의는 남아 있다.

그 결과는 냉담함이다. 냉담한 마음은 그 무엇에도 깊이 관심을 품지 못한다. 한때는 즐거움과 사역이 가슴을 뛰게 했지만, 이제는 그런 기회가 와도 그저 심드렁하다. 냉담함은 삶의 모험 정신을 앗아가는 권태다. 도스토옙스키는 지옥을 정의하기를, 사랑할 수 없어 고통당하는 상태라 했다. 냉담함에 빠져 있을 때 어쩌면 나는 지옥의 언저리에 살고 있는지도 모른다. 나는 지옥을 맛보고 있는 것일까? 그 동네에 살고 있는 것일까? 사랑이란 의지적으로 선택할 수 있는 객관적 결단인가? 열정이 없어도 사랑할 수 있는가? 관심이 느껴지지 않아도 관심을 가질 수 있는가? 나는 그저 이를 악물고 더 잘해야 하는가?

바울은 디모데에게 말하기를 이미 "배우고 확신한" 진리대로 계속 살라고 했다(참조. 딤후 3:14). 때로 나는 지칠 대로 지쳐서, 오랜 세월 동안 내가 무엇을 배우고 가르쳤는지도 기억나지 않는다. 확고한 믿음은 아득한 꿈처럼 느껴질 수 있다.

나는 왜 이렇게 공허하고 열정이 없는가? 나는 두려운가? 공포의 늪에서 허무라는 유충이 부화하여 나를 삼키려 하는가? 아무것도 내줄 게 없다는 이상한 두려움 때문에 무엇인가를 내주려는 내 열망 자체가 소멸되어 버리는가? 한 사람이 세상을 바꿀 수 있다는 이야기들을 나도 들어서 알고 있다. 내 책상 위에는 D. L. 무디(Moody)의 유명한 말이 적힌 액자가 걸려 있다. "한 사람의 마음이 온전히 하나님께 드려지면 하나님이 그의 안에, 그를 통해 놀라운 일을 하실 수 있다. 세상은 그것을 보아야 한다. 그 한 사람이 되고자 최선을 다하자." 한때는 이 말이 내 가슴을 뛰게 했지만 지금은 아니다.

하나님이 나에게 더 많은 것을 바라시려면 먼저 내 안에 더 많은 일을 해주셔야 하지 않을까? 그분의 임재와 이야기가 더 피부로 느껴지고 눈에 보이게 해주셔야 하지 않을까? 나는 하나님께 화가 나 있는 것 같다. 물론 그래서는 안 된다. 예수님 안에서 하나님은 나에게 모든 것을 주셨다. 하지만 그분의 모든 것이 늘 모든 것처럼 느껴지지는 않는다.

이상향

이 68세의 남자 안에 아직도 다섯 살짜리 소년이 살고 있다. 그때 나는 필라델피아 외곽의 "이상향"(Mayberry, 미국 인기 시트콤의 배경이 된 가상의 마을로, 아름다운 전원 마을을 상징—옮긴이)에 살았다. 유치원에서 집까지 두려움 없이 걸어갈 수 있는 안전한 소도시였다. 여섯 블록밖에 되지 않았고 경찰들이 늘 순찰을 돌았다. 삶은 좋았다. 나는 안전했다. 혼자가 아니었다.

그런데 어느 봄날에 유치원을 마치고 집으로 어슬렁어슬렁 걸어가고 있는데 나비 한 마리가 내 시선을 끌었다. 나비의 날갯짓을 따라가다가 길을 잃고 말았다. 한 번도 가본 적이 없는 낯선 길이었다.

덜컥 겁이 났다. 집에까지 길을 찾아갈 자신이 없었다. 움직임이 두렵게 느껴졌다. 그래서 그대로 서서 울었다. 평생처럼 느껴진 몇 분이 지나자 경찰차 한 대가 다가와 섰다. 아마도 커피를 마시러 오후에 누구를 만나러 가던 길이었나 보다. 그가 나를 보더니 차를 세우고 내려서 물었다. "어이, 꼬마 친구. 무슨 일이지?"

"길을 잃었어요."

"집이 어딘데?"

"엄마랑 아빠랑 함께 살아요."

그가 더 물어보려는데 1950년산 초록색 포드가 저쪽에서 질주해 왔다. 아빠의 차였다. 나중에 알았지만 엄마가 아빠한테 전화를 했다고 한다. "여보, 래리가 집에 올 때가 됐는데 어디 있는지 모르겠어요. 유치원에 전화해 보니까 거의 한 시간 전에 갔대요. 당신이 찾아봐야겠어요."

아빠를 보니 더 이상 두렵지 않았다. 약간 창피하긴 했겠지만 두렵지는 않았다. 나는 집으로 가고 있었다. 거기서 배운 교훈이 있다.

> 나는 부족해서 삶 속으로 들어갈 수 없다. 도움이 없이도 해낼 수 있다면 좋겠지만 불가능하다. 도움이 필요할 때마다 누군가가 곁에 와 줄까? 그랬으면 좋겠다.

그로부터 3년이 흘렀다. 이제 나는 메릴랜드 주의 소년 캠프에 참석 중이다. 여덟 살 아이가 처음으로 집을 떠난 것이다. 하룻밤은 타오르는 모닥불가에서 상담자가 소년들에게 이렇게 말했다. "얘들아, 저 불을 봐라. 예수님을 너희의 구주로 영접하든지 아니면 영원히 지옥불에서 타든지 너희의 선택에 달려 있다."

다시 도움이 필요한 순간이 왔다. 경찰관은 좋은 사람이었고 아빠는 더 좋았다. 하지만 예수님은 최고였고 꼭 필요한 분이었다. 여기서 교훈을 배웠다. 이 교훈은 그 후로 10여 년간의 교회 주일학교와 중고등부를 통해 더욱 강화되었다.

> 예수님을 믿으면 지옥에 가지 않는다. 그뿐 아니라 그분이 내 삶을 지옥처럼 느껴지지 않게 해주신다. 나는 오래된 주일학교 노래의 가사를 그대로 믿는다. 예수님과 함께 살면 하루하루가 어제보다 더 달콤하다. 삶은 좋다. 지금도 이상향이지만 장차 영원한 천국이 있다.

다시 세월이 흘러 내가 그리스도께로 회심하던 때로부터 지금까지 60년이 흘렀다. 학부 시절에 심리학과 교수가 나에게 좋은 심리학자가 될 자질이 있다고 말해 주었다. 나는 임상심리학으로 박사학위를 받으며 수석으로 졸업했다. 아름다운 아내와 똑똑하고 건강하고 운동도 잘하는 두 아들이 생겼다. 두 아들은 행복한 삶의 기초가 되어 주었다. 내가 운영하는 상담소는 번창했다. 나는 설교자와 저자와 세미나 강사로 명성을 얻었고, 편하게 살고도 남을 만큼 돈도 충분해졌다. 여기서 교훈을 배웠다.

이제 나는 필요한 것들을 갖추었다. 제대로 살아 볼 수 있다. 성공했다. 나는 남자다! 어른이 되어서도 이상향에 살고 있다. 게다가 나는 이보다도 더 나은 도성으로 가는 중이다. 주님, 감사합니다!

하지만 어느 정원에나 잡초가 있게 마련이다. 나의 이상향에도 병원, 감옥, 긴장에 시달리는 교회들, 마약 재활원과 상담소들이 있었다. 기초가 무너지면서 그동안 복을 통해 배운 교훈이 흔들리기 시작했다.

- 목사가 나에게 예배의 마침 기도를 부탁했을 때 나는 말을 더듬거려 창피했다. 그때 내 나이 스물두 살이었다.
- 결혼한 지 20년 된 아내가 울먹이며 이렇게 말했을 때 나는 당황했다. "당신과 함께 늙고 싶지 않아요. 너무 고통스러워요." 나는 결혼 8년차에 겪었던 위기가 다 해결된 줄로 알았었다.
- 두 아들의 삶의 문제들로 속이 타들어 갈 때 나는 참담했다. "하나님, 좋은 아버지가 되려고 열심히 노력했습니다. 그런데 무엇을 더 했어야 합니까?"
- 두 내담자가 자살했을 때 나는 무너졌다. 사람들의 문제가 이토록 절절한데 내가 상담을 알기나 하는가?
- 저서의 판매율이 저조해 내가 B급 저자로 내려갔다는 말을 1980년대에 어느 출판사로부터 들었을 때 나는 낙심했다. 나는 한때 가졌던 것을 잃고 있는가?
- 나의 형이 비행기 추락으로 죽고, 어머니가 알츠하이머병에 걸리고, 아버지가 외로움에 빠져들었을 때 나는 슬픔에 짓눌렸다. 내가 두 번

이나 암에 걸렸을 때도 그랬다. 수술을 또 받아야 하는가? 혹시 수술로도 안되는 암은 아닐까?

이상향은 어디로 갔는가? 여기서 나는 새로운 교훈을 배웠다.

하나님은 기회와 능력 외에는 아무것도 보장하지 않으셨다. 기회란 최선의 때이든 최악의 때이든 하나님을 알 수 있는 기회이고, 능력이란 하나님이 내 삶 속에 들어오신 것처럼 나도 언제라도 사람들의 삶 속에 들어갈 수 있는 능력이다. 하나님은 그것을 삶이라 부르신다. 나는 그분이 옳으심을 안다.

하지만 나는 그분을 아는가? 그분을 신뢰하는가? 그분을 좋아하기나 하는가? 하나님이 존재하시기는 하는가? 이토록 오랜 세월이 흐른 뒤에도 회의의 의문들이 피어오른다. 그분의 사랑과 선하심을 확신시켜 주어야 할 익숙한 성경 구절들이 오히려 조롱처럼 느껴진다.

- 내가 결코 너희를 버리지 아니하고 너희를 떠나지 아니하리라(히 13:5).
- 네가 물 가운데로 지날 때에 내가 너와 함께할 것이라.……네가 불 가운데로 지날 때에 타지도 아니할 것이요(사 43:2).
- 다 내게로 오라. 내가 너희를 쉬게 하리라(마 11:28).
- 내가 영원한 사랑으로 너를 사랑하기에(렘 31:3).
- 모든 것이 합력하여 선을 이루느니라(롬 8:28).

믿음과 회의

나는 몹시 외롭다. 하지만 누구에게 갈 것인가? 내 안에는 회의를 통해서만 가닿을 수 있는 부분이 있고, 절망밖에 남지 않았을 때에야 비로소 드러나는 믿음이 있다. 물론 나는 하나님을 믿고, 예수님을 신뢰하며, 성령께서 내 안에 살아 계심을 안다. 하나님이 자신의 선하심 때문에 능력을 쏟아부어 나를 남자로 빚고 계심도 안다. 그분이 빚으시는 남자는 예수님처럼 자신의 관계방식을 통해 사람들에게 하나님을 드러내는 일을 기쁨으로 아는 남자다. 자신의 부르짖음에 함몰되지 않고 다른 사람들의 부르짖음을 듣는 남자, 병상에서든 골프장에서든 하나님을 아는 것이 곧 삶임을 기억하는 남자, 다른 사람들의 깨어진 마음속을 보고 부르짖음 이면의 사연을 보는 남자, 하나님 자신의 영향력을 가지고 사람들의 삶 속에 들어가는 남자다. 하나님은 영광의 영향력을 성육신하신 예수님께 주셨고, 예수님은 다시 그것을 나에게 주신다.

그런데 믿음이 회의를 이기고 하나님의 부르심이 내게 들려올 때, 바로 그때 나는 공포를 느낀다. 영향력이 없을 것에 대한 공포다.

- 나는 타인의 깊은 부르짖음을 들을 수 있는가? 듣고 싶은 마음이나 있는가?
- 나는 하나님이 나를 어떻게 기억하시는지 기억하는가? 삶이 힘들 때 내 안에 예배가 우러나는가? 아니면 나는 불평하는가?
- 나는 실상을 제대로 알려는 부드럽고도 끈질긴 관심으로 계속 타인

의 삶 속을 볼 것인가? 아니면 내 힘으로 손쓸 수 있는 문제들만 보려 할 것인가? 관계적 남자가 아니라 유능한 남자로서 말이다.

- 그렇게 상대의 삶을 보았으면 이제 삶을 변화시키는 영적 영향력을 가지고 그 속에 들어가야 하는데, 나는 그 방법을 분별할 지혜를 달라고 기도하고 있는가? 아니면 영향력이 없을까 봐 두려워 꼼짝도 못하고 관계 속에 들어가지 않는가? 관계가 배제된 행위자, 문제만 해결하는 사람, 삶의 시시한 관리자로 전락하고 마는가?

이 글을 쓰는 지금도 내게 냉담함이 있다. 만사가 귀찮게 느껴진다. 치실로 치아를 관리하는 일과 매일 먹는 비타민 알약을 세는 일까지도 그렇다. 내일 아침에 나는 채플에서 강연해야 한다. 하지만 지금은 그것이 기회보다 의무로 느껴진다.

삶은 무의미해 보이고 나는 영향력이 없는 존재로 느껴진다. 그런데 나는 절망의 늪에 더 깊이 빠져들수록 나의 중심에 더 가까워지는 것 같다. 나는 살아 있다. 용서받았다. 관심도 있다. 냉담함이 최후의 승자가 아니다. 핵심적 공포가 내 존재의 응어리도 아니다. 나는 남자다.

관계적 남성성을 누리라는 하나님의 부르심이 들려온다. 하나님의 영광을 위해 충만하게 살아가고 싶은 내 열망이 보인다. 여기서 교훈을 배운다.

남자의 두려움을 인식하면 남자답게 살아갈 문이 열린다. 하나님의 계획은 이것이다. 즉 하나님의 임재 안에서 (그분의 사랑받는 존재 외에) 아무것도 아닌 존재가 되라. 그러면 그분이 당신 안에서 당신을 통해 마음껏 일하실 수 있다. 비로소 당신은 하나님이 창조하신 본연의 인간이 된다. D. L. 무디의 말이 새 생명으로 고동친다.

두려움을 인식하면 관계적 남성성의 문이 열린다. 두려움을 숨겨 두면 사이비 남성성의 문이 열린다. 그것은 더 편하기는 하지만 낭비하는 삶이다.

14
두려움의 위력(2)
영향력 없는 세 부류의 남자

신약성경은 그리스도 안에서 누리는 그리스도인의 삶을 말할 때……이 전의 모든 것과 대비하여 "새로움"을 강조한다. J. I. 패커[1]

나는 갈등으로부터 자유로워지는 신기한 경험을 모른다. 모든 악한 성향으로부터 완전히 벗어난 상태도 모른다. 천성을 향한 길에서 나는 싸우지 않고는 한 치도 앞으로 나아가지 못했다. 내 부족함 때문에 슬퍼하지 않은 날이 단 하루도 없다. 하나님께 가까워질 때도 있지만 그럴 때일수록 내 허물과 실패 때문에 가장 많이 운다. 찰스 스펄전[2]

남자가 자신이 덧없는 일 외에는 아무것도 이룰 능력이 없음을 알고 두려워서 하나님 앞에 나아온다. 남자가 어떤 성취나 인정이나 쾌락으로도 채울 수 없는 자기 영혼의 공허함에 눈뜬다. 남자가 하나님이 의도하신 관계방식에 자신이 날마다 미치지 못함을 깨닫는다. 남자가 자신이 하나님께 아무것도 요구할 자격이 없으며 오직 자비를 간구할 수 있을 뿐임을 인정한다. 이럴 때 남자가 결국 선택할 길은 다음 둘 중 하나로 분명해진다.

> 자신의 두렵고 공허하고 실패하고 깨어진 모습을 속에 묻어 둔다. 계속 자신의 힘으로 아무거나 즐겁고 편리한 만족을 찾기로 분노 중에 결심한다. 익숙하고 편안한 자기중심적 생활방식에 안주한다.

> 또는 자신이 두렵고 공허하고 실패하고 깨어진 남자임을 고백한다. 용서받은 죄인으로서 감사하는 마음으로 하나님께 자신을 드리며 예수 그리스도를 따르기로 헌신한다. 어떠한 대가를 치르고라도 기꺼이 하나님이 원하시는 존재가 되고자 한다. 하나님이 인도하시는 대로 사람들에게 다가가 철저히 타인중심적이신 예수님을 드러내되 자신의 관계방식과 성령의 새로운 생활방식을 통해 드러낸다.

남자는 자신을 몰아가는 두려움과 스스로 해결할 수 없는 공허함을 겸손히 인정해야 한다. 자신의 관계방식이 누구에게도 깊은 영향을 주지 못함을 깨달아야 한다. 하나님이 계획하신 관계적 남성성에 턱없이 못 미치는 자신을 보며 마음이 깨어지고 낮아져야 한다. 그러기 전까지는 많은 무가치한 일에 인생을 바치게 된다.

남성답지 못한 남자들의 관계방식은 무엇인가? 그들은 다리 위에서 소통할 기회를 어떻게 놓치는가? 지금부터 세 부류의 남자를 살펴보자. 자신에게마저 두려움을 숨긴 채 결국 자신을 위해 살아가는 남자들이다.

남자 1-얄팍한 남자

남자 2-세속화된 남자

남자 3-영적으로 중독된 남자

이들은 모두 넓은 길을 가고 있다. 그 길로 가면 한동안은 기분이 좋지만 결국은 파멸에 이른다.

남자 1-얄팍한 남자

얄팍한 영성은 언제나 인기가 좋았다. 쉽기 때문이다. 누군가의 우려에 찬 지적처럼, 미국 교회는 하나님의 영광과 영향력을 가볍게 여긴다. 오늘날의 교회는 그것을 이전보다 더 가볍게 여길 것이다.

자신의 안위만 알고 다른 모든 것에 무관심한 태도도 얄팍한 영성의 한 형태다. 그것은 역사가 아주 오래되었고 지금도 수많은 그리스도인들을 끌어들이고 있다. 고금을 막론하고 그리스도를 따르는 사람들은 나중에 천국을 주실 하나님과 지금 복된 삶을 주실 하나님을 순진하게 믿는다. 여기서 복된 삶이란 좋은 건강, 좋은 가정, 좋은 수입이 있는 삶이다. 자아를 만족시켜 줄 꿈이 모두 이루어지는 삶이다. 이 잘못된 생각에 따르면, 영적인 그리스도인은 자신이 원하는 것을 이 세상에서 다 받을 수 있다.

좀 더 최근 들어 새로운 관점의 영성이 사람들의 지지를 얻고 있다. 적어도 복음주의 진영에서는 그렇다. 이제는 이 땅의 복이 아닌 영성 계발이 진지한 그리스도인의 합당한 표지로 인식되고 있다. 하지만 일각에서는 영성계발이라는 용어의 풍부한 유산이 약화되고 있다. 요즘 생각하는 영성계발의 의미는 "하나님을 향한 친밀감"과 "세상을 변화시키려는 갈망"을 크게 벗어나지 못한다(너그럽고 단정하고 도덕적인 생활도 그 일부로 간주된다).

여성다운 여자와 남성다운 남자로서 기독교 공동체 내에서 서로를 바르게 대하는 일은 좀 더 특수한 문제로 간주되어 옆으로 밀려난다. 그것은 제한된 그룹의 흥미로운 토론에나 어울릴 지엽적 주제이며, 참된 영성계발에 꼭 필요하지도 않고 논란의 여지가 있는 생활방식이다.

대개 뭔가 중요한 것이 빠져 있다. 거룩한 독서(*rectio divina*)와 관상기도로 완성되는 영성 수련회의 신비로운 침묵에도 그것이 없고, 정치운동과 사회정의를 통해 세상을 변화시키려는 행동주의에도 마찬가지다. 개인적 영성은 하나님의 임재를 느끼는 것이고, 사회적 영성은 전도와 사회참여를 통해 세상을 변화시키는 것이다. 그 둘에 열심히 집중하면 너무 많은 경우 관계적 영성에 진지한 관심을 기울일 여지가 거의 없어진다.

갈보리로 가시기 몇 시간 전에 예수님은 자신을 따르는 사람들이 서로의 바른 관계를 통해 삼위일체 하나님의 공동체의 모습을 세상에 드러내게 해달라고 기도하셨다(참조. 요 17:20-26). 십자가를 지신 지 며칠 후에 그분은 우리에게 "모든 민족을 제자로 삼아 아버지와 아들과 성령의 이름으로 세례를 베풀"라고 명하셨다(마 28:19). 하나님의 뜻대로 세상을 변화시키는 우리의 능력은 예수님의 제자이자 변화의 주역인 우리끼리 서로 어떻게 지내느냐에 달려 있다. 순서가 중요하다. 관계가 좋아야 잘 섬길 수 있다.

예수님은 십자가를 앞두고 대제사장으로서 기도하실 때 우리를 가리켜 이렇게 말씀하셨다. "아버지께서 내 안에, 내가 아버지 안에 있는 것 같이 그들도 다 하나가 되어 우리 안에 있게 하사……그들로 온전함을 이루어 하나가 되게 하려 함은 아버지께서 나를 보내신 것과 또 나를 사랑하심 같이 그들도 사랑하신 것을 세상으로 알게 하려 함이로소이다"(요 17:21, 23). 감사로 하나님을 만나는 예배자들만이 예수님처럼 관계를 맺을 수 있고, 그리하여 성령의 능력으로 하나님을 드러낼 수 있다. 그들은 여성다운 여자로서 마음을 열고 초대하며, 남성다운 남자로서 사랑으로 움직인다.

개인적 영성과 사회적 영성과 관계적 영성을 간단히 종합하면 다음과 같다.

> 남자가 하나님을 체험하고도 사람들을 대하는 방식이 달라지지 않는다면 그 체험은 얄팍하거나 가짜다. 전도나 사회참여의 사명을 통해 하나님을 섬기려는 남자의 노력은 그리스도를 드러내는 남성성에서 흘러나와야 한다. 그렇지 않다면 열심만 있고 능력이 없어 사람들의 마음속에 깊이 들어갈 수 없다.

내 요지는 이것이다. 영성의 초점을 관계에 두지 않고 얄팍하게 이해하면, 남자도 관계에 중점을 두지 않고 얄팍해진다. 물론 하나님을 체험하는 것은 더없는 특권이며 하나님을 섬기는 것도 타협할 수 없는 일이다. 하지만 하나님을 바로 알아 관계 면에서 남성다운 남자로 빚어지는 것이야말로 결정적 요소다.

라일이 좋은 예다. 라일은 하나님을 섬기며 사람들을 예수님의 제자로 양육한다. 도심의 무료 급식소에서 노숙자들을 위해 음식도 요리한다. 매달 하루씩 영성 수련회에 참석하고 아침마다 한 시간씩 경건의 시간을 갖는다.

나는 라일의 아내를 안다. 그녀는 내게 상담을 받으러 와서 이렇게 말했다. "남편에게 나는 있으나 마나 한 존재 같아요. 내가 속상할 때면 그는 나를 안아 줘요. 하지만 왜 속상한지 생전 묻는 적은 없지요. 내가 좌절할 때면 그는 내 손을 잡고 기도해 줘요. 그러고는 흡족한 웃음을 지으며 가 버려요. 나는 마치 바쁜 아빠가 시간을 내서 머리를 쓰다듬어 주는 여자아이가 된 심정입니다. 남편은 처음 결혼할 때만큼이나 지금도 나를 잘 몰라요." 그러더니 그녀는 이렇게 울부짖었다. "내 안에 남편이 알고 싶어 할 만한 부분이 그렇게도 없는 건가요?"

그녀의 남편은 개인적인 권력을 위해 살아간다. 자신의 행위로 영향을 미쳐 스스로 경건한 남자임을 드러내려 한다. 라일은 잃어버린 영혼들에게 전도하고, 구원받은 영혼들을 양육한다. 하지만 누구와도 깊은 관계를 맺지는 못한다. 날마다 경건의 시간과 다달이 수련회를 마칠 때마다 그는 자신의 영성을 사람들에게 내보이려는 의욕이 더욱 강해진다.

영적으로 얄팍한 남자는 "경건의 모양은 있으나 경건의 능력은 부인"한다(딤후 3:5). 왜 그런가? 그리스도와 떨어져 살기 때문이다. 어떻게 그런가? 그는 자신에게 영향력이 없을까 봐 두려운 마음을 그리스도의 온전한 사랑이 미치지 않는 곳에 감추어 둔다. 개인적 권력 아래에 그것을 묻어 둔다. 그래서 능력으로 인정은 받지만 깊이는 얻을

수 없다. 이런 남자는 많은 사람들에게 경건해 보이지만, 자신이 누릴 수 있는 성령의 능력을 거의 모른다. 하지만 세상을 변화시키려면 먼저 자신부터 성령의 능력으로 변화되어야 한다. 그 능력을 통해 관계면에서 남성다운 남자로 영성계발이 이루어져야 한다. 그래야 비로소 하나님을 드러내더라도 자신이 그분을 알기 때문에 드러낼 수 있다.

라일은 영적으로 얄팍한 남자다. 하지만 달라질 수 있다.

남자 2-세속화된 남자

세속화된 남자는 얄팍한 남자의 사촌이다. 두 부류 모두 하나님의 능력은 별로 없이 하나님을 위해 많은 일을 한다. 차이가 있다면 이것이다. 영적으로 얄팍한 남자는 기독교 공동체 내에서 명백히 기독교적인 일을 한다. 반면에 세속화된 남자는 시장에서 윤리적인 그리스도인으로서 예수님을 섬긴다. 사업이나 전문 분야에서 정직하게 열심히 일하며 헌금도 후하게 낸다. 기독교 사역에 적극적으로 참여할 때도 있다. 하지만 두 부류 모두 남자의 영성계발을 잘못 알고 있다.

기독교는 우리의 본능적 가치관을 전복시킨다. 특히 내면의 동기와 대인관계 부분에서 그렇다. 하나님의 세계에 세속적인 것이란 없다. 모든 것이 하나님 나라의 목적을 중심으로 돌아간다. 그러므로 모든 것은 신성하거나 불경하거나 둘 중 하나이지 그냥 세속적인 것은 없다. 우리는 무엇을 하든 "다 하나님의 영광을 위하여" 해야 한다(고전 10:31). 그러면 우리의 자기중심적 본능의 세계가 전복된다. 본성상 우리는 자신의 영광을 위해 살아간다. 무엇이든 자신이 바라는 영향력을 가져다주는 그것을 위해 살아간다.

하지만 우리는 "생명과 경건에 속한 모든 것"을 받았다(벧후 1:3). 경건이란 무엇보다도 관계적 삶이요 공동체의 삶이다. 하나님 자신도 세 인격체의 공동체이시다. 인간의 영혼 안에 사시는 하나님의 생명은 (헨리 스쿠걸의 고전 제목을 빌려) 관계적 생명이다. 그리고 그 삶이 가장 선명하게 입증되는 통로는 우리가 따르는 윤리가 아니라 우리가 베푸는 사랑의 종류다. 그 사랑을 하나님께 받아서 사람들에게 흘려보내면 그것이 우리의 관계방식을 근본적으로 바꾸어 놓는다.

남자들이 남성 수련회에서 하나님께 마음이 뜨거워지면 때로 그것이 기독교 윤리와 기독교 사역을 향한 열정으로 나타난다. 기독교 윤리는 시장에서 표출되고, 기독교 사역을 출범할 때도 시장의 자원이 소요된다. 둘 다 좋은 일이지만 거기서 끝난다면 좋지 않다. 거기서 더 나아가지 않으면 기독교의 영성은 일종의 윤리적 생활방식이나 사역적 생활방식으로 세속화된다. 그것이라면 그리스도인이 아닌 점잖은 남자들도 그리스도인 남자들만큼이나 쉽게 수용할 수 있다.

예수께서 갈보리를 견디신 것은 우리를 단지 윤리적으로 살게 하기 위해서가 아니라 우리의 관계방식을 변화시키기 위해서다. 그분은 자아 안으로 굽어진 남자를 자아 바깥으로 굽어진 남자로 변화시키신다. 그리하여 하나님을 드러내게 하시고 철저히 남성답게 하나님과 사람들을 사랑하게 하신다.

그리스도인 사업가가 공정하고 정직한 남자로 알려진다면 그것은 좋은 일이다. 하지만 그가 기회를 살피다가 포착하여 동료 남자의 외로움을 들어준다면, 그 남자를 그분의 잔치에 부르기 원하시는 하나님

을 기억한다면, 그 남자의 고민과 고통과 죄를 충분히 가까이서 잘 본다면, 복음의 진리를 가지고 그 남자의 삶 속에 들어가 복음의 지혜와 사랑과 능력으로 그것을 전한다면, 그것은 더 좋은 일이다.

세속화된 남자의 삶에 나타나는 많은 덕목은 착각을 유발한다. 그래서 이 남자는 자신의 관계방식이 나쁜데도 스스로 좋은 사람이라 자부할 수 있다. 대부분의 경우에는 자신의 관계방식이 나쁘다는 것조차 전혀 모른다. 대개 이런 남자의 생각 속에는 관계적 하나님을 드러내는 관계적 남성성이라는 개념 자체가 존재하지 않는다. 따라서 아내나 여자친구나 자녀나 친구와의 관계에서 벌어지는 문제는 상대방의 잘못으로 간주된다.

한 세속화된 남자는 답답하다는 듯 내게 당당히 말했다. "알다가도 모르겠습니다. 아내는 늘 잔소리가 끊이지 않아요. 어떤 때는 핀잔을 듣다못해 내가 그냥 폭발해 버립니다. 아내를 계속 사랑할 수 있는 방법은 적당히 거리를 두는 것뿐입니다. 아내의 문제가 무엇인지 도저히 모르겠습니다. 나는 그냥 잘 지내면서 함께 교회에 다니고 함께 사역하고 함께 삶을 즐기고 싶습니다. 내 아내를 꼭 좀 도와주십시오."

관계적 두려움을 직시하지 않는 남자는 자신의 관계적 죄를 결코 보지 못한다. 가끔씩 포르노를 슬쩍 보거나 밤낮없이 직장 일에 매달려 살거나 심지어 간음이나 외도를 해도 모두 정당해 보인다. 본인은 깨닫지 못하지만 그런 남자의 관계방식은 악착같이 자신을 보호하기 위한 것이다. 자신에게 관계적 영향력도 없고 진정 가치 있는 일을 할 능력도 없으니 거기서 자신을 보호해야 한다. 그는 가장 중요한 행복감을 얻기 위해 계속 개인적 권력에 의지한다. 선행에 능한 자신의 힘을 과시한다.

세속화된 남자는 자신이 아내와 모든 사람을 얼마나 한심하게 실망시키고 있는지 깨달아야 한다. 그래서 깨어져 무릎을 꿇어야 한다. 자신의 관계적 죄에 대해 하나님의 자비를 구해야 하고, 지금까지 아내의 영혼에 입힌 피해에 대해 아내의 용서를 구해야 한다. 그러기 전까지 그는 세속적인 남자들도 할 수 있는 선행을 계속할 것이고, 수많은 사람들이 자기를 좋아하는데 유독 아내와 신앙의 친구들만은 자기를 좋아하지 않는 이유를 몰라 답답해할 것이다.

이 남자는 남성답지 못하다. 하지만 남성다워질 수 있다.

남자 3-영적으로 중독된 남자

내 경우, 얄팍한 남자나 세속화된 남자의 죄는 선뜻 내 것으로 수긍되지 않는다. 개인적 권력은 나에게 만족감을 준 적이 없다. 그런 권력으로는 사람들에게 깊은 영향을 주지 못할 뿐더러 인간이 경험하는 혼돈과 고통 속으로 들어갈 수도 없다.

하지만 영적으로 중독된 남자의 초상은 거울 속의 내 모습과 불편할 정도로 닮아 있다.

친한 친구 하나가 내게 하는 말이 자신은 통찰에, 그것도 성경적 통찰에 중독되어 있다고 했다. 강단에서나 대화 중에 그는 겸손한 듯 당당하게 자신의 예리한 지혜를 과시하며 사람들의 감탄을 기대한다.

또 다른 친구는 쓸데없이 참견하는 질문으로 나를 귀찮게 했다. 나의 지적 능력이 쇠퇴한다 해도 여전히 사람들에게 영적으로 영향을

미칠 수 있겠느냐는 것이었다. 나는 세 가지 반응을 내놓았다. 첫째, 내가 믿기로 함께함 자체에 상대를 주님께로 더 가까이 이끄는 힘이 있다. 영혼끼리 소통하는 것 외에 다른 목적이 없이 그저 상대와 함께 있기만 해도 된다. 둘째, 내가 믿기로 함께함에 지혜가 더해지면 힘이 더 커진다. 지혜란 지성으로 받아 말로 전달하는 것이다. 예수님은 오셔서 우리와 함께하셨을 뿐 아니라 또한 우리를 가르치셨다. 셋째, 안타깝게도 나는 영향력을 미치는 방법으로 상대와 함께하기보다 지혜를 전달하는 데 더 의존한다. 나 자신을 주기보다 나의 생각을 주는 데 더 능하다. 그편이 덜 위험하다. 상대가 내 지혜를 거부하면 나는 우월감을 느낄 수 있다. 하지만 상대가 내 영혼을 거부하면 그것은 상처가 된다.

예전에 나는 뇌진탕을 일으킨 적이 있다. 내가 기독교계에 처음으로 두각을 드러내며 괜찮은 사상가로 인정받기 시작할 무렵이었다. 응급실 병상에 길게 누워 뇌의 엑스레이 결과를 기다리면서 나는 30분 동안 절규했다. "이제 나는 생각할 수 없구나!"

나의 신이 죽어가고 있어 무서웠다.

지금까지 나는 많은 목사들의 설교를 들었다. 그중 한 사람이 떠오른다. 그는 늘 성경 본문에서 여태 내가 보지 못했던 뭔가를 포착해 낸다. 내가 나를 아는지라 그에 대해서도 이런 의문이 든다. 자신의 설교에 대한 다음 두 반응 중 그는 어느 쪽을 더 좋아할까? "목사님, 오늘 목사님의 메시지를 통해 주님께서 제게 아주 의미심장하게 말씀하셨습니다." 그것일까? 아니면 이것일까? "목사님, 성경에서 그런 면을 보시다니 정말 대단하십니다. 저는 목사님의 도움이 없이는 절대로 보지 못할 것입니다. 목사님은 정말 하나님의 말씀을 깨닫는 통찰력이 뛰어나십니다."

영적으로 중독된 남자에게는 자신의 지혜를 인정받는 것이 누군가의 삶에 영향을 미치는 것보다 더 중요하다. 예컨대 당신은 이 책을 읽고 나서 성령의 감화를 통해 관계 면에서 좀 더 여성답게 또는 남성답게 될 것인가? 그러기를 기도한다. 그렇다면 당신은 친구들에게 이 책을 필독서로 소개하면서 어쩌면 여남은 권을 구입하기까지 해서 선물로 줄 것인가? 그러기를 바란다. 여기에 나의 의문이 있다. 두 번째 반응이 첫 번째 반응보다 더 나에게 힘이 될 것인가?

영적으로 중독된 남자는 가장 중요한 일을 부수적인 자리로 밀쳐낸다. 그러면 부수적인 일이 가장 중요한 자리로 즐거이 올라온다. 예컨대 지혜를 과시하여 인정받는 것도 부수적인 일이다.

지금까지 살펴본 내용의 요점을 정리해 보자.

- 얄팍한 남자는 깊이 없는 권력에 만족한다. 깊이가 없다는 것 자체도 좀처럼 알아차리지 못한다.
- 세속화된 남자는 선을 행하는 권력을 즐긴다. 하나님의 기준에 맞는 바른 관계에 대해서는 거의 생각이 없다.
- 영적으로 중독된 남자는 무엇이든 자신에게 있는 자원을 통해 남들보다 우월한 권력을 과시한다. 이를 통해 존중과 감탄을 얻어낸다.

이 남자들은 자신에게 심각한 문제가 있을 수 있음을 자각해야 한다. 성령께 자신의 마음을 살펴 달라고 간구해야 한다. 그렇지 않으면 두려움에 지배당하는 자신의 관계방식을 결코 인식할 수 없다. 아울러 육신을 부추기며 자력에 의지하는 그런 관계방식이 나쁜 것임을 깨달을 수도 없다. 그들은 남성다운 관계방식을 통해 사람들에게 하나님을 드러내야 하는데, 성령께서 보여주지 않으시는 한 그러한 갈망과 능력을 발견할 수 없다. 하지만 다행히 그들의 삶은 아주 달라질 수 있다.

진지하게 씨름하는 남자의 삶은 정말 다르다. 이 희망적인 남자의 모습은 따로 한 장을 할애해서 살펴볼 가치가 있다.

15
네 번째 남자
남성답게 변해 가는 남자

그리스도께 회심하여 제법 잘하고 있다(일부 나쁜 습관을 고쳤다는 의미에서) 싶으면 대개 그 사람은 당연히 만사형통을 기대한다. 질병이나 돈 문제나 새로운 유혹이 닥쳐오면 그는 실망한다. 그의 생각에, 이전에 악하게 살 때는 자신을 깨워 회개하게 하느라 그런 것들이 필요할 수도 있었다. 하지만 지금은 무엇 때문인가? 하나님이 그를 더 높은 차원으로 끌어올리시기 위해서다. 하나님이 허락하시는 상황 덕분에 그는 평생 꿈도 꾸지 못할 만큼 용기와 인내와 사랑이 아주 많아질 수밖에 없다. 우리에게는 그런 상황이 다 불필요해 보인다. 하지만 그것은 하나님이 우리를 엄청난 존재로 빚으시려 함을 우리가 아직 전혀 모르기 때문이다. C. S. 루이스[1]

사도 바울은 의심의 여지없이 매우 영적인 사람이었고 성령께서 자기 속에서 하시는 일에 순복했다. 그런 그가 자신의 내면세계에서 벌어

지는 일에 대해 고백하는 말을 들어 보라.

내가 행하는 것을 내가 알지 못하노니 곧 내가 원하는 것은 행하지 아니하고 도리어 미워하는 것을 행함이라(롬 7:15): 그 미워하는 것이 무엇인지 궁금하다.

원함은 내게 있으나 선을 행하는 것은 없노라(18절): 다른 곳들을 보면 그는 하나님이 우리에게 새 마음과 선을 행할 능력을 주셨다며 새 언약의 진리를 기뻐했다. 이 바울이 그 바울인가?

내가 원하는 바 선은 행하지 아니하고 도리어 원하지 아니하는바 악을 행하는도다(19절): 정말인가? 선을 행할 기회가 왔는데도 바울이 물리친 적이 있단 말인가? 오히려 행하지 않으려고 진지하게 씨름하던 악을 행했단 말인가?

로마서 7장에 나오는 바울의 말이 불러일으킨 논란을 당신도 아마 알 것이다. 그는 거듭나기 전의 자신의 삶에 대해 말한 것인가? 혹시 죄를 자각하던 시점에 대한 말인가? 아니면 그리스도인으로서 자신의 여정을 기술한 것인가? 그것도 초심자가 아니라 시험받고 연단되어 영적계발을 이루어 가고 있는 신자로서 말이다. "오호라, 나는 곤고한 사람이로다. 이 사망의 몸에서 누가 나를 건져내랴"(롬 7:24). 이것은 그리스도인의 말인가, 아니면 그리스도인이 아닌 사람의 말인가?

얄팍한 남자는 이런 말을 하기 어렵다. 세속화된 남자도 마찬가지다. 영적으로 중독된 남자라면 자신이 빠져 있는 중독을 미워하며 비슷한 말을 할 수도 있겠다. 하지만 바울의 이 말은 진지하게 씨름하는 남자의 입에서 가장 고통스럽고 절박하게 흘러나오는 말이다.

남자 4-진지하게 씨름하는 남자

믿을 만한 학자들의 주석을 통해서나 그리스도인 남자로서 60년에 걸친 나 자신의 현실적 경험을 통해서나 내가 확신하는 것이 있다. 헌신적으로 예수님을 따르는 사람들은 그분을 대면하여 뵐 그날까지 바울과 똑같이 고백할 수밖에 없다. 그들이 정직하다면 말이다.

씨름하는 삶을 기록한 아우구스티누스의 『고백록』은 잘 알려진 고전이다. 앞선 14장 첫머리에 소개한 스펄전의 말—"내 부족함 때문에 슬퍼하지 않은 날이 단 하루도 없다"—은 나에게 희망을 준다. 아우구스티누스와 스펄전과 심지어 바울 같은 위대한 그리스도인 남자들도 씨름했고 때로 실패했다. 그들도 해서는 안 될 일을 했다. 나처럼 말이다!

하지만 그들이 알았던 사실이 있다. 즉 회개하면 문이 열려, 그리스도 안의 새로운 삶을 성령의 새로운 방식대로 더욱 일관되고 충만하게 살아갈 수 있다. 또한 그들이 즐거워한 진리가 있다. 즉 지속적으로 회개하면 문이 늘 열려 있어, 하나님이 그리스도인 남자들에게 의도하신 새로운 방식대로 살아갈 수 있다. 지속적인 회개에는 관계적 죄를 날마다 회개하는 것도 포함된다.

바울은 예수님께 직접 배웠고 죽기 전에 실제로 천상의 세계를 보

았다. 또한 하나님이 성경의 많은 부분을 기록하는 일을 그에게 맡기셨다. 이러한 바울도 선을 행할 능력을 늘 발휘하지는 못했다. 선을 행하기 원하면서도 악이라 표현할 수밖에 없는 일을 되풀이해 행했다. 우리라고 더 나을 수 있겠는가? 어쩌면 우리는 하나님을 찬양하되 우리의 거룩함보다 그분의 은혜 때문에 찬양하는 법을 더 배워야 할 것이다.

영적 승리에 대한 우리의 사고방식을 고쳐야 할 수도 있다. 특히 불패의 승리를 약속하는 승리주의의 관점은 더욱 그렇다. 아우구스티누스나 스펄전이나 바울도 그런 승리는 경험하지 못했다. 여기 한 가지 제안이 있다. 진지하게 씨름하는 그리스도인 남자의 승리하는 삶이란 이런 것이다(물론 여자도 마찬가지다).

- 죄를 짓지 않는 삶이 아니다. 오히려 행실 면에서 때로 크게 실패하고 관계 면에서는 자주 크게 실패한다.
- 모든 죄를 미워한다. 죄의 낙에 강하게 끌릴 때도 마찬가지다.
- 죄에 맞서 치열하게 싸운다. 거룩하게 살아갈 수 있는 능력을 늘 간절히 알고자 한다.

승리의 증거는 다음과 같다.

- 죄를 범했을 때는 심령이 상한다. 간음과 같은 성적인 죄든, 부정직과 같은 행실의 죄든, 상처를 받았을 때 복수하는 것과 같은 관계적 죄든 모두 마찬가지다.

- 여전히 기복은 있지만 그래도 유혹에 점점 더 강하게 저항한다. 유혹의 힘이 약해지든 강해지든 마찬가지다.
- 패배하여 심령이 상했을 때도 능력을 구사하여 사람들을 사랑한다. 그 능력은 소망과 열망에서 온다. 영적 성취를 기뻐하는 게 아니라 그것을 가능하게 하는 하나님의 은혜를 기뻐하는 마음에서 온다.

바울의 말을 다시 들어 보라.

내 내면 깊은 곳에서 무엇인가 잘못된 것입니다. 그래서 나는 매번 패배하고 맙니다.

이는 너무도 반복적으로 일어나는 일이어서 충분히 예측할 수 있습니다. 내가 선을 행하기로 결심하는 순간, 벌써 죄가 나를 넘어뜨리려고 와 있습니다. 내가 정말 하나님의 명령을 즐거워하지만, 내 안의 모든 것이 그 즐거움에 동참하는 것은 아니라는 사실 또한 분명합니다. 내 안의 다른 부분들이 은밀히 반란을 일으켜서, 가장 예상치 못했던 순간에 나를 장악해 버립니다.

내가 할 수 있는 일을 무엇이든 해보았지만, 결국 아무 소용이 없습니다. 나는 벼랑 끝에 서 있습니다. 이런 나를 위해 무엇인가 해줄 수 있는 이 누구 없습니까? 정말 던져야 할 질문은 바로 이런 것이 아닙니까?(롬 7:20-24, 『메시지』)

물론 정말 던져야 할 질문이다. 하지만 얄팍한 남자나 세속화된 남자는 그 질문을 던지지 않는다. 영적으로 중독된 남자도 간절하게 묻지

는 않는다. 하지만 진지하게 씨름하는 남자의 마음에서는 바로 그 질문이 터져 나온다.

이 질문에는 답이 있다. 답이 있다는 사실 때문에 나는 "모든 영광을 하나님께!"라고 외치고 싶어진다. 하지만 명심해야 할 사실이 있다. 이 질문을 끊임없이 반복해야 한다는 것이다. 나는 지난 60년 동안 진지하게 씨름하는 그리스도인이었는데, 이 질문을 던지기를 멈춘 적이 없다.

내가 아는 그리스도인 남자들 중에 온갖 종류의 성적인 죄에 빠졌던 사람들이 있다. 더러는 지금도 빠져 있다. 스트립쇼 클럽, 성적 학대, 동성애, 간음, 정서적 외도, 여자처럼 옷 입기, 포르노, 배우자를 상대로 한 이기적인 섹스, 매매춘, 관음증, 백화점에서 예쁜 여자들 물색하기 등 얼마든지 많이 있다.

이런 남자들은 정말 그리스도인인가? 다수는 그렇다. 그들은 진심으로 그리스도를 따르기를 갈망하는가? 다수는 그렇다. 그들은 자신의 죄를 변명하며 거의 혹은 전혀 책임지지 않는가? 대부분은 그렇지 않다. 그들은 자기 소관 밖의 요인들 때문에 때로 죄를 물리치기가 불가능하다고 믿는가? 다수는 그렇지 않다. 오히려 그들 모두는 어느 정도 진지하게 씨름하고 있다.

또한 관계적 남성성을 향한 그들의 여정에는 저절로 따라오는 한 가지 이점이 있다. "그들은 차마 자신에게 죄가 없다고 믿지 못한다." 하지만 다른 남자들, 곧 얄팍하고 세속화되고 영적으로 중독된 남자들은 회개의 필요성을 거의 느끼지 못한 채 더 편하게 살아간다.

성령을 따라 행하라

바울은 우리에게 "성령을 따라 행하라"고 했다(갈 5:16). 이 말은 무슨 뜻인가? 다른 뜻이 더 있을 수 있지만 성령을 따라 행하는 삶에는 다음과 같은 것들이 포함된다. 우선 우리는 관계방식을 통해 하나님을 드러내지 못하는 매일의 실패를 민감하게 느끼고 겸손해져야 한다. 또한 관계적 죄를 악이라 부르며 미워해야 한다. 여성다운 여자와 남성다운 남자로서 바른 관계를 맺을 수 있는 능력을 달라고 간절히 기도해야 한다. 하나님을 영화롭게 한다는 궁극적 목적을 위해 살면서, 그분을 즐거워하고 사람들에게 그분을 드러내야 한다.

성령을 따라 행할수록 우리는 그만큼 더 로마서 8장의 다음과 같은 진리들에 감격하고 그 진리 안에서 살아가게 된다.

- 우리는 결코 정죄 당하지 않는다.
- 우리는 내주하시는 성령의 통치를 받는다.
- 우리는 마음껏 세상과 육신과 마귀를 대적할 수 있다.
- 우리는 더 이상 두려움의 노예가 아니라 하나님을 향하여 살아 있다.
- 우리는 이전의 심판자가 이제 우리의 아바 아버지임을 뜨겁게 인식한다.
- 우리는 유혹과 망가진 세상과 채워지지 않은 갈망 때문에 여전히 신음하지만, 싸움과 죄가 그칠 영원한 그날을 간절히 기다린다.

진지하게 씨름하는 하나님의 남자들은 스스로 의롭게 여기지 않으며

"이미 온전히 이루었다"는 환상에 빠지지 않는다. 그들은 자신의 두려움을 그대로 느끼고 자신의 죄를 직시하며, 그럴수록 하나님의 은혜에 대한 감사가 더욱 깊어진다. 은혜 덕분에 그들은 더 잘 사랑할 수 있고 남성다운 남자로서 사람들을 대할 수 있다. 예수님처럼 그들은 사람들의 부르짖음을 듣고, 하나님의 사랑을 기억하며, 죄로 고생하는 영혼들의 내면을 보고, 삶을 변화시킬 수 있는 영적 영향력을 가지고 움직인다.

III
관계적 죄를 분별하라
상한 심령, 생명을 발산할 기회

너희 중에 싸움이 어디로부터, 다툼이 어디로부터 나느냐. 너희 지체 중에서 싸우는 정욕으로부터 나는 것이 아니냐.……만일 우리가 죄가 없다고 말하면 스스로 속이[는]……것이요. 야고보서 4:1, 요한일서 1:8

우리는 남자와 여자로서 하나님을 닮은 공동체를 세우도록 지음 받고 부름 받았다. 그러려면 우리 안에 가장 살아 있는 것, 곧 그리스도 안의 새로운 피조물을 다른 사람들에게 발산해야 한다. 대인관계에서 우리의 궁극적인 목적은 하나님을 기쁘시게 하고 그분을 드러내는 것이며, 그리하여 천국과 그 나라의 관계적 아름다움을 이 땅에 임하게 하는 것이다. 하나님을 닮은 공동체는 우리가 그렇게 하는 정도만큼만 세워진다.

그런데 우리가 두려움에 지배당하면 관계의 목적이 변질된다. 즉 우리는 고통으로부터 자신을 보호하고 개인적 행복을 더 얻어내기 위해 사람들을 대하게 된다. 자기중심적인 관계는 관계적 죄이며 공동체를 파괴한다. 앞에서 남녀의 핵심적 두려움을 각각 살펴보았지만, 그 두려움을 덜기 위해 살아가면 우리는 하나님의 관계적 속성의 아름다움을 드러낼 수 없다. 나아가 남자와 여자로 지음 받은 본연의 목적도 이룰 수 없다. 그 목적이란 신의 공동체 안에 나타나는 하나님의 관계방식을 세상에 드러내는 것이며, 그리하여 인간의 공동체 안에도 천국의 아름다움이 임하게 하는 것이다. 그러려면 삼위일체의 사랑을 우리의 남성적 또는 여성적 관계방식을 통해 표출해야 한다.

이번 3부에서는 두 가지 질문을 살펴볼 것이다. 여성답지 못한 여자는 사람을 어떻게 대하는가? 남성답지 못한 남자는 사람을 어떻게 대하는가?

16
관계적 죄
우리의 혀, 쉬지 않는 암살자

죽고 사는 것이 혀의 힘에 달렸나니. 잠언 18:21

사람마다 듣기는 속히 하고 말하기는 더디 하며. 야고보서 1:19

누구든지 스스로 경건하다 생각하며 자기 혀를 재갈 물리지 아니하고 자기 마음을 속이면 이 사람의 경건은 헛것이라. 야고보서 1:26

또 배를 보라. 그렇게 크고 광풍에 밀려가는 것들을 지극히 작은 키로써 사공의 뜻대로 운행하나니. 이와 같이 혀도 작은 지체로되 큰 것을 자랑하도다. 야고보서 3:4-5

보라, 얼마나 작은 불이 얼마나 많은 나무를 태우는가. 혀는 곧 불이요 불의의 세계라.……혀는 능히 길들일 사람이 없나니 쉬지 아니하는 악이요 죽이는 독이 가득한 것이라. 야고보서 3:5-6, 8

지금부터 성경이 혀에 대해 뭐라고 말하는지 함께 생각해 보자. 이 내용을 늘 염두에 두고 이후의 논의를 진행할 것이다. 육신에 지배당하는 혀의 죄를 살펴보면서, 또한 관계적 죄로 인한 상한 심령이 어째서 생명을 발산할 기회인지 알아볼 것이다. 우리는 혀의 죄를 쉽게 간과하며 종종 과소평가한다.

- 관계적 죄는 부수적인 것이 아니라 치명적이다. 영혼을 파멸시키는 것은 총알이 아니라 말이다. 혀보다 더 예리한 검이나 혀보다 더 깊이 찌르는 검은 없다.
- 배는 강풍에 떠밀려 항로를 이탈한다. 하지만 선장이 조종하는 작은 키가 배를 계속 정해진 목적지로 가게 할 수 있다. 선장이 어리석으면 배가 점점 난파하기 쉬운 쪽으로 갈 것이고, 선장이 지혜로우면 배가 무사히 항구에 닿을 것이다. 마찬가지로 혀도 영혼을 둘 중 하나의 방향으로 조종한다. 육신에 지배당하는 영혼은 암초에 걸려 난파한다. 그 암초란 바로 자아를 보호하기에 급급한 태도다. 그러나 성령의 통치를 받는 혀는 영혼을 안전한 항구로 인도한다. 그 영혼은 아무리 항로에 바람이 거세도 하나님을 드러낸다.
- 우리의 말이 삼위일체 하나님의 관계적 에너지를 반사할 때는 틀림없는 사실이 있다. 초자연적 능력과 성령의 지혜가 역사하고 있다는 것이다. 반대로 우리의 말이 자아를 보호하고 방어하기 위해 사용될 때는 논박할 수 없는 사실이 있다. 본능의 힘과 미련한 육신이 지배하고 있다는 것이다.
- 죄를 범하는 순간, 관계적 죄보다 더 인지되기 어려운 죄는 없다. 게

다가 관계적 죄는 아주 정당해 보이기 때문에 그보다 더 회개에 저항하는 죄도 없다. 남성성과 여성성을 거역한 채 하나님을 드러내지 않을 때, 죽이는 독이 가득한 말보다 더 가해자와 피해자 모두에게 위험한 것은 없다.

- 여자가 가장 덜 여성다울 때는 (우리 문화의 관점과는 달리) 헤어스타일이 엉망이거나 몸매가 날씬하지 않거나 심지어 아무도 그녀를 보아주거나 원하지 않을 때가 아니라, 여자의 영혼이 닫혀 있고 말로 문을 잠글 때다.
- 남자가 가장 덜 남성다울 때는 (역시 우리 문화의 관점과는 달리) 돈벌이가 시원찮거나 몸이 허약하거나 인정받을 만한 영향력이 없을 때가 아니라, 남자의 영혼이 얼어붙어 있을 때다. 또한 공허하고 외로운 사람들에게 말로 희망을 불어넣어 주기보다 말로 자신을 보호하기에 바쁠 때다. 그는 자신이 초라하게 느껴지는 고통을 그렇게 말로라도 면하려 한다.

우리 모두는 날마다 말로 죄를 짓는다. 말을 할 때 우리는 초대하시고 움직이시는 하나님의 관계적 영광을 사람들에게 드러내려는 의도로 해야 한다. 거기에 미치지 못하면 죄를 짓는 것이다. 대인관계의 상처로부터 자신을 보호할 목적이나 남을 희생시켜서라도 자신의 행복감을 높일 목적으로 말을 해서는 안 된다. 그렇게 하면서도 정당하게 느낀다면 그것은 더 큰 죄다. 날마다 우리는 죽어 마땅한 우리 대신 죽어 주신 예수님께 감사할 새로운 이유가 있다.

관계적 여성성이나 관계적 남성성의 의미를 분명히 이해할수록 자신의 관계적 죄를 더 고통스럽게 인식하게 된다. 그것은 좋은 일이다. 자신의 부족한 모습 때문에 심령이 상하면 그것이 회개로 이어지기 때문이다. 회개할 때 우리는 남자나 여자로서 하나님의 영광을 위해 충만하게 살아간다는 불가항력의 비전을 받아들일 수 있다. 회개가 깊을수록 우리의 관계방식과 언어생활을 통해 하나님을 드러내려는 열정도 더 풍부하게 발산된다.

이제부터 3부의 취지로 넘어가, 남성성이나 여성성에 어긋나는 관계적 죄가 일상생활에서 어떤 모습으로 나타나는지 집중적으로 살펴보도록 하자. 또한 남성답게 말하고 여성답게 말해야 할 소명을 우리가 어떻게 거역하는지도 인식해야 한다.

여자의 관계적 죄

여자의 말이 여성다운 영혼에서 흘러나오면 듣는 사람들이 묘하게 그 말에 끌린다. 여성다운 영혼에서 흘러나온다는 것은 곧 초대하시는 하나님의 자비를 드러내려는 갈망으로 말한다는 뜻이다. 어떤 여자도 특정한 기준에 부합되는 올바른 말을 신중하게 골라야 한다는 압박감을 느낄 필요는 없다. 초대하는 말은 타인 안의 경건한 움직임을 환영하고 양육하려는 갈망의 발산이다.

한 여자의 여성다운 말은 다른 여자를 경쟁 없는 안식으로 끌어들인다. 그 안식이 자아를 과시하거나 보호하려는 욕구를 이긴다. 여자의 여성다운 말은 남자를 자극하되, 남자의 쾌락을 위해 여자를 이용하게 하는 것이 아니라 그녀를 소중하고 가치 있는 여자로 보고 다가

가게 한다. 남자는 여자를 본다. 그리고 그녀를 알고자 한다.

하지만 여성답지 못한 말은 관계를 멀어지게 하거나 가짜 친밀함을 만들어 낸다. 여성답지 못한 말이란 남이 나를 보아주고 알아주기를 바라는 욕심에서 비롯된 말이다. 한 여자가 통제나 방어의 자세로 다른 여자를 대하면 두 영혼은 결코 소통하지 못한다. 경쟁, 질투, 경멸, 위협 등이 서로를 멀어지게 한다. 간혹 인정 많은 여자가 딱한 동성 친구에게 이끌려 친구를 응원해 줄 수는 있지만, 그것은 가까운 사이라는 환상만 자아낼 뿐 사실은 친구의 나약한 의존성만 더 부추긴다.

남자들은 여성답지 못한 말에 단호한 짜증("제발 나를 통제하려 들지 마!"), 완강한 후퇴("그 얘기는 하고 싶지 않아!"), 방어적 도전("어쩌다 한 번은 나를 받아 줄 수도 있는 거 아냐!"), 이기적 이용("이봐, 어서 자자고!") 따위로 반응한다.

요컨대 여자의 말은 다른 사람을 끌어들이거나 반대로 멀어지게 한다. 여자는 여성다운 힘을 가지고 말할 수 있다. 이러한 열린 마음이 타인에게서 최선의 모습을 불러낸다. 상대가 최선의 모습으로 응하면 여자는 그것을 받아들인다. 반대로 여자는 여성답지 못한 힘을 가지고 말할 수도 있다. 이렇게 자신을 보호하려고 타인을 통제하면 사람들을 밀어내는 결과를 낳는다.

이러한 틀은 여자의 위치와 무관하게 똑같이 나타난다. 예컨대 여자는 아내, 약혼녀, 데이트 상대, 자매, 딸, 어머니, 친구, 고용주, 종업원, 동료, 사업가, 전문인, 목사, 소그룹 리더, 여성 사역 책임자, 상담자, 영성 멘토 등의 위치에서 말할 수 있다. 그밖에도 여자가 말할 수 있는 위치가 더 있다면 당신이 추가하기 바란다.

그중에서 특히 어머니의 위치를 예로 들어 보자. 주디와 다이앤은 둘 다 50대 후반으로 20대 후반의 아들 때문에 고민이 많다. 양쪽 다 아들이 힘들어하고 있으니 고민할 만도 하다. 한 아들은 결혼생활이 힘들고 신앙에 대한 회의가 있다. 다른 아들은 마약을 복용하며 기독교에 분노와 환멸을 느끼고 있다.

주디의 이야기

주디는 헌신적인 그리스도인이다. 그녀의 아들은 긴장된 부부관계와 영적 회의로 고생하고 있다. 그녀의 남편은 다른 면에서는 다 좋지만, 아들의 삶 속에 좀 더 직접 들어가야 하는데도 뒷전으로 물러나 있다. 주디는 그게 걱정이다. 아들은 힘들어하는데 남편이 가만히 있으니 주디 쪽에서 "도우려는" 충동만 더욱 강해진다. 남편이 해야 할 말을 자기라도 아들에게 해주어야 할 것 같아서다.

어머니의 관심은 잦은 전화 메시지와 꾸준한 이메일로 표현된다. 그녀는 아들의 근황을 물으며 어떻게든 힘닿는 대로 돕겠다는 뜻을 늘 상기시킨다. 아들이 답신을 보내는 일은 거의 없다. 그러던 중에 결국 아들이 점심을 함께하며 대화하기로 마지못해 수락했다. 주디의 보고에 따르면 대화는 다음과 같았다.

"그래, 요즘 마리와는 사이가 어떠냐?"

"그저 그래요."

"마리의 감정이 어떤지 물어보고 있니? 여자들은 남편이 물어봐 주는 것을 좋아하거든."

"조금요."

"그래, 마리가 뭐라더냐? 너한테 마음을 열던?"

"엄마, 우리가 알아서 할게요. 네?"

"얘, 나는 너를 도와주려는 것뿐이야. 네가 주님과 가까워질수록 결혼생활도 더 좋아질 거다. 정말이야. 너, 교회에는 나가고 있니? 너희 교회 목사님과 대화해 보면 어떨까? 내가 그 목사님을 알거든. 좋은 사람이야."

"엄마, 그냥 두세요."

"그래, 알아. 네가 알아서 해결하고 싶은 마음, 나도 존중한다. 하지만 누구나 다 약간의 도움이 필요할 때가 있는 법이야. 엄마가 기도하고 있다. 네가 성장해서 아내를 잘 사랑할 수 있도록 주님이 도와주실 거야. 생각해 봐, 주님은 못하실 일이 없잖니. 기도하면 변화가 나타나잖아."

"무슨 말인지 알았으니 이제 그만 딴 얘기 좀 해요. 안 그러면 저 갈 거예요."

나에게 그 대화를 보고한 지 이틀 후에 주디는 이렇게 물었다. "제가 더 할 수 있는 일이 무엇일까요? 저는 정말 돕고 싶어요. 어떻게 하면 남편을 설득하여 아들과 대화하게 할 수 있을까요? 아들에게 아버지의 관심이 정말 필요한 것 같거든요. 제가 정말 사랑하는 아들입니다."

주디는 진정한 그리스도인이지만, 자신이 아들과 남편과 나를 대하는 방식이 여성성에 어긋나는 관계적 죄임을 전혀 몰랐다. 아들은 그녀를 피했고 남편은 그녀를 참고 견뎠다. 나도 전혀 그녀의 여성적 아름다움에 끌리지 않았다. 우리가 듣기에는 그녀의 말이 약간 간섭이 심하다 뿐이지 그다지 나쁘지 않게 들릴 수 있다. 하지만 관계적 죄가 본래 그렇다. 대개 관계적 죄는 그저 부적절한 정도로 느껴진다. 하지만 아들의 귀에는 주디의 말이 이런 고통스러운 메시지로 전해진다. "너는 부족해서 관계를 바로 맺을 수 없다. 영향력이 없다. 어렸을 때 그래야 했듯이 지금도 내가 너를 이끌어 주마."

의도는 더없이 좋았지만 주디의 말은 아들에게 독으로 작용하고 있었다.

다이앤의 이야기

다이앤의 아들은 반항적이었고 마약을 복용했으며 교회를 혐오했다. 그런데 그녀가 대처한 방식은 달랐다. 다음은 그녀가 아들에게 보낸 편지다.

> 네가 기쁘게 살아가는 모습을 간절히 보고 싶구나. 나는 네가 내 아들이어서 정말 감사하단다. 너를 있는 그대로 사랑한다. 죽는 날까지 사랑할 것이야. 그동안 네 삶이 얼마나 힘들었고 교회가 얼마나 심하게 너를 실망시켰는지 생각하면 내 가슴이 미어질 듯 슬프구나. 교회는 그랬지만 예수님은 너에게 사랑과 은혜를 베푸신단다. 네가 그분을 보게 되기를 기도한다. 이 편지를 쓰는 지금도 나는 마음이 평안하다. 또한 너의 어머니가 되는 특권을 받아 누렸으니 영원히 감사할 것이야.

이 편지에서 내가 들은 것은 요구의 말이 아니라 초대의 말이다. 다이앤은 아들을 "도우려" 하기보다 아들에게 자신의 마음을 열었다. 편지를 읽고 나서 내가 물었다. "마음이 평안하다고 하셨지요. 하지만

하나님께 아들을 만져 달라고 10년 가까이 기도하셨는데, 적어도 겉으로만 보아서는 상황이 더 악화되었습니다. 그런데 왜 계속 기도하십니까? 계속 기도해도 응답이 없는데 어째서 마음이 평안하십니까?"

다이앤은 자기연민이나 교만의 기색이 조금도 없이 이렇게 대답했다. "이것은 제 영혼의 깊은 짐입니다. 이 문제로 주님과 대화하지 않고 훗날 그분을 만나고 싶지는 않아요. 저는 그분께 마음을 엽니다. 그분이 어련히 알아서 최선의 길로 행하실 것을 믿어요. 제가 그렇게 할 때 주님이 크게 기뻐하신다고 생각합니다. 제가 원하는 게 많지만 그것보다 더 간절히 원하는 것은 없어요."

다이앤은 자신을 위해 상대의 변화를 요구하지도 않았고, 상대가 변화되어야만 자신이 하나님께 계속 충성할 수 있다고 생각하지도 않았다. 물론 아들의 변화를 간절히 바라던 그녀의 마음은 정당한 것이었다. 그 후로 그녀는 세상을 떠났지만 내가 듣기로 아들은 현재까지 하나님을 떠나 있다. 하지만 다이앤은 이제 온전한 평안을 누리고 있다. 살아 있는 동안 그녀는 말로 관계적 여성성의 아름다움을 보여주었다. 결코 완벽하지 않았고 항상 그러지는 못했지만 그래도 자주 풍성하게 보여주었다. 상심이 깊은 중에도 그렇게 했다.

어떠한 상황에서도 하나님을 드러낼 수 있다. 하지만 여자는 자신이 싸우고 있는 전투를 알아야 한다. 이 싸움의 적은 결코 난폭하거나 수동적인 남편, 반항하는 아들, 비판적인 부모나 친구가 아니다. 건강이 나쁘거나 돈이 없는 것, 공황장애나 우울증도 아니다. 여자의 적은 공

포에 이끌려 주변 사람들을 통제하려는 자신의 욕구다. 관계에서 최고의 우선순위를 상처로부터 자기 마음을 보호하는 데 두는 것이다. 이 적을 무찌를 수 있는 것은 성령께서 주시는 갈망, 곧 초대하시는 하나님의 속성을 말로 드러내려는 갈망뿐이다. 여자의 말은 다른 사람을 끌어들일 수 있다. 그 말에 반응하는 사람들은 반드시 양분을 얻어 본연의 자아에 더 가까워진다.

헌신적인 그리스도인까지 포함해서 여자가 깨닫기 어려운 사실이 있다. 타인을 변화시키려는 여자의 노력은 자신의 행복을 얻어내려는 강한 집착으로 오염되어 있다. 그 집착이 사랑을 위태롭게 한다. 여자의 평안이 타인의 반응에 달려 있다면 그런 여자의 말은 초대하시는 예수님의 속성을 드러낼 수 없다.

남자의 관계적 죄

남자가 생명을 말하면 사람들이 소통의 기회를 인식한다. 그들은 거기에 끌려들거나 아니면 겁을 먹는다. 우선 그에게 남자가 끌려드는 경우에는 기회를 놓치지 않고 두 남자가 있는 그대로의 모습으로 만난다. 가식이나 허세가 별로 없이 서로 격려해 줄 수 있는 만남이다. 이에 힘입어 두 사람 모두 자신이 가장 소원하는 존재가 될 수 있다. 반대로 겁을 먹는 남자는 뒤로 물러난다. 오만하게 경멸하거나 분노할 때가 많다.

이 남자에게 여자가 끌려드는 경우에는 조심스레 기회를 살려 친구나 연인으로서 자신을 연다. 그녀는 남자가 자신을 보아주고 원하기

를 감사의 마음으로 희망한다. 나아가 경건한 움직임을 받아들여 양육하려는 기대감도 있다. 반면에 여전히 두려움에 지배당하는 여성답지 못한 여자는 몸을 사리며 물러나 안전거리를 띄우고 자신을 보호한다.

기독교 공동체 안에는 남자들과 여자들이 소통의 다리에서 만날 수 있는 기회가 상존해야 한다. 그런데 현실은 그렇지 못하다. 남자들은 남성답지 못하게 말할 때가 너무 많다. 그들은 다리의 한쪽 끝을 떠나지 않는다. 굳이 실패를 무릅써 가며 관계의 소통을 시도할 마음이 없다. 듣고 기억하고 보고 움직일 의향이 없다. 자기가 잘하는 일 쪽에 남아 있는 편이 낫다. 그러면 괜히 부족한 모습이 탄로 날 소지가 적다.

남자의 관계적 죄는 말로 입증된다. 말을 하는 목적 자체가 자신의 능력을 과시하거나, 남의 존중을 얻어내거나, 자신을 대단한 존재로 느끼기 위해서다. 그래서 남자의 관계적 죄는 결코 타인 안에 생명을 불어넣어 주지 못하며 오히려 사람들의 생기를 앗아간다. 아내들은 남편의 손길을 느낄 수 없고, 자녀들은 아버지의 관심을 느낄 수 없다. 친구들도 거리감을 느낀다. 남자가 남편, 약혼자, 데이트 상대, 형제, 아들, 아버지, 친구, 고용주, 종업원, 동료, 사업가, 전문인, 목사, 소그룹 리더, 남성 사역 책임자, 상담자, 영성 멘토 등 어느 위치에 있든 마찬가지다. 남자의 말은 사람들 안에 생명을 불러일으킬 수도 있고 사람들의 영혼을 죽일 수도 있다.

두 남자의 사례가 떠오른다. 하나는 관계적 죄를 보여주고 또 하나는 관계적 거룩함을 보여준다. 남편으로서 소통할 기회는 양쪽 모두에게 있었다.

네이던의 이야기

네이던의 아내는 뚜렷한 이유도 없이 갑자기 우울증에 빠졌다. 매사에 의욕을 잃고 힘들어했다. 목사인 그는 아내의 곁에서 아내를 지켜주기로 다짐했다.

그가 아내에게 해주는 말은 자신에게 좋게 들렸고, 그가 속마음을 털어놓는 교회의 몇몇 남자들에게도 좋게 들렸다. 이런 말이었다. "여보, 당신은 이겨낼 수 있어요. 당신만 좋다면 주말에 둘이서 어디라도 다녀옵시다. 그냥 쉬면서 재충전하는 시간으로 말이오. 비용은 걱정할 것 없어요. 내가 어떻게든 마련해 보리다." 아내는 희미한 미소를 보였고 그는 거기에 힘을 얻었다.

항우울증 치료제의 영향으로 서서히 절망감이 무디어지면서, 온통 검정색이던 그녀의 기분이 암회색으로 밝아졌다. 네이던은 정신과의사에게 자기가 어떻게 더 아내의 회복을 도울 수 있겠느냐고 물었다. 그에게서 조급증의 기미를 감지한 의사는 우울증이 때로 장기간 질질 계속될 수도 있다고 주의를 주었다. 네이던은 진지하게 고개를 끄덕이면서도 속으로 이렇게 생각했다. '이 의사는 그리스도인이 아니다. 나는 기도의 능력을 믿는다.'

네이던은 계속 최선을 다했고 자신의 그런 수고에 자부심을 느꼈다. 하지만 아내의 병세는 차도가 없었다. 그러다 뜻밖의 일이 벌어졌다. 아내의 우울증이 오래갈수록 그는 성적인 공상을 떨치기가 힘들어졌다. 처음으로 그는 인터넷에서 자극이 될 만한 포르노 사이트를 찾았다.

우리는 만나서 대화했다.

네이던은 이렇게 말했다. "어찌된 일인지 모르겠습니다. 아내가 섹스에 관심이 없긴 하지만 그렇다고 이 새로운 성적 욕구가 순전히 그것 때문만은 아닌 것 같습니다. 어차피 우리 부부의 성생활은 썩 좋았던 적이 없거든요. 아내는 잘 응하는 편이지만 적극적이지는 않았습니다. 이런 성적 유혹이 아내의 우울증과 상관이 있는 것 같긴 한데 어떻게 그런지를 모르겠단 말입니다. 내 딴에는 정말 아내에게 잘해주고 있지만, 내 노력이 부족한지도 모르겠습니다. 아내는 나아지지 않고 있어요."

"계속 노력해도 결과가 없을 때 어떤 기분이 드십니까?" 내가 물었다.

"내 속에 분노라도 있다는 말입니까? 물론 실망감과 심한 좌절감이야 들지요."

"과거에 실패한 일은 무엇입니까?" 내가 내처 물었다. "지금은 교회도 성장하고 있고 자녀들도 다 아주 잘하고 있잖아요. 신학교 생활도 잘하셨고 말입니다."

"나는 지금 실패하고 있는 게 아닙니다. 아내의 삶을 조금이라도 더 편하게 해주려고 날마다 최선을 다하고 있습니다. 요리도 하고 빨래도 하고 최대한 자주 집에 있습니다. 이 이상 더 어떻게 해야 될지 모르겠군요."

본인은 몰랐지만 네이던이 아내에게 다가간 궁극적 목표는 하나였다. 아내에게 영향을 미쳐 자신의 능력을 입증하는 것이었다. 아내에게 차도가 없자 오랜 세월 부정해 온 그의 공허감이 되살아났다. 처음에 그는 그것을 아버지를 통해 느꼈다. 그의 아버지는 사내답게 성공해서 이름을 떨치라고 그를 몰아붙였다. 자신에게 영향력이 없을지도 모른다는 공포가 새롭게 도지자 네이던은 그 공포 때문에 아내에게 분노를 느꼈고 자신에게는 수치를 느꼈다. 그러면서도 그것을 인정하지 않았다. 그는 또한 남자로서 살아 있음을 느끼고 싶은 욕구가 치솟았다. 포르노의 쾌락은 남성성에 실패할 위험 없이 남자가 된 기분을 맛보게 해주었다. 컴퓨터 화면의 성적인 장면들은 남성답게 다가가지 않고도 수동적으로 즐길 수 있는 것이었다. 포르노는 통했다. 부당한 목표가 성취되었다. 네이던은 스스로 떳떳했고 회개할 필요를 느끼지 못했다.

웨인의 이야기

나는 네이던을 이해하지만 그와는 소통이 되지 않았다. 나는 나 자신의 관계적 죄를 인식하고 있다. 그래서 내가 얼마나 깨어졌는지는 모르지만 그 깨어짐의 정도만큼 나는, 자신의 관계적 실패를 별로 인식하지 못하는 남자와는 가장 깊은 차원에서 소통이 안 된다. 그런데 웨인의 경우는 달랐다. 그와 나는 씨름하는 두 남자로서 소통했다. 우리는 관계적 죄와 남성다운 움직임 사이에서 비슷한 싸움을 싸우고 있었다. 아무리 겉으로는 듣기 좋게 말해도, 우리의 혀가 곧 죽음의 비수가 될 수 있음도 둘 다 인식하고 있었다.

헌신적인 그리스도인인 웨인은 아내를 사랑했지만 종종 아내가 원망스러웠다. 과거에 그의 어머니는 통제가 심했고 아버지는 밖으로 겉돌았다. 그러다 보니 그는 자기를 참으로 알아줄 여자와 자기에게 관심을 가져 줄 동성 친구가 못내 아쉬웠다. 본인도 그것을 알고 있었다. 하지만 그가 살다가 쓰러져 두려움을 내보이려 하면, 아내는 뭔지

모를 침묵 속에 뒤로 빼거나 아니면 격려한답시고 우스갯소리를 했다.

그는 나에게 이렇게 말했다. "어떤 때는 정말 화가 납니다. 실망이라기보다 분노라고 해야겠지요. 아내는 자기가 명랑하고 쾌활하게 대하기만 하면 내가 나아질 거라고 생각하는 모양입니다."

"화가 날 때는 어떻게 하고 싶습니까?" 내가 물었다.

"그냥 아내를 피하고 싶어요. 그래서 괜히 바쁘게 일하고 뭔가를 먹습니다. 어떻게든 내 외로움을 외면하려고 말이지요. 하지만 이제 압니다. 그건 내가 살아 있음을 하나님이 없는 상태에서 느끼려는 것입니다. 정말 내가 하나님 안에서 살아 있음을 알려면 그분을 경험해야 하고, 그분을 경험하려면 나의 관계방식을 통해 그분을 드러내야 한다는 것도 압니다. 하나님처럼 아내에게 다가가야 합니다. 이건 싸움입니다. 하지만 그렇게 다가가면 왠지 내 속이 더욱 차오르는 느낌이 듭니다. 아내의 속마음이 어떨지를 더 생각합니다. 아내가 내 바람대로 반응하든 그렇지 않든, 어떻게 하면 아내에게 그리스도를 대변할 수 있을지를 더 생각합니다. 그러면 내가 살아 있음이 확실히 느껴집니다."

"더 중심에 가닿은 기분, 기쁨 같은 것인가요?"

"늘 그렇지는 않지만 맞습니다. 아내에게 나와 함께 있으면 안전하다는 느낌을 주고 싶어요. 내가 아내를 인정하고 보아주고 원한다는 것을 아내가 느꼈으면 좋겠습니다. 이런 마음이 들기는 처음입니다." 거기서 웨인은 살짝 미소를 지으며 이렇게 덧붙였다. "내가 정말 그리스도인이기는 한가 봅니다. 그분이 아니었다면 내 안에 이런 갈망이 생겨날 리가 없으니까요."

이 남자는 지금 싸우는 중이다. 이것이야말로 제대로 된 싸움이다.

아내를 설득하여 자신의 공허를 채우려는 싸움이 아니라 자신의 남성다운 열망을 발견하고 발산하려는 싸움이다. 남성다운 열망이란 바로 사람들에게 다가가시는 그리스도를 드러내려는 열망이다. 웨인은 아내에게 다가가 아내의 부르짖음을 듣고, 받을 자격이 없는 하나님의 은혜를 기억하고, 아내가 똑똑히 보일 때까지 아내의 영혼을 들여다본다. 그것이 그의 싸움이다. 그 다음에 그는 말을 통해 움직인다. 그의 말에는 복음의 사랑으로 아내의 영혼에 가닿으려는 갈망이 담겨 있다. 그는 자신의 혀를 생명의 도구로 쓰는 법을 배우고 있다. 웨인이나 나나 배움의 진도는 더디다. 하지만 우리는 이 길이 생명에 이르는 길임을 믿는다.

관계적 여성성과 관계적 남성성에 이르는 싸움에 돌입하려면 관계적 죄를 인식하고 전쟁을 선포해야 한다. 이것은 내전이다. 한쪽에는 자아의 요구에 집착하는 육신이 있고, 다른 한쪽에는 새로워진 인간의 심령이 있다. 그 심령은 하나님을 즐거워하기를 갈망하며, 그래서 그분의 관계적 속성을 사람들에게 드러내려고 한다.

전쟁을 선포해야만 관계적 죄의 위력을 실감할 수 있다. 그런데 패배가 확실해 보인다. 자아를 챙기려는 충동은 너무 강해서 물리칠 수 없다. 여성다운 여자나 남성다운 남자로서 사람들을 대하는 것이 승리인데, 그 승리는 우리의 능력 밖이다.

바로 그때 진지하게 씨름하는 남자들은 이렇게 부르짖는다. "아, 나는 비참한 바보다. 내가 되고 싶은 모습은 이게 아니다! 나는 벼랑 끝

에 서 있다. 죄로 망가져 있고 내 속에 선이 없다. 누가 나를 그리스도의 관계적 형상으로 빚어 줄 것인가? 나는 충만하게 살아 있고 싶고, 사람들에게 사망의 말이 아닌 생명의 말을 하고 싶고, 나의 기적적인 관계방식으로 하나님의 경이로운 관계적 영광을 알리고 싶다. 그것밖에 바라는 게 없다. '이 관계적 죄인을 불쌍히 여겨 주소서.' 내 상한 심령의 밑바닥에서 터져 나오는 부르짖음이다."

전쟁이 선포되려면 관계적 죄가 드러나야 한다. 불가피한 패배는 필사적인 의존을 부추긴다. 내 안에 계신 그리스도만이 내 관계적 영광의 유일한 소망이다. 바로 여기서 우리의 중심을 찾는 일이 시작된다. 그것은 남녀 인간의 영혼 안에 있는 하나님의 생명을 찾는 일이다. 그 생명이 우리의 관계방식과 언어생활에 원동력과 길잡이가 되어 준다.

17
중심이 존재한다
우리의 과오는 그 중심에 무관심한 것

하나님은 어긋난 우주를 바로잡으시려고 열정과 사랑으로 자신의 마음을 활짝 여셨다. 하나님의 중심—성부와 성자 사이의 사랑—이 이제 우리의 중심으로 주어졌다. 하나님의 마음이 활짝 열린 것은 우리 중에 가장 가망이 없는 최악의 사람들까지도 품어 주시기 위해서다.

이렇게 자기를 비우고 우리를 추적하시는 하나님의 사랑 때문에 우리는 그분의 친구가 되고 삼위일체의 교제에 동참하게 된다. 이것이 기독교의 본질이다. 나머지는 다 거기에 대한 해설이다.

중심을 찾는 것이 거룩함의 첫 번째 길이며, 그 중심이란 바로 하나님의 사랑이다. 로버트 배런[1]

"하나님은 어떤 생각으로 우리를 남자와 여자로 지으셨는가?" 내가 이 책을 쓰고 있는 목적은 그 하나의 질문에 답하기 위해서다. 하나님은 모든 일을 자신의 영광을 위해 하신다. 자신을 드러내 사람들에게

유익을 끼치려 하신다. 그렇다면 인간을 남자와 여자로 지으신 것이 어떻게 그분께 영광이 되는가?

우리는 하나님의 사랑 이야기 안에서 자아를 잃어야 자아를 찾을 수 있다. 복음은 모든 남자와 여자를 그곳으로 부른다. 따라서 내가 던지는 질문은 적어도 진지하게 생각해 볼 만큼은 중요한 문제다.

이 책을 여기까지 읽었으니 당신은 적어도 두 가지를 알고 있다(물론 그 이상이기를 바란다!). 첫째, 나는 우리 모두가 이 질문을 던지고 답을 찾아야 한다고 굳게 믿는다. 내가 보기에 이것은 그 정도로 중요한 문제다. 둘째, 나는 우리 모두가 던져야 하는 이 질문의 답이 성경에 나와 있다고 믿는다.

하나님의 뜨겁고 간절한 목적은 자신을 계시하시는 것이다. 세 인격체의 한 공동체로서 자신을 우리에게 주시는 것이다. 우리는 그 공동체를 한없이 즐거워하고 닮고 드러내도록 지음 받았다. 좀 더 전통적인 방식으로 말해서, 하나님은 모든 일을 자신의 영광을 위해 하신다.

하나님이 우리를 남자와 여자로 지으신 것도 자신의 영광을 위해서다. 여자와 남자로서 우리는 하나님의 관계방식을 닮은 관계방식으로 이 땅에서 그분을 영화롭게 한다. 하지만 그분의 관계방식은 워낙 신기하고 놀라워 우리 힘으로는 닮기는 고사하고 가히 상상할 수조차 없다.

본래 우리가 드러내야 할 하나님의 모습이 있다. 그 모습을 우리는 그분의 형상을 지닌 성적 존재로서 남녀가 각기 독특하게 누리고 드러

내도록 되어 있다. 예수님은 인간을 대하시는 방식을 통해 아버지를 충만하게 드러내셨다. 그래서 이제 성령은 우리를 "작은 그리스도"로, 곧 여성다운 여자와 남성다운 남자로 빚고 계신다. 여성다운 여자는 하나님의 아름다운 초대를 드러낸다. 하나님은 우리를 그분의 춤으로 초대하신다. 남성다운 남자는 하나님의 아름다운 움직임을 드러낸다. 그분의 움직임 덕분에 이제 우리도 다른 사람들을 그 춤으로 초대할 수 있다.

나는 당신이 관계방식을 통해 좀 더 충만하게 살아 있는 남자나 여자가 되기를 바란다. 이 책이 당신을 그러한 쪽으로 끌어 주기를 기도한다. 당신이 이 개념을 진지하게 생각했으면 좋겠다.

하지만 나는 이에 대한 다른 네 가지 반응도 상상할 수 있다. 분명히 상상이 되는 이유는 내 머릿속에도 그것들이 다 스쳐 갔기 때문이다.

첫째, 이것은 불가능하다. "나는 그렇게 살 수 없다. 너무 위험하고 너무 어렵다. 좋은 대우를 받으리라는 보장도 없이 여자인 나 자신을 열라는 말인가? 그것은 일종의 성희롱을 자초하는 일이다." "당신의 말은 내 심기에 거슬린다. 성공해서 유능한 남자로 인정받는 삶을 버리란 말인가? 대신 어떤 희생을 무릅쓰고라도 사람들을 축복하려는 목적으로만 그들에게 다가가란 말인가? 말도 안 된다. 어리석은 일이다!"

둘째, 이것은 비실제적이다. "너무 애매하다. 당신의 말을 알아듣겠고 관계를 잘 맺어야 한다는 개념에 마음이 끌린다. 하지만 여성다운 방식이나 남성다운 방식으로 관계를 맺는다는 말이 정확히 무슨 뜻인지 통 모르겠다." "나는 구체적인 계획이 짜여 있어야 마음이 더 편한 사람이다. 삶을 관리하는 법을 알아야 매사가 제대로 돌아갈 가능성이

극대화된다. 나는 공식과 요령을 따르는 게 더 좋다. 애매하고 신비로운 개념은 어떻게 적용해야 할지 모르겠다."

셋째, 이것은 비현실적이다. "그리스도인답지 않아 보일지 모르겠지만, 솔직히 말해서 나는 당장 발등에 떨어진 불이 더 급하다. 내가 영적으로 여성다운 여자로 빚어지고 있는지는 나중 일이다. 우리 아이는 중증 학습장애가 있다. 생활비를 버는 일도 쉽지 않다." "나는 남성성보다 낙태, 마약, 경제, 테러가 더 걱정된다." "무슨 말인지는 알겠다. 나의 관계방식을 통해 사람들에게 하나님이 어떤 분이신지 알리는 것은 중요한 일이다. 하지만 집에 불이 났으면 먼저 불부터 꺼야 한다. 옆집 사람과 진지한 대화를 나누는 것은 그 다음 일이다."

넷째, 이것은 불필요하다. "나는 이미 헌신된 그리스도인이다. 하나님의 영광을 위해 살기 원한다. 선교 여행도 몇 번 다녀왔고 소그룹 성경공부도 인도하고 있다. 도덕적이고 책임감 있게 살고 있으며 예수님을 사랑한다. 가족들과 친구들을 잘 사랑하려 최선을 다하고 있다. 무례하게 말할 뜻은 없지만 관계적 여성성과 관계적 남성성에 대한 이 모든 개념은 부차적인 문제로 느껴진다." "당신은 본질이 아닌 문제를 신앙적인 것처럼 말해 나를 혼란에 빠뜨리고 있다. 나는 계속 최선을 다해 그리스도인의 삶에 충실할 것이다. 진리를 믿으며 옳은 길을 갈 것이다. 나는 자신의 변화보다 세상의 변화에 더 관심이 많다."

당신도 이 책의 내용에 이 넷 중 하나로 반응하고 있다면 생각해야 할 것이 있다. 목표가 너무 낮은 그리스도인들은 결코 자기 영혼의 중심을 발견하지 못한다. 그곳은 하나님이 살고 계시는 곳이다. 또 그들은 영성계발을 이루고 싶은 주체할 수 없는 갈망을 결코 알지 못한다.

어떠한 희생을 무릅쓰고라도 사람들에게 그리스도를 드러내려면 영성계발이 꼭 필요하다. 아울러 그들은 남자와 여자로서 하나님의 영광을 위해 충만하게 살아갈 능력을 결코 경험하지 못한다.

하나님의 사랑이 우리의 중심이 되어야 한다. 우리의 삶을 관통하는 원리도 사랑이어야 하고, 우리의 관계를 지배하는 원동력도 사랑이어야 한다. 그러기 전까지 우리는 사람들로부터 자신을 방어하거나 사람들을 통해 자신을 보호하기 위해 살아갈 것이다.

중세의 위대한 가톨릭 신학자 토마스 아퀴나스는 사랑이란 타인의 유익을 구하는 것이지 타인—예수 그리스도를 제외한—을 통해 자신의 유익을 구하는 것이 아니라고 했다.

생각해 보라. 예수님처럼 말 그대로 하나님 나라를 이 땅에 임하게 한다는 말은 무슨 뜻인가? 인성 안에 신성을 드러낸다는 말은 무슨 뜻인가? (일각의 표현처럼) "신화"神化란 무엇인가? 명망 높은 교회 역사가 갓프리 디크먼(Godfrey Diekmann)이 92세였을 때 로버트 배런 교수가 그에게 물었다.

"갓프리, 당신이 다시 젊어져 바리케이드에 올라갈 수 있다면 현대 교회의 무엇을 위해 싸우겠습니까?"

디크먼은 매우 연로했지만 사고는 더할 나위 없이 예리했고 심장은 뜨겁게 불타고 있었다. 배런은 이렇게 썼다. "그는 내 무릎 위에 지팡이를 내려놓으며 잠시도 주저하지 않고 '신화'라고 말했다."[2]

신화(deification)란 "신처럼 되어 인간관계 속에서 신의 속성을 드러

내는" 것이다. 초대 교회 교부들이 쓰던 헬라어 표현(*theiosis*)이 나중에 라틴어 단어(*deificatio*)로 옮겨졌다. 예수께서 아버지께 하시는 말씀을 들어 보라. "내게 주신 영광을 내가 그들에게 주었사오니"(요 17:22). 여기서 그분이 말씀하시는 영광은 어느 것인가? 삼위일체 하나님의 제2위께서 영원 전부터 알고 계시던 그 신성의 영광인가? 아니면 인간 예수로 성육신하실 때 그분께 주어진 관계적 영광인가? 그분은 영원토록 온전히 신인 그리스도이시지만, 또한 온전히 인간인 예수이시다. 이 구절의 영광은 인간으로서 자신의 관계방식을 통해 아버지의 관계방식을 드러내시는 예수님의 능력을 말하는가?

그렇다. 바로 그것이 예수께서 우리에게 주시는 영광이다. 그 영광이 우리에게 하나님을 영화롭게 할 수 있는 기회, 곧 인성 안에 신성을 드러낼 수 있는 기회를 준다. 그리하여 우리도 아버지와 아들이 하나이신 것처럼 "하나가 될" 수 있다(참조. 요 17:22). 이것이 복음, 곧 신화의 복음이다. 그렇게 우리는 "작은 그리스도"가 된다. 서로의 관계방식을 통해 삼위일체의 생명을 드러내는 남자와 여자가 된다.

본래 우리는 지금 이상의 존재다. 하나님의 영광을 위해 관계적 여성성과 관계적 남성성 안에서 충만하게 살아가도록 되어 있다.

- 이것은 불가능한가? 그렇다. 하나님의 생명이 우리 영혼의 심연을 가득 채우지 않는다면 불가능하다. 예수께서 아버지께 받으신 영광을 정말 우리에게 주시지 않았다면 불가능하다.
- 이것은 비실제적인가? 어떤 의미에서 물론이다. 밟아야 할 단계 같은 것은 없다. 관계 속의 만남마다 일일이 어찌해야 하는지 정확히 알려

주는 공식은 없다. 하지만 우리는 하나님의 에너지에 박자를 맞추어 살아가는 법을 배울 수 있다. 그 에너지가 예수님의 모든 말씀과 행동의 원동력이었다.

- 이것은 비현실적인가? 역시 그렇다. 본래 누리도록 지음 받은 모든 것을 이 세상에서만 찾으려 한다면, 그것이 우리의 목표라면, 이것은 비현실적이다. 하지만 우리의 가장 깊은 갈망이 거룩해지는 것이라면 이보다 더 현실적인 것은 없다. 여성다운 여자와 남성다운 남자로서 충만하게 살아가는 삶보다 더 우리를 기쁘게 하는 것은 없다. 이것은 새로운 중심으로부터 새로운 방식으로 살아가는 삶이다.
- 이것은 불필요한가? 영성계발이 우리에게 중요하다면 우리의 중심으로부터 살아갈 수 있는 기회는 절대적으로 필수다. 이것은 소중히 여겨야 할 선물이다.

중심은 존재한다. 그것은 내가 아니라 내 안에 계신 그리스도다. "관건은 우리가 거룩해지는 것이다. 즉 하나님 자신의 생명으로 활활 타오르는 것이다."[3] 록 기타리스트 에릭 클랩튼은 말하기를, 자신이 악기를 가장 잘 연주할 때는 악기가 자신을 연주할 때라고 했다. 우리도 삶을 가장 잘 연주할 때는 하나님의 중심이 우리를 연주할 때다.

우리 그리스도인들은 새로운 중심을 받았다. 그것은 더 이상 자기중심적인 육신의 에너지가 아니라 타인중심적인 성령의 열정이다. 배런의 말대로 "우리의 첫 번째 책임은 그것을 환영하는 것이다."[4] 하지만 새로운 중심으로부터 새로운 방식으로 살아가는 삶을 불가능하거나 비실제적이거나 비현실적이거나 불필요하다고 생각한다면, 우리

는 이 선물을 무시할 것이다.

여자는 그리스도의 초대를 환영하려는 열망이 다른 모든 갈망보다 앞서야 한다. 그분이 삼위일체와 더불어 춤추자고 그녀를 부르셨듯이 여자도 자신의 관계방식을 통해 다른 사람들을 똑같이 초대해야 한다. 그런 여자는 목자가 잃어버린 양을 찾듯이 간절히 자신의 중심을 찾을 것이다. 자신의 영혼 안에 하나님의 중심이 깃들어 있음을 깨달을 것이다. 그 중심에 힘입어 그녀의 관계적 여성성이 하나님의 영광을 위해 살아날 수 있다.

남자는 그리스도를 통해 근본적으로 변화되려는 갈망이 인정과 존중을 바라는 마음보다 강해야 한다. 그분이 그의 영혼 속에 들어오셨듯이 남자도 자신의 관계방식을 통해 다른 사람들에게 똑같이 다가가야 한다. 그러한 남자는 탕자의 아버지가 아들을 찾듯이 자신의 중심을 찾을 것이다. 자신의 영혼 안에 하나님의 중심이 심겨져 있음을 깨달을 것이다. 그 중심에 힘입어 그는 하나님처럼 다른 사람들 속으로 들어갈 수 있고, 그리하여 그의 관계적 남성성이 하나님의 영광을 위해 살아날 수 있다.

우리 각자 안에 하나님의 중심이 있는데 어떻게 우리가 거기에 무관심할 수 있겠는가? 우리의 전부를 지으신 분을 기쁘시게 하고자 우리의 전부로, 곧 남자와 여자로 살아갈 수 있는데 어떻게 그 이하를 바랄 수 있겠는가? 은혜로 초대하시고 희생으로 다가오시는 하나님의 관계적 영광을 두고 어떻게 다른 것을 더 중시할 수 있겠는가? 그 영광이 곧 우리의 중심이며, 지금부터 영원토록 정말 의미 있고 충만하게 살아갈 수 있는 기회다.

중심이 존재한다. 그것은 우주의 중심이고, 성부와 성자 사이에 영원히 오가는 사랑이며, 두 분의 끊을 수 없는 소통의 다리다. 이제 그 중심이 우리의 중심이 되었다. 우리의 중심은 우리의 새로운 마음이다. 거기에 성부와 성자의 영이 살고 계신다.

그런데 그 중심은 핵심적 공포에 무디어지려는 우리의 온갖 헛수고 밑에 파묻혀 있다. 여자의 핵심적 공포는 아무도 보아주지 않을 것에 대한 공포이고, 남자의 핵심적 공포는 영향력이 없을 것에 대한 공포다. 또한 그 중심은 자기중심적이고 자기방어적이며 자기과시적인 우리의 어리석은 관계방식 밑에 파묻혀 있다. 이 관계방식으로는 우리가 절대로 다리 위에서 함께 만나 삼위일체를 닮은 소통을 이룰 수 없다.

이제 그리스도 안에 있는 우리의 중심을 찾아야 할 때다. 그것을 찾는 일은 어렵고 고통스러우며 아마 답답할 정도로 느릴 것이다. 얄팍한 위안을 잃어야 한다. 그 길은 어둡고 울퉁불퉁하고 좁다. 하지만 소통의 다리에서 생명이 우리를 기다리고 있다.

18
중심을 찾으라

이제는 내가 사는 것이 아니요 오직 내 안에 그리스도께서 사시는 것이라. 갈라디아서 2:20

예수님의 말씀은 그분이 자신을 따르는 사람들에게 새로운 깊이의 실존을 열어 주셨다는 뜻이다. 그것은 새로운 중심이다. 흔히 말하는 "자아"가 전부 죽어도 그 새로운 중심에 가닿을 수 없다. 로버트 배런[1]

풍랑이 일어도 잔잔한 내 마음, 영원한 반석을 의지함이라. 퀘이커교 찬송가

영적 여정의 중심을 이루는 역설이 있다. 우리는 자아를 초월하려 애쓰다가 오히려 자아를 구축한다. 우리의 거룩한 해결책은 언제나 괴기한 자존심의 거푸집으로 굳어진다. 진실해지기란 생각보다 어렵다. 진실한 선물이자 진실한 은혜는 곧 순복이다. 그런데 순복은 거의 언제나 패배와 실패로 느껴진다. 팀 패링턴[2]

지금도 기억에 선하다. 비록 행복했던 옛날의 안개에 덮여 있지만, 그래도 내 머릿속에 푸근하게 남아 있다. 필라델피아 근처의 플리머스 미팅이라는 조용한 마을 한복판에는 지금도 퀘이커교도들이 예배하는 유서 깊은 집회소가 있다. 그 마을에서 당시 여덟 살이던 나는 추운 겨울날 아침마다 자명종을 아침상이 차려지기 30분 전으로 맞추어 놓았다가 그 소리에 깨어나곤 했다. 재빨리 양치질을 하고 학교에 갈 복장(양말과 신발만 빼고)을 갖추고 베개와 슈퍼맨 만화책 두어 권을 챙겼다. 그러고는 초록색 타일이 깔린 거실 바닥에 베개를 베고 드러누워 만화책을 보았다. 두 발은 맨발로 난방 통풍구에서 5-10센티미터 정도 거리를 띄워 그 앞에 잘 대고 있었다. 누군가가 난방비를 내야만 따뜻한 바람이 나온다는 생각은 해본 적이 없다.

그렇게 20분 동안 나는 빨간 망토를 두른 영웅이 악당들의 악한 계교를 물리치고 선과 능력으로 세상(적어도 메트로폴리스)에 정의를 이룩하는 이야기를 읽으며 하루를 시작하곤 했다. 그러는 내내 나의 열 발가락은 따뜻한 바람을 쏘이며 즐겁게 꼼지락거렸다. 내 돈이 한 푼도 들지 않았음은 물론이다.

나의 형 빌은 그때까지도 자고 있다가 늘 아빠의 식사기도가 끝나고 몇 분이 지나서야 식탁에 나타났다. 한 번도 양치질을 하거나 옷을 다 갖추어 입은 적이 없었고 대개는 기분도 썩 좋지 않았다. 나는 형의 뾰로통한 모습이 재미있었다. 왠지 형이 안됐다 싶으면서도 우월감이 들었다. 삶은 좋았다. 내가 바라던 그대로였다.

가끔씩 만화책을 내려놓고 왼쪽을 보면 앞치마를 두른 엄마가 계란을 부치고, 베이컨을 굽고, 오렌지주스를 따르고, 아빠의 거의 빈 잔에

다소곳이 커피를 더 붓곤 했다. 아빠는 내가 베개와 만화책을 들고 거실로 나오기 전부터 어김없이 식탁에 앉아 성경을 읽고 있었다. 까만색 표지의 큼직한 흠정역 스코필드 관주성경이었다.

그때 나는 샬롬이라는 히브리어 단어를 몰랐지만 만일 알았다면 아침마다 혼자 그 말을 속삭였을 것이다. 모든 일이 제대로 돌아가고 있었다. 그로부터 얼마 전에 예수님께 내 삶을 드렸는데, 이제 그분이 내가 바라던 삶을 주고 계셨다. 하나님은 좋으신 분이었고, 기독교는 좋은 종교였으며, 그리스도인의 삶은 좋은 길이었다. 이 샬롬이 계속되지 않으리라고 생각할 이유는 전혀 없었다.

그로부터 60년이 지난 지금, 아침에 눈을 뜨면 아주 복된 삶이 나를 맞이한다. 사랑하는 가족들과 좋은 친구들과 의미 있는 활동이 있고 이따금씩 골프도 실컷 즐길 수 있다. 물론 별로 좋지 못한 날들도 있다. 삶이란 그런 것이다. 2011년 8월 12일에는 레이첼이 나를 차에 태우고 병원으로 가야 했다. 네프 박사가 내 간에서 암세포를 떼어 냈다. 그는 숙련된 의사였고 수술은 잘되었다. 이제 나는 아침마다 암 없이 깨어난다. 고혈압이 있지만 약으로 다스리고 있고 몸무게도 기준치에서 약간 초과되었을 뿐이다. 삶은 좋다. 지금은 샬롬이라는 단어도 알고 있다. 하지만 내 입에서 선뜻 그 말이 나오지는 않는다. 왜 그럴까?

나는 히브리어로 샬롬의 반대말을 모른다. 하지만 만일 안다면 거의 아침마다 그 말이 생각날 것이다. 내면의 탄식과 동경도 불청객으로 따라올 것이다. 그것은 무엇으로도 위안이 안 될 만큼 집요하다. 병원 대신 골프장에 가는 좋은 날들에도 마찬가지다. 도저히 피할 수 없을 것 같은 현실, 어렸을 때는 보지 못했던 현실이 있다. 아무것도 딱히 제대로 돌아가는 일은 없으며, 오히려 제대로의 정반대인 일이 너무 많다. 게다가 오늘 좋은 일이 내일도 좋으리라는 보장은 없다. 아무리 햇빛 찬란한 날에도 수평선 위에 험악한 먹구름이 덮여 있다.

나이가 일흔이 다 되었고 그중 60년 이상을 그리스도 안에서 살았으니 지금쯤이면 아침에 일어날 때마다 발에 따뜻한 바람이나 쏘이려 하기보다는 이렇게 노래할 만도 하다. "이 날은 여호와께서 정하신 것이라. 이 날에 우리가 즐거워하고 기뻐하리로다"(시 118:24). 물론 그런 날도 있다. 하지만 그러지 못한 날이 더 많다. 최악의 날에는 이불을 머리까지 뒤집어쓰고 아예 일어나지 않고 싶다.

그 이유가 무엇인가? 나는 우울한가? 매사에 부정적이고 비관적인가? 복에 겨운 삶 속에서도 감사하기보다 용케 불행해하는 그리스도인인가? 나도 심리적으로 전문가의 상담을 받아야 하는가? 그래야 한다고 생각하는 친구들도 있다. 최근에 내 주치의는 내게 항우울증 치료제를 복용할 것을 강권했다. 작은 약병이 화장실 선반에 놓여 있지만 여태 열지도 않았다. 나는 부정하고 있는가?

물론 그리스도인들도 얼마든지 약으로 정서를 다스릴 수 있다. 내 친한 친구 하나는 매일 항우울증 치료제를 먹는다. 매일 인슐린으로 당뇨를 다스리는 다른 친구와 마찬가지로 그것은 전혀 비판받을 일이 아니다. 친구의 우울증은 화학적 소인素因과 관계된 것인 만큼 그는 모든 그리스도인의 영혼 안에서 벌어지고 있는 싸움을 화학적 약물의 도움으로 더 잘 싸울 수 있다. 그 싸움은 육신과 성령의 싸움이다. 육신에 이끌리면 자아에 함몰되지만 하나님께 집중하면 성령의 열매가 맺힌다. 아울러 그는 약 덕분에 자신의 중심으로부터 더욱 충만하게

살아갈 수 있다. 거기는 희망과 힘이 넘치는 곳이고, 그리스도께서 사시는 곳이며, 샬롬을 맛볼 수 있는 곳이다.

내가 항우울증 치료제를 복용하지 않는 이유는 내 상태가 의학에서 말하는 우울증이 아니기 때문이다. 그러나 내가 샬롬의 반대, 곧 성경이 말하는 탄식으로 씨름하고 있는 것은 사실이다(참조. 롬 8장). 이것은 자아를 인식하고 있는 그리스도인이라면 장차 예수께서 다시 오셔서 모든 것—우리와 세상의 모든 것—을 바로잡으실 때까지 누구나 느낄 수밖에 없는 탄식이다. 때로 냉담함으로 표출되기도 하는 나의 고뇌는 병적인 증세가 아니라 내가 더 성숙해 가고 있다는 증거다. 나와 세상의 현실을 직시하고 있다는 증거다. 현실을 보면 모든 것이 뭔가 잘못되어 있다.

나의 고뇌는 또한 내 안에 계신 하나님의 중심을 찾을 수 있는 관문이다. 예수께서 이 어긋난 세상에 사실 때 그분 안에도 동일한 중심이 있었다. 그 문을 열 수 있는 기회가 늘 내게 신나게 느껴지는 것은 아니다. 어떤 때는 샤워하고 옷을 입고 나서 이런 공상에 잠기는 날도 있다. 나이가 들수록 그런 날이 더 많아진다. 공상 속에서 나는 베개와 슈퍼맨 만화책을 들고 양 맨발에 따뜻한 바람을 쏘이고 있다. 나는 샬롬을 동경한다. 지금 당장 원한다.

하지만 그 여덟 살 시절은 샬롬이 아니었다. 그때 내가 누린 평화는 순진하고 철없는 유년의 산물이었다. 어린아이에게야 딱 맞는 감정이지만, 어른이 되어서도 그것을 벗어나지 못한다면 문제다.

그래서 나는 속으로 탄식하며 간절히 기다린다. 하지만 바로 이 상태에서 남자로 살아갈 수 있는 기회가 내게 주어져 있다. 나는 샬롬

없이 살아가는 타인의 탄식을 들을 수 있고, 늘 다가오셔서 샬롬을 맛보게 해주시고 늘 우리를 임박한 잔치로 초대하시는 하나님을 기억할 수 있으며, 여성성이나 남성성을 발산하는 기쁨을 누리지 못하게 막는 것이 무엇인지 타인의 삶을 들여다보아 알아낼 수 있고, 하나님의 생명으로 타인의 삶 속에 들어가 사랑을 흘려보낼 수 있다.

남성다운 관계방식으로 하나님을 드러낼 기회를 잡으려면 먼저 나의 중심을 찾아야 한다. 고뇌의 한복판으로 들어가 부정적인 현실의 슬픔을 느껴야 한다. 그리고 나의 탄식을 계기로 삼아 하나님의 생명의 '보증금'을 찾아야 한다. 그것은 이미 내 안에 계신 그리스도 자신의 생명이다. 그 생명에 힘입어 나도 그분처럼 관계를 맺을 수 있다. 좋은 날에나 궂은 날에나, 골프장에서나 병실에서나 관계적 남성성 안에서 살아갈 수 있다.

내가 설교하고, 아내를 안아 주고, 책을 쓰고, 친구를 상담하고, 집회를 인도하고, 손자손녀를 즐거워하고, 교회에서 찬송을 부른다 해도, 나의 중심으로부터 살지 않는다면 남자로서 하는 일은 하나도 없다. 하나님의 영광을 위해 충만하게 살아 있는 남자로서 관계를 맺지는 못한다.

남자는 눈을 떠서 샬롬 이전의 세상을 보아야 한다. 참된 남성성으로 관계를 맺지 못하고 있는 자신을 보아야 한다. 그러면 남자는 갈림길에 부딪친다. 그는 계속 죽은 채로 자아에 집착할 수도 있고, 아니면 하나님이 살고 계시는 자신의 중심을 찾을 수도 있다. 그 중심을 발견

하면 그는 하나님이 지으신 본연의 남자, 곧 움직이는 남자로 점차 변화된다.

여자는 자신의 마음을 들여다보아야 하고, 관계적으로 위험한 세상을 보아야 한다. 그 세상으로부터 자아를 보호하려고 영혼을 닫고 있는 자신을 보아야 한다. 그러면 반응할 수 있는 길은 둘 중 하나뿐이다. 그녀는 계속 닫힌 채로 관 속에서 자아에 집착할 수도 있고, 아니면 하나님이 살고 계시는 자신의 중심을 찾을 수도 있다. 그 중심을 찾아내면 그녀는 하나님을 드러내는 여자, 곧 초대하는 여자로 점차 변화된다.

남자의 중심에는 움직이시는 하나님의 아름다움이 흘러넘친다. 여자의 중심에는 초대하시는 하나님의 아름다움이 빛을 발한다. 모든 그리스도인 남자의 가장 깊은 응어리는 남성답다. 모든 그리스도인 여자의 가장 깊은 응어리는 여성답다. 관계적 남성성이나 관계적 여성성 안에서 충만하게 살아가려면 우리의 중심으로부터 살아가야 한다.

하지만 중심으로부터 살아갈 수 있으려면 먼저 중심을 찾아야 한다. 우리의 중심을 어떻게 찾을 것인가?

19
충만한 삶을 위한 준비
비전을 품고 대가를 계산하라

마음을 다하며 지혜를 써서 하늘 아래에서 행하는 모든 일을 연구하며 살핀즉 이는 괴로운 것이니 하나님이 인생들에게 주사 수고하게 하신 것이라. 전도서 1:13

피조물이 허무한 데 굴복하는 것은……그뿐 아니라 또한 우리 곧 성령의 처음 익은 열매를 받은 우리까지도 속으로 탄식하여……기다리느니라. 로마서 8:20, 23

내 영혼에 축축하고 눅눅한 11월이 찾아올 때가 있다. 관을 파는 집 앞에 나도 모르게 멈추어 서고, 장례식만 보면 뒤를 졸졸 따라갈 때가 있다. 특히 우울(삶의 뒷전에 도사리고 있는 어둠)이 완전히 나를 장악하여, 강력한 도덕규범만 아니라면 일부러 거리로 나가 사람들의 모자를 보기 좋게 날려 버리고 싶을 때가 있다. 그럴 때면 나는 최대한 서둘러 바다로 나가야 한다. 그러지 않으면 권총에 탄환을 장전할지도 모른다. 이스마엘[1]

오늘날 하나님의 영광을 위해 충만하게 살아가는 사람이 누가 있는가? 그것이 가능하기는 한가? 그와 같은 삶은 어떤 모습인가? 이런 고상한 목표를 우리가 보고 있기는 한가? 만일 아니라면 왜 아닌가?

우리는 모르는가? 여성성이 충만하게 살아 있는 여자는 다른 식으로는 얻을 수 없는 기쁨을 안다. 아직 우리에게 분명하지 않은가? 관계적 여성성이 살아 있는 여자는 자신의 여권女權에 몰두하는 것이 아니라 자격도 없이 누리는 특권에 몰두한다. 마음이 허전하여 남들의 관심과 존중을 요구하기에 바쁜 것이 아니라 감사의 마음으로 기회를 잡아 자신이 가장 사모하고 존중하는 그분을 드러낸다.

여태 우리는 깨닫지 못했는가? 남성성이 충만하게 살아 있는 남자는 관계 속에서 두려움에 얼어붙는 것이 아니라 거리낌 없이 사랑을 베푼다. 아직 우리는 감격스럽게 믿고 있지 않은가? 남성다운 남자는 친밀한 관계의 위험을 피해 달아나지 않는다. 자신이 관계 속에서 별로 영향력이 없는 남자, 누구에게도 다가갈 줄 모르는 남자로 드러날지 모른다는 지독한 두려움에 지배당하지 않는다. 남자다운 남자는 하나님과는 물론 아내, 자녀, 부모, 친구 등 다른 사람들과 의미 있게 소통하는 소명에 즐거이 응한다. 우리는 모르는가? 하나님께 사로잡혀 있는 남자는 설령 소통하는 법을 잘 몰라도 사람들에게 다가간다. 자신이 하나님의 영향력, 경건한 영향력을 가지고 움직이고 있다는 믿음을 가지고 다가간다.

이 책을 쓰면서 나의 간절한 기도가 있다. 우리 모두가 이 비전을 품었으면 좋겠다. 남자와 여자로서 충만하게 살아간다는 것이 무엇인지 알았으면 좋겠다. 하지만 어떤 대가를 치르고라도 이 비전을 성취할 가치가 있다고 동의하지 않는 한 우리는 이 비전을 받아들이거나 추구하지 않을 것이다.

일찍이 여성성의 깊은 아름다움에 지금처럼 매료되지 않은 문화는 없었다. 하나님을 드러내는 여성성의 향기를 지금처럼 풍기지 않은 문화는 없었다.

일찍이 남성성의 존재를 지금처럼 불편해한 문화는 없었다. 하나님을 드러내는 견고한 남성성에 지금처럼 닻을 내리지 못한 문화는 없었다.

하지만 하나님의 아름다움을 알리도록 독특하게 부름 받고 강력하게 무장된 문화가 있다. 이 문화의 여자들은 초대하시는 고난의 하나님을 드러낼 수 있고, 남자들은 움직이시는 희생의 하나님을 드러낼 수 있다. 이 문화는 바로 교회다. 이 땅의 하나님 공동체인 교회는 하늘의 하나님 공동체를 드러내도록 되어 있다.

그런데 그런 일이 벌어지지 않고 있다. 복음으로 그것이 가능해졌는데도 그만큼 강력하지 못하다. 흔히 알려진 대로 교회는 사회와의 친밀한 관계보다 사회정의에 더 주력한다. 여자의 본분과 남자의 권위에 대한 열띤 토론이 계속되는 동안, 관계의 긴장은 다루어지지 않은 채 숨겨져 있다. 하나님은 우리를 소통으로 부르시는데 우리는 적당히 잘 지내는 정도로 만족한다. 교회는 형식상의 관계들을 바탕으로 프로그램과 설교와 각종 사역을 통해 돌아가지만 영적 능력은 결여되어 있다. 삼위일체 하나님처럼 관계를 맺으려면 인간이 깨어져야 하고 하나님의 능력이 임해야 한다. 우리는 아직 이 비전을 품지 못했고 아직 그 대가를 계산하지 못했다.

여성답지 못한 여자

오늘날의 모든 그리스도인 여자를 대변하는 한 여자를 상상해 보라. 그녀는 소통의 다리 한쪽 끝에 서 있다. 잘 들어 보면 그녀의 이런 질문이 들릴 것이다. "누군가 올 사람이 있을까? 다리를 건너와 나와 함께 있어 줄 사람이 있을까? 나를 있는 그대로 보고 원할 사람이 있을까?" 남자가 내게서 자신이 갈망하는 아름다움을 볼 것인가? 자신의 쾌락에 이용할 값싼 아름다움이 아니라 귀하고 소중한 아름다움을 볼 것인가? 내 안에 누가 보아줄 만한 아름다움이 있는가? 아니면 나는 있으나 마나 한 존재인가? 누가 보아주고 갈망할 만한 것이 하나도 없는 여자인가? 영원히 나는 아무도 보아주지 않고 원하지 않는 여자로 살아갈 것인가?

그녀는 두렵다. 두려움이 그녀를 지배한다. 그녀는 약하고 불안하다. 감당 못할 상처를 입기 쉽다. 하지만 그녀는 두려움을 숨긴다. 남들에게는 빈틈없거나 꼿꼿하거나 심지어 쾌활한 모습을 보일 수 있다. 이 여자는 자아에 함몰되어 있다. 그녀가 알고 있는 가장 좋은 일은 누군가가 자기를 보아주고 원하는 것이다. 자신의 아름다움을 사람들에게 내보이는 것이다.

그녀는 유사流沙에 파묻히듯 서서히 자아에 함몰되고 있다. 누구의 잘못도 아니고 본인의 잘못이다. 그녀는 아무도 자신을 보아주지 않을까 봐 공포의 노예로 살아간다. 관계가 죽어 있는 고립되고 비참한 실존이다. 그녀에게는 긍휼이 필요하다. 이런 고생에 대한 긍휼이 아니라 이기심에 대한 긍휼 말이다. 은혜의 긍휼이 필요하다. 그녀는 스스로 쌓아 올린 담 안에 갇혀 있다.

그녀는 더 이상의 고통으로부터 자신을 보호하기 위해 자신의 매력을 입증하는 수밖에 없다고 생각한다. 그래서 어떤 관계방식으로든 자신의 두려움을 숨기고, 장점과 재능을 드러내 인정을 얻어내려 한다. 나아가 그런 관계방식을 자랑한다. 그녀가 가장 강하게 느끼는 갈망들은 자아에 몰두된 토양에서 자라나며, 만족을 얻어내려는 요구로 반드시 변하게 되어 있다. 그녀는 자신에게 그럴 권리가 있다고 생각한다.

이 여자는 팔짱을 낀 채 영혼을 닫고 살아간다. 초대하지도 않고, 밖에서 뚫고 들어올 수도 없다. 그래도 그녀는 결코 오지 않을 만족을 찾느라 늘 바쁘다. "이는 괴로운 것이니 하나님이 인생들에게 주사 수고하게 하신 것이라"(전 1:13). 그녀는 어떻게든 이 비참한 실존에서 벗어나려 발버둥 친다.

이 여자는 자녀를 홈스쿨링으로 기르는 현모양처일 수도 있고, 남자들의 세계에서 당당히 성공에 도전하는 유능한 직장 여성일 수도 있다. 교회에서 여성 사역을 이끌거나, 일요일 아침마다 안내위원들을 통솔하거나, 아예 담임목사로 섬길 수도 있다. 혼자서도 한없이 만족스럽거나 미친 듯이 절박하게 남자를 찾는 독신일 수도 있다. 전문 의료인이거나, 부유한 사교계의 명사이거나, 착실하지만 애써 남편에게 속마음을 감추는 그리스도인 아내일 수도 있다. 또한 그녀는 그리스도를 모르는 여자들도 누릴 수 있는 수준의 결혼생활에 즐거이 만족할 수도 있다.

어쩌면 그녀는 힘든 결혼생활을 더 이상 견딜 수 없어 폭력적인 남

편과 이혼할 수도 있다. 교회는 그런 그녀를 복종할 줄 모른다고 정죄할 수 있지만 동정적인 친구들은 오히려 박수치며 힘이 되어 준다. 그래서 그녀는 하나님이 복종하지 않은 자신을 싫어하시는지, 아니면 친구들처럼 박수를 쳐 주시는지 의문이 든다.

다른 것은 몰라도 그녀는 여성다운 여자는 아니다.

그녀는 하나님의 영광을 위해 관계적 여성성 안에서 충만하게 살아가려는 비전을 품어야 한다. 그래야만 자신의 관계적 죄의 존재와 위력을 깨달을 수 있다. 이 비전을 품으면 자신의 여성답지 못한 관계방식에 대해 죽고 싶은 열망, 하나님을 드러내는 관계적 여성성의 삶으로 부활하고 싶은 거룩한 열망이 싹튼다. 성령께서 그녀를 다시 살려 주신다.

그제야 그녀는 교만하게 자기를 경멸하지 않고 이렇게 제대로 부르짖을 수 있다. "아, 나는 얼마나 비참한 여자인가. 본래 지음 받은 목적에 턱없이 못 미친다. 여자이지만 여성답지 못하다. 자아에 함몰된 이늪에서, 두려움과 자아에 지배당하다 결국 허무하게 끝나 버릴 이 비참한 실존에서 누가 나를 건져낼 것인가?"

오직 관계적 하나님의 능력을 통해서만 우리는 기꺼이 대가를 계산할 수 있고, 영성계발의 삶이라는 어두운 세계로 과감히 내려갈 수 있다. 하나님은 친히 우리의 삶 속에 들어오실 뿐 아니라 우리도 그분의 삶 속에 들어오도록 초대해 주신다. 그 어두운 세계에서는 여자에게 그리스도 외에는 아무것도 없고 누구도 없다. 그래서 그분 한 분만으로 충분함을 깨닫게 된다.

남성답지 못한 남자

소통의 다리 반대쪽에 오늘날의 그리스도인 남자들을 대변하는 한 남자가 서 있다고 상상해 보라. 그는 타인에게는 고사하고 자신에게도 잘 들리지 않을 만큼 작은 소리로 이렇게 묻는다. "나를 존중해 줄 사람이 있을까? 내가 내줄 수 있는 것을 눈여겨보아 줄 사람, 내가 공급할 수 있는 것을 귀히 여겨 줄 사람이 있을까? 내 안에 비판 대신 인정을 받아 마땅한 알맹이가 있음을 알아줄 여자가 있을까?" 나는 연약하여 도움이 필요한 존재, 자존심의 욕구에 이끌리는 존재로 보이는가? 내 곁에서 쉴 사람이 아무도 없는가? 내게 바짝 다가와 내가 주는 것을 받으려는 사람이 없는가? 혹시 나는 알맹이가 없는 남자인가? 관계 속에서 영향력이 부족한 남자, 사람들에게 피상적인 영향밖에 줄 수 없는 남자인가? 영원히 나는 존중받을 자격이 없는 남자로 살아갈 것인가?

겉으로 아무리 강해 보일지라도 이 남자는 두렵다. 두려움 때문에 그의 움직임과 에너지는 자신의 욕구를 채우는 쪽으로 치닫는다. 그래서 자신의 부족한 모습은 숨기고 인정받을 만한 부분만 과시한다. 그는 더 강해지려고 보호의 담을 쌓고 고립되어 살아간다. 참자아가 아닌 다른 존재가 되려고 자신을 노예처럼 닦달한다.

하지만 그는 결정적 고비를 맞은 불안한 운동선수처럼 얼굴 표정으로 감정을 숨긴다. 또한 자신의 무능한 대인관계가 드러날 위험이 있으면 일절 사람들과 어울리지 않고 다른 일로 바빠진다. "이는 괴로운 것이니 하나님이 인생들에게 주사 수고하게 하신 것이라"(전 1:13).

그는 무엇이든 허상으로나마 의미와 권력을 느끼게 해주는 것들로 이 비참한 실존을 덮어 버린다.

이 남자는 대기업에서 고속으로 승진 가도를 달리는 젊은 직장인일 수 있다. 아들과 공놀이도 하고 어린 딸과 둘만의 데이트를 즐길 수도 있다. 그는 교회 생활에 열심인 존경받는 그리스도인일 수 있다. 인기 있는 주일학교 교사이거나 통솔력 있는 장로이거나 담임목사일 수도 있다. 어쩌면 그는 중책을 맡은 씩씩한 군인일 수도 있다. 늠름하게 어깨를 쫙 편 그의 제복에 별이 빛날 수도 있다. 아니면 그는 재계나 정계의 지도자일 수도 있다.

이 남자는 헌신적인 남편일 수 있다. 그리스도인으로서 그가 믿는 자신의 소명은 아내를 추구하는 것이 아니라 보호하는 것이다. 추구의 대상은 오직 주님일 뿐 아내와 여정을 함께하는 법은 없다. 무사히 숨어 있으면서 남들 앞에 살아 있다고 느끼는 남자는 얼마나 비참한가. 그는 늘 숨어서 자신의 권태를 달래고 공허함을 채운다. 은밀한 성적 행동을 하거나 일터에서 성공하려고 전심전력한다. 심지어 더욱 경건한 인상을 풍기려고 영적 훈련에 박차를 가하기도 한다.

다른 것은 몰라도 그는 남성다운 남자는 아니다.

그는 관계적 남성성 안에서 충만하게 살아 있는 남자가 될 수 있다는 비전을 품어야 한다. 그래야만 자신이 철저히 죽어 있음을 자각할 수 있다. 이 비전을 품으면 모든 고통을 무릅쓰고라도 남성답지 못한 관계방식에 대해 죽고 싶은 열망, 성령의 새로운 길, 곧 하나님을 드러내는 관계적 남성성의 삶으로 부활하고 싶은 거룩한 열망이 싹튼다. 하나님이 그를 다시 살려 주신다.

그제야 그는 깨어진 모습으로 소망을 품고 이렇게 부르짖을 수 있다. "아, 나는 하나님의 형상을 지닌 남자로서 얼마나 실패자인가. 그리스도의 십자가는 내게 화재보험 이상의 의미가 별로 없다. 여태 나는 복음으로 크게 변화되지 못했다. 남자이지만 남성답지 못하다. 나의 관계방식을 통해 하나님의 성품을 드러내지 못한다. 나는 사람들을 이용하여 자신을 채우는 공허한 남자이며 내 삶은 영원한 변화를 낳지 못한다. 내 움직임을 지배하는 이 두려움에서, 이 비참한 실존에서 누가 나를 건져낼 것인가?"

오직 하나님의 능력을 통해서만 이 남자는 영성계발의 삶이라는 무서운 세계로 내려갈 수 있다. 하나님은 영향력 있게 우리에게 다가오시고, 풍성하신 긍휼로 우리를 관계 속으로 초대하신다. 그 무서운 세계에서는 그리스도 이외의 모든 것이 남자에게서 벗겨진다. 그래서 이제야 자신이 옷을 제대로 갖추어 입었음을 깨닫게 된다.

우리는 복음 때문에 가능해진 일을 믿어야 한다. 어떤 일이 가능할지 상상해 보라. 예수님을 아는 모든 여자의 중심에는 하나님의 아름다움이 살고 있다. 그 하나님은 우리를 그분의 공동체 안으로 초대하신다. 성령께서 내주하시는 모든 남자의 중심에도 하나님의 아름다움이 살고 있다. 그 하나님은 능력으로 우리가 사는 곳에까지 들어오셔서 우리를 공동체로 만드신다.

하지만 하나님의 아름다움은 우리의 중심에만 살고 있다. 내 존재의 다른 모든 부분은 흉하게 타락한 모습이 지배한다. 성령을 떠나서

나는 악착같이 두 가지 육신적 목표를 이룰 생각밖에 없다. 하나는 내 본능적 가치관대로 잘 사는 것이다. 나 중심의 취향대로 내 인생이 잘 되게 하는 것이다. 또 하나는 내 힘과 재량이 닿는 한 무슨 수를 써서라도 고생을 피하는 것이다. 힘든 상황 때문에 생겨나는 불편함과 채워지지 않은 갈망 때문에 생겨나는 정서적 고통을 더는 것이다.

이 두 가지 목표는 결코 변하지 않고 약해지지도 않는다. 위력을 잃는 법이 없다. 그리스도께 새 생명을 받지 않았다면 나는 평생 이 두 가지 목적을 추구하며 살아갔을 것이다. 그리하여 이생은 결국 살아 있는 죽음이 되었다가 죽어 있는 죽음으로 끝날 것이다. 의식은 멀쩡하지만 영원한 죽음이다.

나는 얼마나 곤고한 남자인가! 당신도 얼마나 곤고한 남자나 여자인가! 누가 우리를 사망에서 건져내 생명에 이르게 할 것인가? 하나님을 드러내는 여자와 남자로 살아가게 할 것인가?

허먼 멜빌의 소설에 등장하는 이스마엘은, 죽음 앞에서 위로받을 길 없는 절망만이 느껴지고 인생길에서 성난 좌절만이 느껴질 때면 바다로 나가야 한다고 믿었다. 거기서 생수의 강을 찾아야 한다고 믿었다. 아마도 그는 자신의 마음에서 생수가 흘러나올 수 있음을 몰랐을 것이다. 이스마엘은 몰랐지만 "바다로 나간다"는 말은 사실 예수께로 가서 그분이 인도하시는 대로 따라간다는 뜻이다.

예수님은 우리에게 이스마엘의 바다로 나가라고 하지 않으시고 좁은 길을 걸으라고 하셨다. 그 길은 우리를 생수의 샘으로 인도한다. 그 길을 갈 때 비로소 우리는 세상 최고의 목적을 품고 살아갈 수 있다. 그것은 바로 하나님을 아는 것이고, 남자와 여자로서 우리의 관계방식을 통해 그분을 알리는 것이다.

그분은 그것을 좁은 문으로만 들어갈 수 있는 좁은 길이라 부르셨다. 그러면서 그 길을 찾는 자가 많지 않다고 우리에게 경고하셨다. 생명으로 인도하는 길에 발길이 뜸한 데는 이유가 있다. 남성답게 또는 여성답게 관계를 맺으려는 씨름은 헛수고로 보일 수 있다. 무의미해 보이는 노력만 요구될 뿐 변화가 전혀 없거나 아주 더디고 미미해 보인다. 어차피 우리는 이 세상에서는 결코 충만하게 살아갈 수 없다. 그래서 저항이 강하다. 바깥에서도 강하지만 내면에서는 더 강하다.

세상은 우리에게 성에 대한 세상적 사고방식을 집요하게 강요한다. 그 결과 우리는 위험하지 않은 개념을 수동적으로 신봉하거나, 아니면 자아를 부추기는 개념을 교만하게 수용한다. 마귀는 우리를 속여 이 순간에 옳게 느껴지는 관계방식이 정말 옳다고 믿게 만든다. 그러면 우리의 육신은 그 거짓을 덥석 믿고 우리더러 그대로 살라고 부추긴다.

세상과 마귀와 육신이라는 이 부정한 삼위일체의 막강한 위력에서 누가 우리를 능히 해방시킬 수 있는가? 우리는 기독교의 해답을 안다. 바로 예수 그리스도이시다! 하지만 그분은 어떻게 우리를 건져내시는가? "그냥 기도하면 된다." "교회를 빼먹지 마라." "하나님을 의지하라." 이런 상투적인 답으로는 통하지 않는다. 우리는 하나님이 우리를 위하시며 우리의 원수보다 강하심을 안다. 하지만 우리를 대적하려고 늘어서 있는 세력들이 하나님보다 강하게 느껴질 수 있다.

우리는 관계 면에서 남자와 여자로 살아가야 하며, 그러한 능력을 얻으려면 좁은 길을 걸어야 한다. 그렇다면 우리가 걸어야 할 좁은 길은 무엇인가? 그리고 어떻게 그 길을 걸을 것인가?

IV
충만하게 살아 있는 인간이 되다
더딘 변화의 과정

우리가 할 일은 바로 인간의 삶 안에 사랑을 이루는 것이다. 그 사랑은 하나님의 생명의 희미한 반사체다. 길버트 C. 메일랜더[1]

모든 아이는 잉태되는 순간부터 하나님의 형상을 지닌 독특한 존재이자 고유의 성적 존재다. 그런데 에덴동산 이후로 모든 인간은 이 세상에 태어날 때부터 그 독특성과 성적 정체를 자신의 힘으로 찾아내려는 지배적 성향을 안고 태어난다(동정녀의 태에서 잉태되신 예수님만이 예외다). 선천적으로 우리는 하나님께 대하여는 죽어 있고 자아에 대하여는 살아 있다.

하지만 그리스도 안에서 중생하는 순간부터 모든 남자와 여자는 다시 살아난다. **하나님께 대하여, 하나님을 위하여, 하나님과 함께** 살아 있는 존재가 된다. 하나님의 영은 거룩하신 관계의 영이다. 그분이 모든 그리스도인 여자의 중심에 살고 계신다. 성령의 능력으로 여자는 자신의 관계방식을 통해 초대하시는 하나님을 드러낸다. 누구라도 그분의 부르심을 듣고 그분의 공동체 안에 들어가면 하나님은 자신을 열어 뜨겁게 환영하신다. 성령은 또한 모든 그리스도인 남자의 중심에 살고 계신다. 그분의 능력으로 남자는 자신의 관계방식을 통해 움직이시는 하나님을 드러낸다. 그분은 누구라도 마음을 여는 사람에게 자신의 생명과 사랑을 부어 주기를 간절히 원하신다.

그런데 문제가 있다. 잉태되는 순간부터 우리 안에는 하나님께 저항하는 막강한 세력이 존재한다(J. I. 패커는 그것을 하나님을 공격하는 바이러스라고 표현했다). 그 세력은 감언이설로 우리를 꼬인다. 이 세상은 관계적으로 위험한 곳이므로 우리 스스로 자신을 지키며 안전한 길을 찾는 게 지혜롭다는 것이다. 편하게 넓은 길로 가라는 것이다. 하지만 우리는 진정한 공동체를 누리도록 지음 받았고, 그 안에서만 참자아를 발견할 수 있다. 우리를 그 공동체로 인도하는 길은 하나뿐이다. 바로 찾는 자가 많지 않은 좁은 길이다.

여기서 마지막 질문이 나온다. 삼위일체 하나님의 관계는 완전히 거룩하고 철저히 행복한 관계다. 그 관계는 어떻게 예수님을 따르는 여자들 안에 여성다운 삶을 불어넣어 주고, 예수님을 따르는 남자들 안에 남성다운 삶을 불어넣어 주는가? 그리하여 어떻게 그들을 소통의 다리 위에서 만나게 하는가?

20
여정의 시작
여자를 여성성으로, 남자를 남성성으로

차라리 목 놓아 울부짖는 것이 많은 어른들의 억지스러운 처세술보다 현실에 대한 더 성숙하고 현실적인 반응일 수 있다. 어른들은 인생길을 가면서 사력을 다해 웃으며 참는다. 그래서 하나님은 온 세상을 위해 우는 중요한 일을 아기들에게 맡기셨는지도 모른다.

(너무도 많은 경우에 그리스도인 상담자들은) 은근한 듯 분명하게 이런 메시지를 전한다. 모든 신자는 일정한 수준의 정서적 행복을 드러내야 한다(적어도 그 방향으로 꾸준히 진전을 보여야 한다). 누구든지 상담자의 이런 노력에 순순히 응하지 않는 사람은 믿음을 의심받는다.

욥의 복음은 세상적 성공의 가시적 증거가 전혀 없는 상태에서 오랜 시험을 능히 견뎌냈다. 그렇지 못하다면 우리의 복음은 무가치한 복음이다. 그리스도의 십자가 대신 외형에 기초한 복음이다. 마이크 메이슨[1]

마지막 4부에서 내가 씨름할 메시지는 차라리 전하고 싶지 않은 메시지다. 당신도 차라리 듣고 싶지 않을 것이다. 이 메시지를 믿기가 힘든 이유는 우리의 본능적 사고방식 때문이다. 하지만 내가 생각을 제대로 하고 있을 때에는, 이것이야말로 내가 가장 전하고 싶은 메시지다. 성경이 분명히 그렇게 가르치고 있기 때문이다. 모든 남녀가 가장 살기 원하는 삶이 있는데, 이 메시지야말로 그 삶으로 인도하는 유일한 길이다. 잊지 말라. 복음의 시작은 나쁜 소식이고, 복음의 중간은 기쁜 소식이며, 복음 이야기의 끝은 황홀할 정도로 영원히 기쁘다!

삶의 처절한 현실

하나님은 정말 "괴로운 것"을 "인생들에게 주사 수고하게 하신 것"인가?(전 1:13) 전도서 저자는 그렇게 생각한 것 같다. 하지만 좋은 가정과 친구들, 좋은 건강과 수입, 좋은 재능과 그것을 발휘할 충분한 기회를 복으로 누리고 있는 사람도 있다. 그의 삶이 어째서 괴롭다는 것인가? 사람을 거의 우울하게 만드는 전도서의 저자는 솔로몬으로 알려져 있다. 어쩌면 그는 기근으로 저주받은 나라의 굶주리는 백성들, 잔인한 독재자에게 압제당하는 국민들, 좋은 직장에 다니는 친구들에 둘러싸여 있는 실업자들, 진통제를 복용하며 죽음을 기다리고 있는 환자들 따위만 생각했는지도 모른다.

하지만 사실은 그렇지 않다. 비록 그가 불운한 사람들을 생각했던 것은 분명하지만 말이다. 이 현자는 권력과 부와 온갖 쾌락의 기회를 무한히 누린 사람이다. 그런 그가 왠지 마음이 동하여 만인의 인생, 특히 자신의 인생이 무엇인지 "지혜를 써서……살핀즉"(1:13) "하나님

이 하시는 일의 시종을……측량할 수 없"었다(3:11).

여기 "살핀즉"으로 옮겨진 히브리어 단어는 "골똘히 생각하다, 분석하다, 알아내다, 뜻을 파악하다, 공부해서 깨닫다"는 뜻이다. 한 친한 친구의 십대 아들은 왜 교통사고로 급사했는가? 나의 다른 좋은 친구의 딸은 왜 의학으로 고칠 수도 있다는 만성질환에 시달리다 죽었는가? 내가 아는 두 훌륭한 목사는 왜 교회에서 그토록 고생하고 있는가? 솔로몬의 인생 공부는 불행이라는 막다른 골목에서 끝났다. "내가 해 아래에서 한 가지 불행한 일이 있는 것을 보았나니 이는 사람의 마음을 무겁게 하는 것이라"(6:1).

몇 년 전에 내가 성인 주일학교 반에서 한 말이 기억난다. 정직한 사람이라면 누구나 세 가지 길 중에 하나를 택할 수밖에 없다. 블라인드를 걷고 삶을 인간이 경험하는 현실 그대로 보는 사람이라면 누구나 그렇다. 즉 자살하거나, 미치거나, 아니면 하나님을 신뢰하거나 셋 중 하나다. 세 번째 길을 택하는 사람은 하나님을 전폭적으로 그리고 반복적으로 신뢰해야만 한다. 최악의 시기에도 그래야 한다. 그 반에 있던 한 남자가 당황한 듯 경멸의 눈빛으로 나를 빤히 쳐다보았다. 그는 아름다운 아내와 공부 잘하고 건강하고 책임감 있는 두 자녀를 둔 부유한 사업가였다. 하나님이 그에게도 괴로운 것을 주셔서 수고하게 하셨단 말인가? 그의 인생이 어째서 괴로운가? 모든 것이 좋았는데 말이다. 그에게는 내가 미친 사람으로 보였을 것이다. 심각한 우울증에 걸렸거나, 분노에 찬 허무주의에 빠졌거나, 아니면 하필 그 일요일에 기분이 몹시 나빠 보였을 수도 있다. 하지만 기도하기는, 이번 4부를 마칠 때면 우리 모두가 솔로몬의 말이 사실임을 알게 될 것이다. 정말 하나님은 우리에게 괴로운 것을 주셔서 수고하게 하셨다. 우리가 온갖 고생뿐 아니라 온갖 복을 누리고 있을 때도 마찬가지다.

하지만 우리가 깨닫게 될 것이 또 하나 있다. 세상살이의 진정한 괴로움을 보고 느끼고 수용할 때 비로소 우리에게 최고이자 유일한 기회가 열린다. 그제야 우리는 살아나 여성다운 여자와 남성다운 남자로서 사랑할 수 있는 능력을 얻는다. 그 능력은 하나님을 드러낼 목적으로 사람들을 사랑하는 능력이다. 그분이 먼저 우리를 사랑하셨기에 우리도 그분을 사랑한다. 바로 그 능력을 구사할 때 우리는 하나님의 영광을 위해 충만하게 살아가는 기쁨을 누릴 수 있다. 이 기쁨은 깊고 견고하여 닻과도 같다.

우리 앞에 펼쳐진 길

이번 장 첫머리에 나오는 인용구를 다시 보라. 마이크 메이슨의 이러한 말에 힘입어 나는 이 길을 계속 갈 수 있다. 때로 나는 목적지를 학수고대하면서도 그 방향으로 갈 마음이 내키지 않을 때가 있다. 그럴 때면 이런 말이 (솔로몬의 말과 더불어) 냉혹한 의문을 불러일으킨다.

목 놓아 울부짖는 일은 성숙을 향한 움직임이다. 왜 그런가?

상실로 인한 고통은 어떤 면에서 좋은 것이다. 더 이상 내 것으로 누릴 수 없는 복, 아직 내 것으로 만끽할 수 없는 복 때문에 괴로워하는 일도 마찬가지다. 어째서 그런가?

아기의 울음소리는 웃는 어른들에게 그들이 들어야 할 메시지를 보낸다. 그 메시지란 무엇인가?

진정 여성답게 또는 남성답게 살려면 우리를 비참하게 만드는 현실에 부딪쳐야 한다. 그보다는 차라리 블라인드를 치고 현실을 부정하며 즐겁게 사는 게 더 현명하지 않을까? 피상적 수준의 남성성이나 여성성에 만족하는 게 낫지 않을까?

이런 의문 앞에서 우리는 야고보의 말을 들어야 한다. 그는 예수님의 동생이었다. 말 그대로 성장기를 하나님과 함께 보냈다는 뜻이다. 예수님은 10대와 20대 때부터 이미 간고(슬픔)를 많이 겪고 질고(비애)를 아는 자라는 징후를 보이셨을까?(참조. 사 53:3) 나는 모른다. 하지만 내가 아는 것이 있다. 예수님 곁에서 수십 년을 지낸 야고보가 몇 가지 껄끄러운 말을 했다.

그중 다음 말은 언뜻 보기에 우울한 과장이나 어쩌면 병적인 사고의 산물처럼 들린다. "슬퍼하며 애통하며 울지어다. 너희 웃음을 애통으로, 너희 즐거움을 근심으로 바꿀지어다"(약 4:9).

쾌활하지 않기는 바울도 야고보 못지않아 보인다. 그는 그리스도인으로서 자신의 삶의 질을 보면서 "오호라, 나는 곤고한 사람이로다"(롬 7:24)라고 토로했다. 물론 로마서 8장에서는 7장의 우울한 모습을 뒤로하고 하나님의 사랑이 주는 자유와 기쁨으로 넘어간다. 하지만 그때조차도 그는 탄식하고 있다!

무엇으로 인한 탄식인가? 실패가 여전히 그를 괴롭혔다. 바울은 자신이 더 이상 죄를 짓지 않는다고 주장한 적이 없다. 그는 자신이 이 세상에 사는 동안에는 예수께서 이미 이루신 것들을 완전히 누릴 수 없음을 알았다. 끝까지 기다려야 함을 알았다. 바울은 공허한 마음과 깨어진 모습을 친한 길동무 삼아 좁은 길을 갔다. 그러다 결국 그는 목 베임을 당했고, 그제야 이전에 추지 못했던 춤을 출 수 있었다.

야고보와 바울의 말은 내게 이런 의미로 들려온다. 나는 깊이 탄식할 때에만 제대로 예배할 수 있다. 자신이 가장 되기 원하는 존재, 곧 여성다운 여자와 남성다운 남자로 빚어지려면, 우리는 자신이 가장 두려워하는 눈물을 흘려야 한다. 탄식하는 예배와 눈물 젖은 변화, 이것은 정말 필요한가? 하나님의 계획인가?

여성다운 삶과 남성다운 삶에 이르는 좁은 길이 그렇게까지 좁아야 하는가? 그리스도인의 삶은 그보다는 쉽고 덜 극단적이며, 그 정도로 괴롭지는 않아야 하는 것 아닌가? 본회퍼는 그리스도께서 사람을 불러 그분을 따르게 하실 때에는 와서 죽으라고 부르신다고 단언했다. 하지만 예수님은 우리를 그분께로 와서 쉬라고 초대하셨다. 본회퍼는 그 의미를 놓쳤던 것일까? 나치 독일에서 사느라고 시야가 가려져 그리스도인의 삶의 매력을 보지 못했던 것일까? 아니면 괴로운 실존이 그에게 더욱 고상한 진리를 계시해 준 것일까?

나는 야고보와 바울이 본회퍼와 반대되는 말을 했으면 좋겠다. 기분 좋은 말만 해주었으면 좋겠고, 예수께서 나에게 주시려는 것이 멍에가 아니라 편히 쉴 자리라고 설명해 주었으면 좋겠다. 나는 내가 이미 꽤 남성다우며 여기서 더 남성다워지려면 즐거운 노력만 하면 된다고 믿고 싶다. 예컨대 남자들의 모임에서 시간을 보내고 몇 가지 영적 훈련만 실천하면 된다고 말이다.

그런데 야고보의 말은 이렇게 이어진다. 기쁜 소식이 오고 있다! 공허감과 못났다는 느낌에 빠져 비참하게 허우적대는 사람들에게 그는 "주 앞에서 낮추라. 그리하면 주께서 너희를 높이시리라"(약 4:10)고 말

한다. 호세아가 생각난다. 하나님은 이 선지자를 비참한 결혼생활로 인도하셨다. 그는 야보고가 이 말을 하기 오래전부터 그 사실을 깨닫고 이렇게 썼다. "그들[하나님의 백성]이 고난 받을 때에 나[하나님]를 간절히 구하리라"(호 5:15).

호세아와 바울과 야고보가 우리에게 하는 말은 이것이다. 깊은 기쁨은 깊은 슬픔 속에서만 피어난다. 진정한 여성성과 남성성은 허무함을 느끼고 실패를 인정하고 관계의 처절한 고통을 겪는 괴로운 실존 속에서 계발된다. 그보다 후대의 사람들로, 어두운 밤에 대해서 쓴 십자가의 성 요한, 예수님을 사랑한 죄로 12년간 옥고를 치르며 좁은 길을 맛본 존 버니언, 하나님을 더 알수록 자신이 그분을 덜 좋아하게 될까 봐 염려했던 C. S. 루이스도 같은 말을 했다. 아울러 마이크 메이슨 같은 소수의 현대인들도 같은 말을 했다.

그래서 나는 어려운 결론 쪽으로 마음이 끌린다. 아니, 그 결론이 나를 강권한다고 말하는 것이 더 맞다. 우리는 온갖 방해물에 대하여 죽는—완전히 죽는—정도만큼만 남성성이나 여성성 안에서 충만하게 살아갈 수 있다.

최고의 인생을 사는 법에 대해 우리가 선호하는 개념이 있지만, 하나님은 그것을 뒤집으신다(그분은 이것을 회개라 하신다). 또한 그분은 먼저 우리를 쓰러뜨리는 문제를 고통스럽게 보게 하신 후에야 비로소 우리를 일으켜 세우는 해답을 명확히 보게 하신다(그분은 이것을 깨어짐이라 하신다). 그분의 이러한 성향을 감안할 때, 그분이 말씀하시는 생명에 이르는 길이 당장 나에게 멋있어 보이지 않는 것은 어쩌면 당연한 일이다.

나는 그분의 계획이 선하다고 믿는다. 하지만 그분이 명하시는 좁은 길을 더 가보기 전에는 아무도 그 계획이 선하다고 즐겁게 확신할 수 없다. 그러나 이것만은 말할 수 있다. 길을 가다 보면 하나님의 선하심을 달콤하게 맛볼 수 있다. 마라톤코스 곳곳에 경주자들을 위한 음료수대가 설치되어 있는 것과 비슷하다.

물론 음료수대는 결승선이 아니다. 경주를 마치기까지는 더 땀을 흘리며 지쳐야 하고 거의 감당 못할 경련을 견뎌내야 한다. C. S. 루이스는 그것을 이렇게 표현했다. "우리 아버지께서는 여행길에 기분 좋은 여관에 들러 원기를 회복하게 해주시지만, 그 여관들을 우리 집으로 착각하게 만들지는 않으신다."[2]

그래도 우리는 그렇게 착각하며 말한다. "아, 나는 하나님을 만났다. 그분의 임재를 느낀다. 삶은 더 이상 비참하지 않다. 나는 그분의 복을 누린다. 깨어진 모습은 이제 끝났다. 나의 공허함이 채워졌다. 더 이상 회개가 별로 필요 없다. 나는 도착했다. 집에 왔다. 나의 삶이 괴로운 실존이란 말인가? 나에게는 그렇게 보이지 않는다. 나는 복을 받았다. 치유되었다. 정말 아주 성숙해졌다. 모든 문제의 원인은 내 미성숙한 친구들과 까다로운 배우자에게 있다."

이런 착각에 빠지면 우리는 영혼을 무디어지게 하는 위안거리에 안주한다. 즐겁고 넓은 길을 어슬렁거리며 복을 누린다. 실패를 보지 않고 고생을 무시한다. 여성다운 여자와 남성다운 남자로 지속적으로 살지 못하여 하나님의 관계적 영광에 턱없이 미치지 못하면서도 우리는 그런 자신을 깨닫지 못한다. 그야말로 비극이다.

이 책의 4부는 좁은 길을 가는 나그네들을 격려하기 위해서 썼다.

길이 아무리 좁아져도 그 길을 고수해야 한다. “삶”이라고 착각했던 것들이 아무리 당신에게서 고통스럽게 떨어져 나간다 해도 말이다. 아직도 자신이 성숙한 줄로 알고 넓은 길을 신나게 뛰며 살아가는 사람들에게는 이렇게 말해 주고 싶다. 삶다운 삶에 이르는 길은 하나뿐이다. 그 길은 좁지만 말할 수 없이 좋은 길이다! 당신은 그렇게 살도록 지음 받고 부름 받았다. 그것은 하나님과 기쁘게 소통하고 사람들과 즐거이 소통을 나누는 삶이다.

지금부터 나와 함께 그 좁은 길을 답사해 보자. 그러면 그 길이 삶의 불행한 일과 괴로운 실존을 통해 우리를 변화시켜, 하나님을 드러내는 여성다운 여자와 남성다운 남자가 되게 해줄 것이다. 예수님 때문에 이제 우리도 삶다운 삶을 누릴 수 있다. 쉬운 삶은 아니지만 좋은 삶이다. 그리스도인에게 그것은 천국에 갈 때까지 누릴 수 있는 최고의 삶이자 이 세상에서 살아갈 가치가 있는 유일한 삶이다. 그 이하의 삶에 안주하지 말라. 우리가 섬기는 하나님의 영광은 예수님의 관계적 영광을 실천하는 여자들과 남자들을 통해 드러난다. 이보다 더 중요한 것은 없다.

21
더딘 경주의 시작

인내로써 우리 앞에 당한 경주를 하며. 히브리서 12:1

세 가지 출발점

잉태

문제가 시작된다. 지혜로워 보이는 어리석음이다. "내가 죄악 중에서 출생하였음이여. 어머니가 죄 중에서 나를 잉태하였나이다"(시 51:5).

회심

해답을 받는다. 새로운 생활방식이다. "하나님께서 잘못을 용서해 주시고 죄를 덮어 주신 사람은 복이 있다. 주님께서 죄 없다고 인정해 주실 사람은 복이 있다"(롬 4:7-8, 새번역).

전투가 벌어진다. 우리가 걸어야 할 좁은 길이다. "육체의 소욕은 성령을 거스르고 성령은 육체를 거스르나니 이 둘이 서로 대적함으로 너희가 원하는 것을 하지 못하게 하려 함이니라"(갈 5:17).

냉엄한 진리

매년 4-5회씩 나는 30여 명의 남자들과 여자들 앞에 서서 7일 과정의 영성지도학교를 시작한다. 그때마다 똑같은 생각이 나를 흔들어 깨운다. 하나님이 정말 우리를 여성다운 여자들과 남성다운 남자들의 공동체로 만들기 원하실진대 오직 그분만이 하셔야 할 일이 있다. 우리가 서로 깊이 소통하는 것이 그분의 계획이라면 그분의 일은 그만큼 더 힘들어질 것이다.

나는 그분이 그 일을 하실 것을 안다. 하지만 우리 쪽에서 그것을 원해야 한다는 것도 안다. 그래야 그분 쪽에서 필요한 일을 하실 수 있다. 필요한 일이란 다름 아닌 영적 수술이다. 이 수술에는 마취도 없다. 이것은 주파하기 힘든 노정이다. 이 길은 우리를 잉태에서 회심을 거쳐 고백으로 인도한다. 결국 우리는 영원한 완성에 이르러, 영원히 살아 계신 삼위일체 하나님의 춤에 동참하여 충만하게 살아가게 된다.

에덴동산 이후로 잉태는 우리 안에 하나님이 본래 주시려던 것과 정반대의 것을 만들어 냈다. 세상에 태어나는 모든 여아에게는 열어할 할 운명과 닫으려는 의지가 공존한다. 한편으로 좋은 관계를 원하지만, 나쁜 관계로부터 자신을 보호하려는 마음이 더 크다. 세상에 태어나는 모든 남아에게는 움직여야 할 운명과 멈추려는 의지가 공존한다. 한편으로 사람들의 삶 속에 변화를 가져다주고 싶은 갈망이 있지만, 절대로 실패하고 싶지 않은 갈망이 더 강하다. 우리의 여정은 충만한 삶을 향한 더딘 경주다. 그런데 우리 모두는 엉뚱한 방향으로 가려는 주체할 수 없는 욕망을 품고 그 여정에 들어선다. 그쪽으로 가면 재앙을 면할 수 없는데도 우리는 그것이 옳거나 적어도 안전하다고 확신한다. 이것을 깨닫지 않는 한 우리는 하나님이 하셔야 할 일을 이해할 수도 없고 감사하게 받을 수도 없다.

나를 흔들어 깨우는 생각이란 이것이다. 우리의 사고방식이 바뀌어 바른 방향으로 가기를 갈망하지 않는다면 우리는 삶다운 삶을 누릴 가망성이 전혀 없다. 여자 스스로 지혜롭게 자신을 열어, 초대하시는 하나님의 아름다움을 드러낼 사람은 없다. 위험이 감지되면 여자는 마음을 닫는다. 그래서 어떤 여자도 여성답게 되지 못한다. 남자 스스로 움직임을 지속하여, 움직이시는 하나님의 아름다움을 드러낼 사람은 없다. 하나님은 그분을 원하지 않는 사람들에게도 사랑으로 다가가시는 분이다. 자신의 영향력이 별로 없을 것 같으면 남자는 걸음을 멈춘다. 그래서 어떤 남자도 남성답게 되지 못한다.

우리가 명심해야 할 냉엄한 진리가 있다. 깊은 회개를 통해 사고가 변화되고 뼈아픈 깨어짐을 통해 새로운 갈망이 싹트지 않는 한 아무도 하나님께 부여받은 남자와 여자의 운명을 실현할 수 없다.

우리의 머릿속에는 낡은 생각들이 들러붙어 있다. 남자와 여자로서 살아 있다는 의미에 대한 거짓말인데, 우리는 그것을 믿는다. 그것은 분노와 위협과 고집으로 그 위세를 과시한다. 또한 우리의 마음속에

는 낡은 갈망들이 철옹성처럼 버티고 있다. 우리는 그것만 채워지면 자신이 살아 있음을 느끼게 될 줄로 알고 미련하게 거기에 의지한다.

그뿐 아니라 우리의 잘못된 생각들과 미련한 갈망들은 우리가 살고 있는 세상과 문화에 절호의 기회를 내준다. 그래서 세상은 지옥의 지혜로 우리의 대인관계 방식을 빚어낸다. 성장기 내내 우리는 실망스럽고 위험한 세상 속에서 살아남는 법을 배웠다. 그래서 무엇이든 상처가 될 만한 것들로부터 자신을 보호하고, 무엇이든 자존심을 세울 만한 것들을 사람들로부터 얻어낸다. 자신의 위안이 최고의 우선순위로 굳어진다.

나보다 남을 더 사랑하는 일은 숭고한 덕목으로 받아들여질지는 몰라도 현실 생활에서는 논리에 어긋난다. 첫 출발점인 잉태의 순간부터 우리는 타인의 행복보다 자신의 행복에 더 집착한다. 하나님의 영광은 아예 우리의 레이더망에 들어오지도 않는다. 여자아이들은 마음을 닫고 숨을 길을 찾는다. 남자아이들은 움직일 때 위험을 최소로 줄이고 이득을 최대로 높이는 법을 찾아낸다.

그런데 나와 함께 영성지도학교를 시작하는 사람들은 모두 그리스도인이다. 모두가 우리를 죄의 형벌에서 구원해 주실 예수님을 믿고 좁은 문으로 들어왔다. 새롭게 살아갈 능력과 다른 방향으로 나아갈 능력도 그분께 의지한다.

성령의 신기한 역사로 우리는 눈이 뜨였다. 알고 보니 자기중심적인 우리는 철저히 혼자였고 하나님께 대하여 완전히 죽어 있었다. 인간 본연의 모습을 잃어버린 상태였다. 우리는 관계적 죄라는 누더기를 걸친 채 거룩하신 관계적 하나님의 존전에 꿇어 엎드렸다. 가망 없는 죄인으로 무력하게 홀로 섰다.

그러다 우리는 예수님을 보았다. 그리고 회심했다. 그분이 우리를 용서하려고 죽으셨음을 우리는 처음으로 깨달았다. 예수님은 관계를 망쳐 놓는 우리의 자기중심성을 용서하셨고, 좋은 대접을 당연히 요구하는 교만하고 선천적인 권리의식을 용서하셨다. 또한 우리는 예수께서 무덤에서 부활하여 그분의 관계적 생명 곧 성령을 우리 안에 부어 주셨음을 믿었다. 성령이 주시는 능력으로 이제 우리는 하나님과의 관계를 확고부동한 최고의 선으로 갈망할 수 있고, 어떠한 희생을 무릅쓰고라도 하나님의 사랑을 다른 사람들에게 베풀 수 있다.

왜곡된 여정

그렇게 좁은 문으로 들어가 회심하던 순간 우리 앞에 새로운 삶의 길이 열렸다. 그렇지만 하나님을 위해 남성답게 또는 여성답게 된다는 개념은 대개 우리의 생각 속에 떠오르지 않았다. 관계적 여성성과 관계적 남성성은 하나님의 관계방식을 드러내 그분을 영화롭게 하지만, 그 개념이 내 머릿속에 들어온 것은 회심한 지 거의 50년이 지나서였다.

영성지도학교에 참여하는 모든 남녀의 삶에서, 나쁜 시작(첫 번째 출발점)은 이미 새롭고 좋은 시작(두 번째 출발점)으로 대체되었다. 잉태는 우리를 자아 쪽으로 이끌었지만 회심은 그것을 훨씬 좋은 방향으로 돌려놓았다. 우선은 하나님을 향하게 했고 다음으로 다른 사람들을 향하게 했다.

그러나 회심하고 나서 금세 분명해진 사실이 있었다. 좁은 문은 우

리를 좁은 길로 데려갔다. 그것은 실망과 낙심과 역경과 실패가 가득한 험한 길이었고, 괴롭다고 할 수밖에 없는 실존이었다. 그런데도 일부 그리스도인들은 충분히 "복을 받아" 용케 부정否定의 생활방식을 이어갔다. 그들이 믿기로 좁은 길이란 거기 속한 구성원들이 특권을 받았다는 의미에서만 좁은 것이었다. 즉 그들은 배타적인 엘리트 클럽이었다. 그들은 자녀, 돈, 건강 등 좋은 것들로 남다른 은혜를 받았고, 정서적 치유를 통해 자신과 자녀에 대해 상당한 만족감을 얻었다.

그러나 이런 부정을 고수하려면 우리의 목표를 낮추어야 한다. 좁은 길을 편안한 여정이라고 줄곧 믿으려면 급진적 제자도의 소명이 안락한 기독교의 기회로 전락해야 한다. 이제 예수님을 따른다는 것은 다른 사람들을 돌보되 먼저 당신의 안전부터 확보한다는 의미가 된다. 당신의 삶부터 잘되게 하라. 다른 사람들을 채워 주되 하나님이 당신에게 계속 만족할 만한 복을 주실 것을 당연히 기대하라. 남들에게 선을 행하면서 당신의 모든 행위를 자축하라. 그들이 당신에게 어떤 영향을 입고 있는지는 살펴볼 필요가 없다. 모든 사람을 사랑하되 함께 있기에 즐거운 사람들과만 친하게 지내라. 자신을 낮추되 계속 사람들의 존중과 칭찬을 구하라.

회심하여 그리스도인의 여정에 들어서고 나면 우리 대부분은 그리스도인의 삶을 보는 관점이 왜곡된다. 그래서 우리는 내가 제대로 살면 하나님이 내 삶에 복을 주실 거라고 믿는다. 이 환상을 깨뜨리려면, 하나님의 영광을 위해 남자와 여자로서 충만하게 살아간다는 말의 의미를 깨닫는 것보다 더 확실한 방법은 없다. 그런데 우리는 쾌적한 환경, 만족스러운 관계, 행복한 기분을 누리면서 충만하게 살아가는 것이 우리를 향한 하나님의 계획이라고 계속 생각하기를 좋아한다.

7일 과정의 영성지도학교가 중간쯤에 이르면, 우리는 하나님을 드러내는 여성다운 여자와 하나님을 드러내는 남성다운 남자가 된다는 의미를 성경에서 탐색한다. 영성계발에 들어선 여자가 어떻게 사람들에게 자신을 열어 온유하고 평온한 심령의 아름다움을 드러내는지 자세히 살펴본다. 온유한 심령은 아무것에도 무너지지 않으며, 평온한 심령은 요구를 일삼지 않는다. 이는 두려움에 지배당하지 않는 관계방식이다. 또한 우리는 영성계발에 들어선 남자가 어떻게 사람들에게 다가가는지 토의한다. 그는 사람들 속에 생명력 있는 사랑을 쏟아부으며, 그들을 하나님께로 이끌 수만 있다면 무관심과 비난의 반응도 기꺼이 감수한다. 그분은 언제나 사람들에게 다가가시는 분이다.

관계적 여성성과 관계적 남성성을 명확히 이해할수록 우리는 여자와 남자로서 하나님의 영광을 위해 충만하게 살아가려면 무엇을 버려야 하는지 더 똑똑히 보게 된다. 생명으로 인도하는 길이 얼마나 좁아야 하는지도 비로소 깨닫고 기꺼이 받아들인다. 좁은 길로 살아가노라면 우리에게서 아주 많은 것들이 떨어져 나간다. 하나님을 위해 충만하게 살아가는 데 꼭 필요하다고 생각했던 것들이다. 우선 자기방어적인 관계방식이 사라져야 한다. 자아를 입증하는 든든한 성공도 더 이상 우리의 목표가 될 수 없다. 남들의 관심과 존중을 요구하는 이기적인 태도도 회개를 통해 버려야 한다.

여성다운 여자와 남성다운 남자의 새로운 삶에는 새로운 종류의 싸움이라는 소명이 딸려 온다. 더 이상 우리는 행복한 결혼생활을 위해 싸우지 않는다. 우리는 배우자에게 하나님을 드러내도록 부름 받은

남자와 여자다. 그래서 이제 그러한 아내와 남편으로 살지 못하게 막는 내면의 모든 것을 대적하여 싸운다.

더 이상 우리는 자녀를 착하게 만들려고 싸우지 않는다. 이제 여성다운 엄마와 남성다운 아빠가 되려고 싸운다. 더 이상 우리는 복된 삶을 누리려고 싸우지 않는다. 물론 복을 받고자 기도하며 최선을 다해 받을 준비도 한다. 그러나 그보다 더 중요한 것이 있다. 하나님을 인격적으로 알고 그분을 관계 속에서 드러내는 것이 더 좋은 삶이다. 그래서 우리는 그 삶을 누리기 위해 세상과 육신과 마귀를 대적하는 싸움에 돌입한다.

우리는 여자와 남자로서 본연의 존재가 되고자 싸운다. 삶에 어떤 상황이 닥치고 영혼의 상태가 어떻게 느껴지든 우리는 하나님의 능력을 받아 계속 싸울 수 있다. 작은 승리들을 즐거워하며 최후의 그날까지 인내할 수 있다. 지금은 모든 관계 속에서 하나님을 드러내려 애쓰지만, 그날이 오면 그분의 임재 안에서 충만하게 살아갈 것이다.

생명에 이르는 좁은 길을 가려면 세 번째 출발점이 필요하다. 잉태될 때 우리는 잘못된 방향으로 첫발을 잘못 내딛었다. 그 길은 생명을 약속해 놓고 사망을 가져다준다. 회심할 때 우리는 예수님과의 새로운 관계를 통해 새롭게 출발했다. 새로운 능력을 얻어 새로운 방향으로 들어섰다. 이 길은 약속대로 생명을 가져다준다.

하지만 회심 후에는 고백이 생활방식으로 따라와야 한다. 여기서 말하는 고백이란 성찰이 없는 편안한 삶에 결코 안주하지 않는다는 뜻이다. 우리는 회심했으나 아직 영화롭게 되지 못한 타락한 남자와 여자다. 고백이란 타락한 세상 속의 타락한 남녀로서 삶의 현실을 냉혹하리만치 정직하게 바라본다는 뜻이다. 그러려면 우리 주변에서 벌어지는 모든 일, 우리 사이에서 벌어지는 모든 일, 우리 내면에서 벌어지는 모든 일을 바라보아야 한다. 우선 우리의 문화와 세상을 보아야 한다. 또한 우리는 사랑의 공동체 안에서 좋은 관계를 이루려고 노력하지만 결코 완전히 성공하지는 못한다. 그리고 전적으로 내 책임인 싸움은 오직 내 안에서만 벌어진다.

고백의 길을 갈 때 우리는 성령께서 내주하시는 곳인 자신의 중심을 발견할 수 있다. 그 중심은 발산될 날만을 고대하고 있는 우리의 여성성이나 남성성의 응어리이기도 하다. 영성지도학교는 사실상 고백의 훈련이다. 나는 많은 소신을 품고 이 학교를 이끌고 있지만 그중에서도 당장 이것보다 더 중요한 것은 없다. 즉 하나님은 우리를 우리가 있는 자리에서 만나 주신다. 거기서 능력을 주셔서 점차 목적지에 가까워지게 하신다. 그분이 우리를 만나 주시는 곳은 우리가 도달한 척하는 자리, 도달했으면 하는 자리, 한때 좋은 시절에 도달했던 자리가 아니다. 그분은 우리가 고백하는 그 자리에서 우리를 만나 주신다.

22
잉태에서 회심까지
형성된 어리석음

여호와께서 사람의 죄악이 세상에 가득함과 그의 마음으로 생각하는 모든 계획이 항상 악할 뿐임을 보시고 땅 위에 사람 지으셨음을 한탄하사 마음에 근심하시고. 창세기 6:5-6

포악함이 땅에 가득한지라. 하나님이 보신즉 땅이 부패하였으니 이는 땅에서 모든 혈육 있는 자의 행위가 부패함이었더라. 창세기 6:11-12

아이의 마음에는 미련한 것이 얽혔으나. 잠언 22:15

그 바라는 것은 피조물도 썩어짐의 종노릇한 데서 해방되어 하나님의 자녀들의 영광의 자유에 이르는 것이니라.……우리가 알거니와 하나님을 사랑하는 자 곧 그의 뜻대로 부르심을 입은 자들에게는 모든 것이 합력하여 선을 이루느니라. 로마서 8:21, 28

본연의 삶에 이르는 길은 좁다. 예수께서 그렇게 말씀하셨다. 그렇다면 그 길은 울퉁불퉁하고 험한 오르막길이며 가파른 산을 오르는 힘든 여정인가? 아니면 좁기는 하지만 예수님과 함께 걸으면 기쁨의 여정이 되는 고르고 평탄한 길인가? 어쩌면 그 길은 우리를 음침한 계곡으로 데려가는 좁은 내리막길인지도 모른다. 그래서 우리는 눈에 보이지 않고 느껴지지 않는 그리스도를 믿음으로 의지해야 한다.

혹시 그 세 가지 다일 수 있을까? 한동안 오르막길이다가 무서운 어둠 속으로 내리닫고, 거기서 다시 선지자의 말대로 "고르지 아니한 곳이 평탄하게 되며 험한 곳이 평지가 될 것"인가?(사 40:4) 내 경험을 믿어도 된다면, 나는 생명에 이르는 길이 평생의 순환과정이라고 말하겠다. 올라가다 내려가다 한동안 평지가 나오고, 다시 올라가다 내려가다 결국 또 평지가 나온다.

여자를 여성성으로, 남자를 남성성으로 인도하는 길은 정확히 무엇인가? 지금부터 그것을 생각해 보자.

여자와 남자의 자각

당신은 여자다. 하나님은 당신을 관계적으로 여성다운 여자가 되도록 지으셨다. 이제 당신도 그것을 안다. 하지만 자신의 모습이 그렇지 못함을 자각하고 있다. 이 책을 읽으면서 성령의 도움으로 자신의 실상을 더욱 분명히 보았다. 당신은 자신의 관계방식을 통해 하나님의 관계적 영광을 드러내야 하지만 거기에 턱없이 못 미치고 있다. 특히 가장 가까운 관계들에서 그렇다. 이제 어찌할 것인가? 그 다음은 어떻게

되는가? 다음은 한 여자가 나에게 한 말이다.

> 물론 나는 세상이 안전하게 느껴지지 않는다. 그동안 상처도 많이 받았다. 그래서 위험할 듯싶은 사람과는 무조건 거리를 둔다. 그러다 보니 내게서 비판적 인상이 풍겨 나는 모양이다. 내 말투가 늘 그렇지는 않은 것 같은데, 남들에게 그런 지적을 받는다. 내게 비판적 성향이 있다는 것은 나도 안다. 하지만 나는 정말 비판할 만한 일만 비판한다고 생각한다. 나는 늘 자신이 비판적이기보다는 정직하다고 생각했고, 장밋빛 안경을 끼지 않은 현실주의자로 자처했다. 하지만 이제야 깨달았다. 나는 내게 없다고 생각되는 결점들만 골라서 남들을 비판한다. 그러면 우월감과 더불어 내가 유용한 존재라는 기분이 든다. 이런 관계방식을 통해 내 자존심을 살리는 셈이다. 그러면 "나는 누구누구와 같지 않다"고 말할 수 있지 않은가. 그게 얼마나 잘못된 일인지 이제야 깨달았다. 내가 얼마나 여성답지 못하고 열려 있지 않은지도 깨달았다. 그런데도 마음을 열고 싶지 않다. 내 내면의 실상을 아무도 좋아하지 않을 것 같아 두렵다. 나 자신도 그것이 싫을 것 같다. 하지만 어떻게 해야 될지 모르겠다. 변화는 어떻게 일어나는가?

이 여자에게 내가 맨 처음 보인 반응은 이것이다. "당신은 자신의 부족한 모습 때문에 마음이 아프다. 그래서 변화를 원한다. 변화될 수 있는 길을 보여 달라고 하나님께 기도도 했다. 당신은 내면의 괴물을 다스리려 진심으로 노력하고 있다. 하지만 성과가 없다."

당신은 남자다. 하지만 성경적 기준으로 볼 때 자신이 남성다운 남자가 아니며 적어도 완전히 그렇지는 못함을 이제야 깨달았다. 당신은 진정한 친구가 하나도 없다. 관계가 버겁게 느껴지면 분노에 차서 후퇴해 버린다. 자신이 언제 터질지 모르는 시한폭탄처럼 느껴질 때도 있다. 알고 보니 당신이 사람들에게 다가가는 것은 그들을 위해서라기보다 자신을 위해서다. 이제 당신은 자신의 이런 모습 앞에서 어떻게 해야 할지 막막하다. 다음은 한 친구가 나에게 한 말이다.

> 나는 겉으로는 안정되어 보이지만 속으로는 그렇게 느껴지지 않는다. 천천히 오래 생각하면 두렵다. 자신이 왜소하고 초라하고 자아에 함몰된 존재로 느껴진다. 늘 내가 어떤 모습으로 비쳐질지, 내 삶이 얼마나 잘 풀리고 있는지 그런 생각밖에 없다. 내 안에는 늘 교만한 분노가 조금씩 부글거리고 있다. 어떤 때는 그게 터져서 사소한 일에도 노발대발한다. 여태까지 나 자신에 대해 이렇게 깊이 생각해 본 적이 없다. 내 내면의 실상을 남에게 말해야 한다면 정말 거북할 것이다. 그 실상이 나도 싫다. 내가 누군가와 정말 가까워진 적이 있는지 잘 모르겠다. 당신이 제시한 소통의 다리를 통해 깨달았다. 그동안 나는 말로는 사랑한다고 하면서, 사람들과 깊이 소통하려고 그 다리를 건너 본 적이 한 번도 없다. 때로 나는 내 자신이 강하고 훌륭하고 중요하게 느껴질 수만 있다면 못할 일이 없을 것 같다. 단 한순간이라도 그렇게 될 수만 있다면 정말 무엇이든 할 것 같다. 나는 내가 되고 싶은 그런 남자가 아니다. 하지만 나는 그리스도인이다. 그런데 정말 어떻게 변화되어야 하는지 막막하다.

나는 친구의 말을 듣고 이렇게 대답했다. "내가 듣기에 당신은 자신의 관계방식이 얼마나 초라한지 어쩌면 처음으로 깨달았다. 자신이 잘못된 줄은 알겠는데 무엇이 그렇게 잘못되어 이런 관계방식으로 표출되는지는 아직 모르고 있다. 당신은 하나님께 변화시켜 달라고 진심으로 기도했다. 남성성에 대한 좋은 책도 몇 권 읽었다. 남자들끼리 솔직하게 마음을 털어놓는 남성 모임에도 속해 있다. 하지만 당신의 잘못된 부분은 밝혀지지 않은 채로 남아 지금도 기세 좋게 당신의 관계방식을 지속시키고 있다."

이 여자와 이 남자처럼 당신도 그리스도인이라면 이미 좁은 문으로 들어왔다. 나도 여덟 살 때 그리스도인 되었다. 우리는 문 안쪽에 있다. 진정한 거듭남을 체험했고, 그리스도께로 회심했으며, 하나님의 가정에 입양되었다. 성령께서 결코 떠나지 않으시고 우리 안에 내주하신다. 우리는 때를 따라 하늘 아버지께 나아가 도움을 얻으라는 초대도 받았다. 또한 부활의 능력에 힘입어 우리도 예수께서 다가가신 것처럼 다른 사람들에게 다가갈 수 있다. 부족한 것이 없다. 그렇다면 무엇이 문제인가? 이제 우리는 어떻게 해야 하는가? 그 다음은 무엇인가?

다윗의 죄의 뿌리

이제 좁은 길로 예수님을 따라갈 때가 되었다. 우리를 여성다운 여자와 남성다운 남자로 형성해 줄 다른 길은 없다. 그렇다면 그 길은 무엇인가? 좁은 길은 무엇이며 우리는 어떻게 그 길을 갈 것인가? 다윗 왕의 이야기에 이런 의문의 답이 일부 들어 있다.

우리 모두와 같이 그도 실패했다. 그런데 우리 대부분과 달리 그는 그 이유를 알았다. 실패했을 때 그는 어떻게 해야 하는지도 알았다. 다윗이 본연의 남성성을 거역한 최악의 사례는 아마 군대를 전쟁터로 보내 놓고 혼자 "예루살렘에 그대로 있던" 때였을 것이다(삼하 11:1). 그는 군대장관으로서 마땅히 전쟁터로 움직여야 했고 늘 하나님의 사명을 수행해야 했다. 그런데 휴식을 취했다. 움직임을 멈추었다.

어떤 사람들은 다윗이 휴식을 취할 만도 했으며 지혜롭게 자기관리를 한 것이라고 생각할지도 모른다. 이미 곰과 거인을 죽였고 많은 전투에서 용사들과 군대를 지휘한 그가 아니던가. 하지만 자기관리에도 두 종류가 있다. 경건한 자기관리는 움직임을 멈추되 새 힘을 얻어 다시 움직일 목적으로 멈춘다. 그러나 다윗의 경우는 결과적으로 후퇴에 더 가까웠다. 회복을 위한 자기관리가 아니라 고갈을 부르는 방종이었다.

움직임을 멈춘 지 하루도 못 되어 그는 간음을 범했다. 왕궁의 지붕에서 쉬던 중에 한 여자를 보았는데, 아름다운 여체가 그에게 자극한 것은 정욕의 움직임이었다. 다윗처럼 잘못된 자기관리로 후퇴하는 남자는 더욱 취약해져서 부당한 쾌락에 빠지기 쉽다. 그런 자기관리는 영혼을 회복하여 계속 움직이기 위한 것이 아니라 권리의식을 내세워 움직임의 스트레스에서 벗어나기 위한 것이다.

밧세바는 다윗을 통해 임신했다. 그 사실을 안 다윗은 계속 더 자기관리로 대처했다. 처음에는 속임수를 쓰다가 급기야 살인까지 동원했다. 둘 다 하나님의 명예가 아니라 자신의 명예를 지키기 위한 것이었다. 실패를 숨기는 일보다 더 육신에 위력을 더해 주는 것은 없다. 다

윗은 하나님의 마음에 합한 사람이었다(구약의 표현으로 그가 이미 좁은 문으로 들어갔다는 뜻이다). 그런 그가 밧세바의 남편 우리아를 죽였다. 그러고는 과부를 집으로 불러들여 자기 아내로 삼았다. 그렇게 완전범죄로 끝나는 듯했다. 새 아내와 새 아이, 그야말로 만사형통이었다.

그러나 "다윗이 행한 그 일이 여호와 보시기에 악"했다(삼하 11:27). 하나님은 나단을 택하여 다윗에게 영적 지도를 베풀게 하셨다. 나단은 숨어 있던 죄인을 용케 공개적 자백으로 이끌어 냈다. 다윗은 죄가 발각된 것에 당황하고 분노하기보다 겸손히 자신의 실패를 인정하며 "내가……죄를 범하였노라"고 순순히 고백했다.

그런데 그의 고백 속에 의미심장한 문구가 들어 있다. "내가 여호와께 죄를 범하였노라"(12:13). 내가 밧세바의 아버지나 우리아의 형이라면 다윗이 선택한 어휘를 보며 이렇게 반응했을지도 모른다. "당신은 내 딸에게 죄를 범했다! 내 동생에게 죄를 범했다!"

물론 다윗은 밧세바와 우리아에게도 죄를 범했다. 하지만 그는 도덕적 실패와 관계적 죄를 유발하는 뿌리가 자신의 마음 깊숙이 박혀 있는 악한 죄성임을 알았다. 그 악한 사고방식 때문에 그는 당장 눈앞에 더 쉽게 얻을 수 있는 위안이 보이자 하나님을 저버렸고, 그러면서도 그것을 정당화했다. 그 즐거운 위안을 그는 자신의 일정표에 맞추어 요리했다.

다윗은 자신이 죄악 중에 잉태되어 죄인으로 태어났음을 깨달았다. 그가 선택한 죄는 그 죄성의 표출이었다.

나를 비롯해서 오늘날의 그리스도인들은 죄의 뿌리를 인식하지 않고 죄의 열매만 보는 경향이 있다. 죄 관리의 신학은 우리에게 굳이 내면을 깊이 들여다보아 죄성을 찾아낼 필요가 없다고 부추긴다. 하지만 죄성은 우리가 잉태될 때부터 우리 안에 있었고 회심 후에도 우리 안에 남아 있다. 이런 '넓은 길의 신학'은 얄팍한 회개를 낳는다. 그런 회개를 통해서는 하나님의 형상을 지닌 모든 인간의 영혼 깊숙이 자리하고 있는 여성성이나 남성성이 흘러나올 수 없다.

얄팍한 회개는 이런 식이다. 우리는 뭔가 잘못을 범한 뒤에 죄책감을 느낀다. 죄책감이 들면 기분이 나빠지고 불행해지고 짜증나고 울적해진다. 그래서 우리는 참회한답시고 자신의 실패를 자꾸 곱씹는다. 물론 이런 참회는 교만이다. 그런 식으로 우리는 하나님께 정말 우리를 용서하셔야 한다고 통보한다. 자신에 대한 기분이 좋아지기 위해서다. 우리는 앞으로 잘하겠다는 눈물의 다짐으로 하나님을 피곤하게 한다. 실패할 때마다 그런 약속을 되풀이한다. 각고의 노력으로 용케 한동안 고질적인 죄를 범하지 않으면, 우리는 감사하기보다 더욱 교만해진다. 여전히 자아에 몰두된 상태다. 익숙한 방식으로든 새로운 방식으로든 다시 실패하면, 기분이 나빠지면서 얄팍한 회개의 순환이 똑같이 반복된다.

다윗은 다른 길을 택했다. 내면의 괴물을 깊이 들여다보았다. 그것은 하나님을 공격하는 바이러스였다. 그것 때문에 죄악의 행동이 멋있고 정당하다 못해 꼭 필요해 보이기까지 했다. "내가 죄악 중에서 출생하였음이여. 어머니가 죄 중에서 나를 잉태하였나이다"(시 51:5).

그 다음 절에 "중심"으로 번역된 단어는 직역하면 "비밀을 숨겨 두는 영혼의 은밀한 곳"이라는 뜻이다. 보고 싶지 않은 것들을 모두 처박아 두는 곳이다. 다윗은 하나님께 그곳에, 곧 "내 속에"(6절, 개역한글) 지혜를 가르쳐 달라고 기도했다.

좁은 길을 가려면 깊은 회개가 필요하다. 회개가 깊어지려면 모태로부터 지혜를 배워야 한다. 잉태되던 순간부터 우리 안에 악한 죄성이 있었다. 이 세상에 사는 동안에는 그것이 계속 우리를 괴롭힐 것이다.

모태로부터 배우는 지혜

교훈 1-우리의 근본적 죄성

잉태부터 회심까지, 남자들과 여자들의 가장 큰 갈망은 자신이 부릴 수 있는 모든 자원을 통해 자신의 행복을 챙기는 것이다. 이 가장 큰 갈망이 곧 그들의 가장 큰 문제다.

앞서 말했듯이 여자아이는 열어야 할 운명과 닫으려는 의지를 가지고 삶에 들어선다. 남자아이는 움직여야 할 운명과 멈추려는 의지를 가지고 모태에서 나온다. 여기서 질문이 생겨난다. 잉태에서 출산까지 9개월 동안 도대체 무슨 일이 벌어지기에 우리 모두가 그렇게 나쁜 조건에서 출발해야 하는가? 여아들은 마음을 열어 예수님을 드러내게 되어 있지만, 하나같이 마음을 닫아 자신을 보호한다. 남아들은 움직여 예수님을 드러내게 되어 있지만, 실패를 면하려고 어김없이 멈춘다. 그 이유가 무엇인가?

잉태되는 순간부터, 팔과 다리와 눈과 허파가 형성되는 동안 관계의 역량도 함께 형성된다. 남자와 여자로서 하나님 및 사람들과 소통할 수 있는 역량이다. 하지만 다윗이 깨달았듯이 자아를 향한 욕망도 동시에 자란다. 이 욕망의 최고 목표는 내 기분이 좋아지는 것이다. 이 갈망은 관계의 역량을 엉뚱한 방향으로 틀어 놓는다. 그래서 우리는 하나님의 뜻대로 그분과 관계를 맺는 것이 아니라 자기 힘으로 살아가려 한다. 자신의 만족과 안정을 스스로 만들어 내려 한다.

간단히 말해서 당신과 나는 처음 생겨날 때부터 "내가 제일 중요하다"는 생각을 품고 있었다.

출생 전의 태아는 의존적인 존재로 안전하고 편안하게 살아간다. 모태가 모든 필요를 채워 준다. 그러다 아이가 태어난다. 모태와 단절되어 이 세상의 확 트인 공간에 들어서는 순간, 아이의 든든한 의존이 두려운 의존으로 금세 바뀐다. "거기 누가 있나요? 방금 내게 무슨 일이 벌어진 건가요? 부디 누가 나와 함께 있어 주세요! 여기 내 곁에 있어 주세요!"

좋은 부모는 이렇게 대답한다. "내가 여기 있다. 너와 함께 있다. 나는 네 편이다. 너에게 무엇이 필요한지 안다. 그것을 내가 채워 주마. 나는 결코 너를 버리거나 떠나지 않을 것이다. 너는 안전하다. 내가 너를 원하고 사랑한다." 좋은 부모는 갓난아기에게 예수님의 첫맛을 보여준다.

하지만 실망의 때가 오게 마련이다. 아이의 공포에 매번 확실하고 자상하고 명민하고 지혜롭게 반응할 수 있는 부모는 없다. 완벽할 수는 없다. 아이는 어리석음을 타고났고, 부모의 불가피한 실패를 통해 그것이 행동으로 터져 나온다. 어느새 아이는 하나님을 닮은 관계의

역량을 오히려 관계의 결핍으로 경험하게 된다. 그 결핍을 채우려면 하나님께 의존해야 하지만 미련하게도 아이는 하나님을 구하지 않는다. "깨닫는 자도 없고 하나님을 찾는 자도 없고"(롬 3:11).

어리석음이란 하나님을 떠나는 움직임으로 정의된다. 이 움직임은 자아를 향한 욕망의 표출이다. 어떻게든 자아의 힘으로 만족을 찾으려는 의지의 표출이다. 잉태되는 순간부터 아이의 내면에 바로 그 어리석은 욕망이 "얽혀" 있다(참조. 잠 22:15).

아기의 무력한 울음은 꼬마의 당돌한 요구로 변하고, 그것이 회심의 순간까지 모든 남자와 여자를 계속 지배한다. "부디 나와 함께 있어 주세요. 나에게 당신이 필요해요!"가 "내 곁에 있으라면 있어요. 내 말대로 해요!"로 변한다. 본래 여자는 다른 사람들을 초대하여, 초대하시는 하나님의 아름다움을 누리게 해야 한다. 그런데 이제 두려워진 소녀는 다른 사람들을 통해 자신의 필요를 채워야만 하는 존재가 되었다. "나를 좋아해 주세요! 나를 즐거워해 주세요! 내게 와 주세요! 그렇지 않으면 당신에게 내 마음을 닫겠어요. 아무거나 내게 있는 것을 열어서 다른 사람들의 환심을 사겠어요."

본래 남자는 하나님을 드러내는 사랑의 움직임으로 사람들에게 영향을 미쳐야 한다. 거기서 자신의 가치를 발견하도록 하나님이 그렇게 정하셨다. 그런데 이제 두려워진 소년은 다른 사람들에게 무언가를 요구한다. "나를 존중해 주세요! 내게 주목해 주세요! 내가 주는 것을 받아서 당신의 삶에 긍정적인 변화가 있었다고 인정해 주세요. 그렇지 않으면 더 이상 당신에게 다가가지 않겠어요. 아무거나 내게 있는 것으로 다른 사람들에게 다가가 내 욕망을 채우겠어요."

모태로부터 배우는 지혜는 우리의 근본적 죄성을 보여준다. 잉태되는 순간에 시작된 이 죄성은 유년기의 발육을 거쳐 지금도 우리 안에서 성령의 모든 감화를 대적한다. 그리고 이 지혜는 깊은 회개로 이어진다.

교훈 2–우리의 어리석음

우리 안의 가장 강한 갈망은 하나님께 가지 않고도 살아 있음을 느끼려는 것이다. 그래서 인생의 경험은 자아를 향한 욕망을 빚어내는 위력이 있다. 덕분에 우리는 관계방식을 통해 자신이 두려워하는 것은 피하고 자신이 원하는 것은 얻는 법을 배운다. 우리 모두의 안에 이기적인 관계의 사이클이 생겨난다.

교활하기 짝이 없는 사탄은 인생의 경험을 통해 활동한다. 인간관계와 생활환경이 다 그러한 경험에 해당한다. 그는 우리 힘으로 욕구를 채우라며 얼핏 보기에 도덕적이고 심지어 "기독교적으로" 보이는 방법들을 제시한다. 어리석은 우리는 세상의 지혜를 받아들인다. 게다가 우리의 육신은 멋지게 꾸미고 관계 속으로 들어간다. 멋지지 않다면 하다못해 자신이 꼭 필요해 보이게라도 만든다. 우리는 내 마음대로 살아갈 권리가 있고, 나한테 옳다고 느껴지는 대로 사람들을 대할 권리가 있다. 그것이 우리의 고집스런 생각이다.

여자아이들은 어리석게 마음을 닫고 고집을 부린다. 이것은 일종의 권력이며 여아는 거기서 쾌감을 얻는다. 아버지에게 학대당했거나 버림받은 여아일수록 특히 더하다. 음식에 대한 권력은 거식증으로 이어진다. 사람에게 권력을 행사하는 여자는 결국 육욕과 문란한 성생활에 빠지고, 실력과 추진력을 과시하며, 고통스러운 관계를 피하면서

그것을 정당화하고, 강박적 친절을 통해 인정을 얻어내려 한다.

남자아이들은 어리석게도 좋은 관계방식을 버리고 성공을 추구한다. 성취를 통해 자신이 중요한 존재임을 확인하며 쾌감을 느낀다. 어머니의 통제나 아버지의 비난이 심했던 남아일수록 특히 더하다. 성공을 향해 움직이는 남자는 뛰어난 운동 실력을 꿈꾸고, 재계나 교회나 정계에서 지도자로 인정받으려 하고, 포르노나 간음이나 재물을 통해 손쉬운 쾌락에 빠진다.

모태로부터 배우는 지혜는 우리의 어리석음을 폭로한다. 우리의 생활방식은 물론 훌륭해 보이는 선택까지도 다분히 그 어리석음이 지배한다. 깊은 회개가 이루어지려면 먼저 자신의 관계적 실패로 인해 마음이 깊이 깨어져야 한다.

교훈 3–우리의 깨어짐

죄를 깊이 자각하고 마음이 깊이 깨어져야 깊은 회개가 가능하다. 하나님이 없이는 우리는 죄짓는 일밖에 할 수 없다. 그것을 깨닫기 전까지 우리는 독자적 노력의 부질없음, 하나님을 의지하는 즐거움, 교만에 이끌리는 육신의 위력 따위를 결코 알 수 없다. 그리하여 여전히 여성답지 못한 여자와 남성답지 못한 남자로 남게 된다.

예레미야를 통해 하나님은 "내 백성의 상처를 가볍게 여기는" 이스라엘의 종교 지도자들을 엄히 책망하셨다(렘 6:14). 의사가 내게 암이 있음을 알려 주었을 때 나는 그에게 감사했다. 음식 조절이나 운동으로는 치료할 수 없는 '상처'가 내 몸에 있음을 나는 알아야 했다.

언젠가 친한 친구 하나가 내게 하는 말이, 더 이상 자신의 깊은 고민을 내게 털어놓고 싶지 않다고 했다. 나는 깜짝 놀라 이유를 물었다. 그의 대답은 나를 더 놀라게 했다. "래리, 자네에게 내 문제를 말하면 내가 꼭 자네의 일감이 되는 기분일세. 실력을 발휘하여 쾌감을 느낄 기회를 자네에게 제공해 주는 셈이지."

나는 새삼 더 깊이 회개했다. 곧바로는 아니었고 얼마 동안 속을 끓여야 했다. 어쨌든 결국은 성령의 인도하심에 따라 내 마음을 살폈다. 나는 초등학생 때 맞춤법 대회에서 우승했고 대학원 시절에도 열심히 공부해서 우등생이 되었다. 나중에 깨닫고 보니 계발되지 못한 사회성을 그렇게 보상하고 있었고, 관계적 실패에 대한 두려움을 학문적 실력으로 덮고 있었다. 래리를 잃어버리고 크랩 박사가 된 것이다. "래리로 살려는" 싸움은 지금도 계속되고 있다.

내가 모태에서 나오기도 전부터 자아를 향한 욕망이 내 속에 박혀 있었다. 그 욕망은 차차 관계방식으로 형성되어 "뭔가 대단한 존재가 되려는" 나의 욕구를 부채질했다. 그 욕구는 두려움에서 비롯된 것이다. 하나님이 없이는 나는 죄짓는 일밖에 할 수 없다. 친구의 지적을 통해 그것을 깨달았다. 내 죄를 처리할 능력이 내게 없음도 좀 더 분명해졌다. 나는 죄를 자백할 수 있을 뿐이다.

하나님이 계시기에 나는 서서히 배우고 있다. 하나님의 은혜란 내가 공허한 영혼과 깨어진 관계방식을 가지고 그분께 갈 수 있다는 뜻이다. 나 스스로는 내 영혼을 채울 수 없고 내 관계방식을 고칠 수 없다. 그분께 가면 묘하게 내 안이 충만해지고, 남자로서 관계를 맺고 싶은 갈망이 싹튼다. 사람들이 나를 크랩 박사, 래리, 남편, 아빠, 할아버지 등 무엇이라 부르든 관계없이 말이다. 관계적 실패로 인해 마음이

깨어지면 내 안에 주어진 새로운 능력을 인식하게 된다. 나는 하나님의 성품에 참여한다. 예수께서 이 세상에 사시고 죽으실 때 그분 안에도 동일한 성품이 충만했다. 그 성품은 내가 깨어질 때에만 내 안에 계시되고 나를 통해 흘러나간다.

자아에 함몰된 남자와 여자는 하나님만이 주실 수 있고 간절히 주시려는 것을 미련하게 사람들에게 요구한다. 그러다 우리는 우리 안에서 역사하시는 성령을 통해 깨닫는다. 그런 관계방식은 우리를 공허하게 하고 말할 수 없이 흉하게 만든다. 이때 우리가 거룩하고 자비로우신 하나님 앞에 자신의 무력하고 절망적인 모습을 고백하면, 거기서부터 좁은 길이 시작된다. 그 길을 걸을 때 우리는 자유로이 여성다운 여자와 남성다운 남자로 살아갈 수 있다.

본연의 존재가 되지 못하게 우리를 막고 있는 문제는 깊다. 하지만 하나님의 해답은 더 깊다. 지금부터 그 해답을 살펴보고자 한다.

23
새로운 삶

기독교의 핵심 교리는 이것이다. 그리스도의 죽음은 놀랍게도 우리를 하나님과 화목하게 하고 새 출발을 가져다주었다.

타락한 인간은 단지 개선이 필요한 불완전한 피조물이 아니다. 타락한 인간은 무기를 내려놓아야 하는 반역자다.……이것이 그리스도인들이 말하는 회개다. 회개란 결코 재미있는 일이 아니다.……회개란 그동안 우리 자신에게 길들여 온 모든 자만과 아집을 버린다는 뜻이다.

기독교의 덕목을 실천하려 진지하게 애쓸 때 주로 배우는 교훈은 우리가 실패할 수밖에 없다는 사실이다.

"내[그리스도]가 베풀 도움이라고는 너를 온전하게 만드는 것뿐이다. 너는 그 이하를 원할지 모르지만 나는 그 이하는 줄 수 없다."

그리스도께서 인간이 되어 이 세상에 오신 것은 자신의 생명을 다른 [남녀] 인간들에게 퍼뜨리시기 위해서다. 그분은 "좋은 전염"을 통해 그것을 퍼뜨리신다. C. S. 루이스[1]

잉태되는 순간부터 우리 모두는 아주 나쁜 조건에서 출발한다. 남아들과 여아들은 태어날 때부터 자기밖에 사랑할 줄 모른다. 하지만 그때도 하나님은 그들을 사랑하신다. 아니, 그전에 그들을 계획하실 때부터 사랑하셨다. 하지만 삶이 시작될 때 그들에게 심각한 문제가 있는 것만은 분명하다. 우리 모두가 그렇다.

회심하기 전까지는 어떤 여자도 성경적으로 여성답게 되어 가는 중이 아니고, 어떤 남자도 성경적 남성성으로 성장하는 중이 아니다. 여성다운 여자가 사랑하는 법은 우선 하나님의 사랑 안에 안식하는 것이고, 나아가 예수님의 초대하시는 사랑을 사람들에게 드러내기 위해 살아가는 것이다. 남성다운 남자가 사랑하는 법은 우선 하나님의 사랑에 의지하는 것이고, 나아가 하나님의 사랑의 움직임을 사람들에게 드러내는 것을 최고의 목적으로 삼고 살아가는 것이다. 하나님께 대하여 죽어 있는 사람은 하나님처럼 사랑할 수 없고, 회심하기 전까지는 아무도 하나님께 대하여 살아 있지 못하다.

사랑은 삶이다

냉엄하고 두려운 진리이지만 또한 소망으로 가득 찬 진리가 있다. 용서받고 깨어지고 회개하는 심령 속에 성령께서 초자연적 능력을 부어주지 않으시면, 어떤 남자나 여자도 하나님의 관계적 속성을 드러내는 방식으로 사람을 사랑할 수 없다. 하지만 성령께서 능력을 주시면 우리는 새로운 삶을 새로운 방식으로 살아갈 수 있다.

바울도 똑같이 보았다. 그는 회심한 죄인인 그리스도인들에게 쓴

편지에 그들의 회심 전의 실상을 이렇게 상기시킨다.

> 그는 허물과 죄로 죽었던[지금은 아니다] 너희를 살리셨도다. 그때에[더 이상은 아니다] 너희는 그 가운데서 행하여 이 세상 풍조를 따르고 공중의 권세 잡은 자를 따랐으니 곧 지금 불순종의 아들들 가운데서 역사하는 영이라. 전에는 우리도 다 그 가운데서 우리 육체의 욕심을 따라 지내며 육체와 마음의 원하는 것을 하여 다른 이들과 같이 본질상 진노의 자녀[어떤 역본에는 하나님의 분노의 대상]이었더니(엡 2:1-3).

그리스도가 없이는 어느 누구도 본래 사랑해야 할 방식대로 사랑할 수 없다. 본래 우리가 관계를 맺는 목적은 하나님의 사랑을 드러내기 위해서가 아니라 자신의 욕구를 채우기 위해서다. 그러니 당연히 하나님의 분노의 대상일 수밖에 없다. 무엇이든 하나님이 사랑하시는 사람들의 기쁨을 망치고 관계를 파괴하는 것이라면, 거룩하신 사랑의 하나님이 그것을 미워하실 수밖에 없지 않겠는가? 무엇이든 그분의 사람들을 막아 그분을 최고의 선으로 존중하지 못하게 하고 남들에게 그분을 최고의 목적으로 드러내지 못하게 한다면, 그분이 거기에 노하심은 당연한 일이다.

도스토옙스키가 지옥을 묘사하기를, 사랑할 수 없어 고통당하는 상태라 한 것도 이해가 된다. 그 고통은 그리스도 안에서 끝난다. "긍휼이 풍성하신 하나님이 우리를 사랑하신 그 큰 사랑을 인하여 허물로 죽은 우리를 그리스도와 함께 살리셨고"(엡 2:4-5). 하나님의 생명 덕분에 이제 우리는 사랑할 수 있다.

그리스도께로 회심해야만 그 생명을 받아 우리도 능히 그리스도처럼 사랑할 수 있다. 사도 요한은 여러 번 자신을 "예수께서 사랑하시는 자"로 지칭했는데, 그가 말하기를 "우리는 형제를 사랑함으로 사망에서 옮겨 생명으로 들어간 줄을 알거니와 사랑하지 아니하는 자는 사망에 머물러 있느니라"(요일 3:14)고 했다. 그리스도인들은 다른 그리스도인들을 사랑한다. 나아가 그들은 함께 세상을 사랑하여 죄인들을 향한 하나님의 사랑을 드러낸다. 적어도 그것이 주님의 계획이다. 회심한 사람들은 사랑할 수 없어 고통당하는 상태를 더 이상 경험할 필요가 없다. 이제 사랑할 수 있는 자유와 기쁨을 누린다.

동일한 사도는 자신의 복음서에 예수님께 들었던 이 말씀을 기록했다. "새 계명을 너희에게 주노니 서로 사랑하라. 내가 너희를 사랑한 것 같이 너희도 서로 사랑하라. 너희가 서로 사랑하면 이로써 모든 사람이 너희가 내 제자인 줄 알리라"(요 13:34-35).

이러한 진리들을 모두 합하면 다음과 같은 기쁜 소식이 나온다. 그리스도인 여자는 이제 자신을 열어 모든 사람에게서 경건한 움직임을 불러낼 수 있다. 상대가 그녀를 사랑하는 사람이든 미워하는 사람이든 상관없다. 그녀는 여성다운 여자가 될 수 있다. 그리스도인 남자는 이제 예수님의 사랑으로 다른 사람들에게 다가갈 수 있다. 상대가 그를 존중하는 사람이든 무시하든 사람이든 상관없다. 그는 남성다운 남자가 될 수 있다.

회심한 사람은 새로운 삶을 얻는다. 하지만 거기에는 새로운 싸움도 함

께 따라온다. 회심하기 전까지만 해도 남녀 인간은 책임감 있고 착실하고 남을 배려할 줄 아는 사람으로 잘 살아 보려고 싸웠다. 그 싸움은 폐쇄적인 자기중심성과 사교적인 자기중심성 사이에서 벌어졌다. 잉태부터 회심까지는, 우리의 가장 덕스러운 행위조차도 하나님이 보시기에 "더러운 옷 같다"(사 64:6). 회심할 때의 나이가 8세이든 80세이든 마찬가지다. 그리스도 안에서 살아나기 전까지는 우리가 아무리 잘해봐야 결국 썩어가는 시체에 예쁜 옷을 입히고 악취를 향수로 상쇄하는 것에 지나지 않는다.

하지만 회심하고 나면 더 이상 그렇지 않다. 시체가 살아났고 부활절의 먼동이 텄다. 새로운 피조물의 새로운 심장이 새로운 삶에 박자를 맞추어 뛰고 있다. 이제 삼위일체 하나님의 관계적 생명이 우리 안에 살아 있다. 그 생명의 감화와 능력으로 모든 그리스도인 남녀는 남성적 힘과 여성적 힘으로 관계를 맺을 수 있고, 그리하여 눈에 보이지 않는 하나님을 눈먼 세상에 드러낼 수 있다. 아버지께서 예수님에게 주신 영광이 이제 우리에게 주어졌다. 그 영광이란 곧 관계를 통해 하나님의 사랑을 드러낼 수 있는 기회다. 이것은 가히 상상을 초월하는 기적이다.

하지만 기적의 열매는 천천히 익는다. 기적은 놀라운 것이지만 그와 더불어 새로운 씨름이 시작된다. 회심한 사람은 새로운 싸움을 싸우며, 천국에 갈 때까지는 완전한 승리를 얻을 수 없다. 회심한 여자는 자신의 관계방식을 통해 하나님의 초대하시는 삶을 드러내기 원하지만, 여전히 자신을 보호하고 싶은 충동이 막강하다. 위협이 느껴지면 사람들에게 자신을 닫고 싶어진다. 그래서 여자는 사람들을 통제하려

들 때도 있고, 사람들을 피해 수줍음이나 실력이나 복수나 냉담함 뒤로 뻔뻔하게 숨을 때도 있다.

회심한 남자도 비슷한 갈등을 느끼며 막강한 성향에 맞서 싸운다. 우선 자신의 소명에 저항하려는 성향이 있다. 남자의 소명은 희생적 사랑으로 사람들에게 다가가는 것이다. 또한 따뜻하게 인정해 주지 않을 것 같은 사람에게는 더 이상 다가가지 않으려는 성향도 있다(상대가 아내라면 특히 더하다). 그만큼 인정받고 싶은 욕구가 강한 것이다. 그래서 남자는 통제하기 쉬운 성공을 추구하고, 별로 용기가 필요 없는 관계를 선호하며, 누군가에게 다가가야 한다는 위험 부담이 없는 쾌락을 즐기려 한다.

자아 중심적인 육신과 하나님 중심적인 영의 싸움이 계속된다. 성령께서 인도하시는 싸움의 방법은 무엇인가? 더 열심히 하는 것인가? 프로그램과 비법과 공식을 따르면 되는가? 자신의 내면세계를 탐색하면 되는가? 인간 정신의 심연에 숨어 서로 대적하는 세력들을 찾아내면 되는가? 영적 훈련을 실천하면 되는가? 하나님의 임재를 더 잘 경험하게 해주고 우리 영혼에 그분의 능력을 불어넣어 주는 특정한 활동에 가담하면 되는가?

물론이다. 더 열심히 하고, 통찰력을 기르고, 훈련을 실천하는 것은 다 귀한 일이다. 하지만 예수님은 이 세상을 좁은 길로 걸어갈 때에만 우리가 얻으려는 참된 삶을 얻을 수 있다고 말씀하셨다. 이 말씀은 무슨 뜻인가? 우리 많은 사람들이 사실은 넓은 길로 가면서 예수께서 말씀하신 좁은 길로 가고 있다고 선의의 착각을 할 수도 있을까? 좁은 길로 가려면 우리에게 노력과 통찰과 훈련 이상이 필요한가?

어리석음은 여간해서 죽지 않는다. 용감한 지혜는 천천히 자란다. 어리석음이 거느리는 다음과 같은 세력들은 하나같이 질기다. 자기중심성은 너무도 당연히 "내가 제일 중요하다"고 생각하는 태도다. 교만한 독립성은 무엇이든 내게 가장 의미 있는 것을 스스로 통제하려는 고집이다. 요구하는 기질은 남들에게 공정한 대우를 받아야 하고 나 자신과 내 삶이 잘돼야 한다는 분노에 찬 권리의식이다. 이런 적병들이 우리의 행복을 위하는 아군인 척하면서 사실은 회심한 심령을 공격한다.

이 싸움에서 지혜가 이기려면 우리에게 노력과 통찰과 훈련 이상이 있어야 한다. 그래야 관계 속에서 여자는 성령의 다스림을 받아 마음을 열 수 있고, 남자는 성령의 다스림을 받아 움직일 수 있다.

모든 남자가 피하려 하는 여자는 잠언 21:9에 다투는 여자로 표현되어 있다. 이 히브리어 단어는 운동 경기장에서 호루라기를 부는 심판으로 번역될 수 있다. 호루라기를 부는 여자는 다른 사람들, 특히 남편의 잘못을 지적하는 것이 자신의 임무라고 믿는다. 경기를 자신의 규칙대로 돌아가게 하려는 것이다. 이런 여자는 오직 좁은 길에서만 호루라기를 버릴 수 있다.

모든 여자를 힘들게 하는 남자는 너무 겁이 많아 사람들에게 하나님처럼 다가가지 못한다. 하나님은 보고, 듣고, 기억하고, 움직이시는 분이다. 관계 면에서 얼어붙은 남자는 누구에게도 헌신하지 못하고 거리를 두는 이기적이고 나약한 남자다. 헌신하면 자신의 무력함이 탄로 날 수 있기 때문이다. 이런 남자는 오직 좁은 길에서만 성령의 능력으로 녹아질 수 있다. 그분의 능력이 그에게 용기를 불어넣어 준다.

어쩌면 당신도 나처럼 관계적 생명에 이르는 좁은 길을 정말 가고 싶을 것이다. 당신은 그것을 위해 지음받고 구원받았다. 하지만 당신도 나처럼 다음 사실을 발견하게 될 것이다. 대체로 처음에는 이 여정이 우리를 여전히 넓은 길로 데려간다. 처음 두 구간에서는 이 여정이 우리를 본연의 남자와 여자로 빚어 주지 못한다. 그 두 구간을 지나서야 비로소 길이 좁아진다.

그 두 구간을 각각 1구간과 2구간으로 표현하기로 하자.

1구간의 목표

"복된 삶"-제대로 하면 삶이 잘 풀린다

예수께서 분명히 밝히셨듯이 "생명에 이르는 길은 하나님을 아는 것"이다(참조. 요 17:3). 하나님을 충분히 잘 알면, 삶의 상황이나 영혼의 상태가 어떠하든 하나님처럼 관계를 맺는 것 외에 아무것도 바라지 않게 된다. 바로 그것이 건강한 삶이다. 남자와 여자로서 하나님을 위해 충만하게 살아간다는 말도 바로 그런 뜻이다.

그런데 아직도 우리는 배우자를 제대로 대하는 일보다 만족스러운 부부관계를 더 중시한다. 하지만 설령 배우자가 못마땅해도 우리는 배우자를 제대로 대해야 한다. 자녀양육의 경우도 마찬가지다. 자녀에게 하나님을 드러내는 일보다 말 잘 듣는 자녀로 기르는 일이 우리에게 더 중요해 보인다. 하지만 자녀가 잘되든 그렇지 못하든 우리는 그들에게 하나님을 드러내야 한다.

충만한 통장 잔고가 성령 충만보다 우리에게 더 중요할 수 있다. 흔히 우리는 건강한 영혼보다 건강한 몸에 더 관심이 많다. 나에게 암이 있다고 말해 보라. 그러면 나는 기도하면서 수술 날짜를 잡을 것이다. 하지만 나의 자기중심성을 지적해 보라. 씩 웃으며 골프 날짜를 잡을 것이다.

어차피 우리는 자신이 가장 중시하는 것을 추구하게 되어 있다. 나는 하나님을 드러내는 관계방식보다 "복된 삶"을 더 중시할 수 있다. 정당하고 좋은 것들을 갈망할 수 있다. 미성숙한 나에게 그것들은 힘겨운 삶 속에서 잘 사랑할 수 있는 능력을 가져다주기보다 행복을 더 가져다줄 것이다. 내가 만일 그런 사람이라면 하나님과 협상하면서 그것을 예배라 생각할 것이다. 기도도 하고 교회에도 나갈 것이다. 그분이 내게 무엇을 원하시는지 더 잘 알려고 성경도 읽을 것이다. 하지만 이는 다 그분을 설득하여 내가 원하는 복을 얻어내기 위한 것이다.

많은 그리스도인들이 좁은 길을 찾다가 넓은 길로 들어선다. 그러면서 그것이 의당 좁은 길이라 생각한다. 우리 기준의 복을 약속하기 때문이다. 우리는 하나님이 어떻게든 그런 복을 주시려 한다고 제멋대로 생각한다. 우리의 최고 목표는 "복된 삶"이다. 삶이 잘 풀리면 우리의 계획에 협조하신 하나님을 예배한다. "제대로 하면 삶이 잘 풀린다." 그것이 우리 대부분이 좁은 길로 향하다가 실제로 걷는 넓은 길이다.

예수님을 따라 잘 살기 원하는 진실한 그리스도인 여자가 있다. 아마 자기도 모르게 그녀의 진짜 동기는 남편에게 사랑받는다고 느끼는 것이거나 어떤 남자의 마음을 얻어내 결혼하는 것이다. 그녀가 자녀 양육에 대한 기독교 서적을 읽는 이유는 자녀를 순종하는 아이로 길러 존중받기 위해서다. 잘 살아야겠다는 그녀의 다짐도 어쩌면 직장

에서 인정받거나 건강과 매력을 유지하려는 갈망에서 비롯되었을 수 있다. 그녀는 규정대로 살아간다. 제대로 해야 삶이 잘 풀릴 테니 열심히 노력한다. 하나님을 잘 알고 그분을 사람들에게 드러내는 것이 더 좋은 삶이건만, 그녀는 그것보다 "복된 삶"을 중시한다. 그 과정에서 그녀는 성령을 근심시킨다.

그뿐 아니라 성령을 소멸하기까지 한다. 성령께서 공급하시는 능력을 묵혀 두기 때문이다. 성령의 능력은 잘 살라고 주시는 것이 아니라 잘 사랑하라고 주시는 것이다. 삶이 잘 풀리라고 주시는 것이 아니라 그녀의 관계방식을 통해 하나님의 성품을 드러냄으로써 자기 영혼 안에 계신 하나님의 임재를 경험하라고 주시는 것이다. 그녀는 육신의 능력으로 살아가고 있다. 하나님을 기쁘시게 해드리는 특권을 누리며 살기보다 자신이 복을 받아 즐기려고 살아간다.

그리스도인 남자의 가장 큰 목표가 좋은 결혼생활, 착실한 자녀, 직장의 성공, 웬만한 건강, 동료들과 친구들 사이의 좋은 평판 등을 통해 만족을 얻는 데 있다고 하자. 이 남자는 넓은 길을 걷고 있으며 목표는 "복된 삶"이다. 이 삶에는 성령의 능력이 필요 없다. 그는 우상을 숭배하는 사람이다. 하나님 자신보다 하나님이 주시는 좋은 것들을 숭배한다.

이 두 사람은 아직 좁은 길을 걷지 않고 있다. 관계방식을 통해 하나님을 드러내려는 깊은 갈망은 좁은 길을 갈 때에만 표출된다. "복된 삶"보다 더 큰 선을 모른다면 우리의 순종은 조종으로 변하고 기도는 협상으로 변한다.

이해하기 힘든 자비로 하나님은 그런 기도에 하나도 응답하지 않으실 수 있다. 복을 거두실 수 있다. 한때 만족스러워 보이던 복이 이제 공허하게 느껴질 수 있다. 하나님은 우리로 하여금 "복된 삶"보다 더 큰 선을 지향하게 하신다. 그러기 위해서 필요하다면 무엇이든 하신다. 그래서 복 자체나 그에 따른 만족감을 거두실 수 있다. 그러면 우리는 더 이상 복을 얻기 위해 살지 않고 해방을 얻기 위해 살아간다. 공허함의 고통으로부터 벗어나려는 것이다. 이때부터 2구간이 시작된다. 이 길은 1구간보다 약간 더 좁다. 이제 우리의 목표는 "치유된 삶"이다.

2구간의 목표

"치유된 삶"-고통에 무디어지면 기분이 좋아진다

내가 두 개의 신장 결석을 통해 실감한 사실이 있다. 극심한 고통은 당장의 해방을 요구한다. 몸에 통증이 밀려오자 진통제가 나의 가장 소중한 친구가 되었다. 기도가 아니라 진통제였다. 관계적 고통도 비슷한 작용을 한다. "미움 받는 여자가 시집 간" 때에는 온 땅이 진동한다(잠 30:23). 그녀는 남편에게 자기 마음의 고통을 없애 줄 것을 요구한다.

"종이 임금된" 때에도 관계에 지진이 일어난다(참조. 21-22절). 오랫동안 자신을 못나고 부족한 실패자로 느낀 남자는 어떻게든 남들을 이용해서 자존감을 살리려 한다.

관계가 고통스러우면 해방의 요구가 정당해 보인다. 관계의 고통은 영혼의 고통으로 남는다. 정확히 우리가 바라는 대로 우리를 대해 주는 사람은 없다. 정확히 우리가 바라는 대로 벌어지는 일도 없다. 그래서 우리는 외롭고 단절된 느낌이 든다. 아무도 나를 보아주거나 내 말을

들어주지 않는 것 같다. 기분 전환용 마약이 도움이 된다. 포르노도 통한다. 바쁘게 열심히 일하면 영혼의 집요한 불안이 무디어진다.

어쩌면 우리가 하나님을 구하는 것은 고통 속에서도 사람들을 잘 대하기 위해서가 아니라 삶의 고통스러운 상처로부터 해방과 치유를 얻기 위해서인지도 모른다. 영혼이 괴로울 때면 그것을 달래 주시는 하나님을 경험하고 싶은 마음밖에 들지 않는다. 하지만 우리는 자신이 하나님을 경험하지 못할 때에도 그분을 드러내야 하고, 자신이 공허하게 느껴질 때에도 다른 사람을 사랑해야 한다. 그런데 우리는 사랑의 하나님이 설마 그것을 명하실까 싶어 반신반의한다. 한 남자는 그것을 내게 이렇게 표현했다. "나부터 기분이 좋지 않으면 정말 남의 곁에 있어 줄 수 없다."

하지만 그런 태도는 자기중심주의를 부추긴다. 그래서 우리는 평생 자아의 완전한 충족을 경험하려 애쓴다. 그러기 위해 하나님의 임재를 느끼려 한다. 너무도 많은 진영에서 하나님의 치유의 임재를 경험하는 복음이 하나님의 관계적 속성을 드러내는 복음을 밀어내 버렸다. 처음에 우리는 제대로 하려고 열심히 노력한다. 삶이 잘 풀리게 하기 위해서다. 목표는 "복된 삶"이다. 그러다 그것을 포기하게 되면 그때부터 해방을 추구한다. 기분이 좋아지기 위해서다. 목표는 "치유된 삶"이다.

활기찬 예배나 영적 훈련이나 바쁜 사역이나 기도 중심의 상담을 통해 기분이 좋아지면 우리는 "하나님께 치유 받았다"고 생각한다. 하지만 예수님처럼 사랑하는 삶에 자신이 계속 얼마나 못 미치는지 인식하지 못한다면, 우리의 치유는 미심쩍은 것이다. 예레미야는 치명상을 피상적으로 치유해 주는 영적 지도자들을 질타했다. 그렇게 치유 받은 사람들은 여전히 자신의 "가증한 일"을 부끄러워하지 않았다(참조. 렘 6:13-15). 베드로는 그리스도의 상처가 우리를 낫게 했다고 했는데, 이는 우리 영혼이나 관계의 통증을 없앴다는 말이 아니라 우리의 관계적 실패를 치유했다는 뜻이다. 즉 영혼의 목자를 떠나 "양과 같이 길을 잃은" 우리를 고쳤다는 뜻이다(참조. 벧전 2:24-25). 그리스도의 치유에 힘입어 우리는, 기분이 늘 좋아지는 것이 아니라 사람들을 제대로 대할 수 있다.

여자가 하나님의 치유를 받았다면서 그분의 초대하시는 사랑의 속성을 더 잘 드러내지 못한다면, 그녀는 관계적 여성성에서 진보를 이루지 못한 것이다. 행복할지 모르지만 여성답지는 못하다.

남자가 공허감과 낮은 자존감을 치유 받았다면서 하나님의 움직이시는 사랑의 속성을 드러낼 기회를 더 중시하지 않는다면, 그는 관계적 남성성에서 성장하지 않은 것이다. 자신감과 살아 있는 느낌은 들지 모르지만 남성답지는 못하다.

목표를 "복된 삶"에 두면 교만해지거나 낙심에 빠진다. 바르게 살려는 우리의 노력은 성과가 있을 수도 있고 없을 수도 있다. 성과가 없으면 (그 자체가 복일 수 있다) 실망감과 패배감과 허무감과 권태감이 밀려오고, 그래서 이번에는 "치유된 삶"이 우리의 목표가 된다. 그렇게 한동안 해방을 추구하다 보면 우리는 피상적으로만 치유되거나 아니면 깊은 고민에 빠지게 된다.

잉태는 우리를 잘못된 방향으로 들어서게 한다. 회심은 우리를 하나님

께 대하여 살아나게 한다. 이제 우리는 사랑할 수 있고 사랑하고 싶다. 하나님을 알아야 한다는 소명과 우리의 관계방식을 통해 그분을 드러내야 한다는 소명도 알고 있다. 하지만 회심에는 새로운 싸움이 따라온다. 이 싸움은 우리를 지치게 한다. 처음에는 복을 받아 내려고 노력하다가 지치고, 다음에는 고통으로부터 해방되려다가 지친다. 그제야 우리는 현실에 부닥칠 준비가 된다. 현실은 우리를 정말 좁은 길로 인도한다. 우리의 운명 쪽으로 가려면 그 길밖에 없다. 우리의 운명은 여성다운 여자와 남성다운 남자로 살아가는 것이다. 이제 세 번째 출발점인 고백에서부터 여정을 이어갈 때가 되었다.

24
삶의 출현
길이 좁아질 때

역사에 기록된 최고의 성인들의 거룩함이나 용맹도 그분이 우리 모두 안에 이루기로 작정하신 수준에는 결국 이르지 못한다. 이 일은 이생에서 완성될 수 없지만, 죽기 전에 우리를 최대한 멀리까지 데려가시는 것이 그분의 뜻이다. 그러므로 힘든 시절이 닥쳐와도 놀라서는 안 된다. C. S. 루이스[1]

모든 그리스도인 안에 "육신"과 "영"이 공존한다.……그래서 모든 그리스도인 안에 싸움이 있다. 육신은 영을 지배하여 군림하려 하고 영은 육신을 정복하려 한다. 존 오웬[2]

육신의 생각은 사망이요 영의 생각은 생명과 평안이니라. 로마서 8:6

내가 그들을 건져 주려 하나 그들이 나를 거슬러 거짓을 말하고 성심으로 나를 부르지 아니하였으며 오직 침상에서 슬피 부르짖으며. 호세아 7:13-14

그리스도인인 수는 40년이 넘도록 자기방어의 두려움 속에서 살았다. 그 두려움은 그녀가 네 살 때 이웃에게 심한 폭행을 당하고 나서부터 시작되었다. 그 사건이 있은 직후에 그녀가 혼자 앉아 울고 있는 것을 아버지가 보았다. 그는 온유한 남자가 아니었다. 그는 다짜고짜 다그쳐 물었다. "너 왜 그래?"

수십 년이 지났는데도 그녀는 나에게 그 이야기를 하면서 그 순간의 자신의 모습을 똑똑히 떠올릴 수 있었다. 겁에 질린 소녀는 소파에 바짝 웅크리고 앉아 무릎 사이에 얼굴을 묻고 있었다.

"아빠가 왜 우느냐고 따지듯이 물었을 때 두려움이 파도처럼 나를 삼켰다. 나는 그 자리에 얼어붙었다. 아빠의 얼굴을 쳐다보며 '아무 일도 아니에요. 괜찮아요'라고 말할 수밖에 없었다. 그는 질렸다는 듯이 황당한 표정을 지으며 '그럼 그만 울어' 하고는 가 버렸다. 그때부터 나는 닫힌 여자가 된 것 같다. 누구에게든 나의 어떤 부분도 열어 보이기가 죽도록 두려웠다. 열어도 아무도 나를 보아주지 않을까 봐 두려웠다. 있으나 마나 한 존재가 될 것 같았다."

그녀가 걷는 길은 우리의 대화를 통해 점점 좁아졌다. 우리는 그녀를 지배하는 공포에 대해 함께 생각했다. 네 살 때의 충격적 사건과 그밖의 몇 가지 일들이 그동안 어떻게 가족들과 친구들을 대하는 그녀의 관계방식을 형성해 왔는지도 짚어 보았다. 그런 관계방식은 직장에서 유난히 까다로운 상사를 대할 때도 나타났다. 그의 퉁명스러운 언행은 그녀에게 아버지를 연상시켰다. 수는 두 가지를 뼈저리게 인식하게 되었다. 하나는 자기 영혼 안의 텅 빈 공간이었다. 그 공간은 여태 한 번도 경험해 보지 못한 사랑을 달라고 요란하게 비명을 지르고 있었다. 또 하나는 자신이 늘 안전한 길로만 가기로 이를 악물고 결심했다는 사실이었다. 그래서 그녀는 자기방어의 벽 뒤에서 결코 나오지 않았고, 덕분에 아무도 그녀에게 다시는 그렇게 심한 상처를 입힐 수 없었다.

잉태되던 순간부터 수의 본능적 성향은 우리 모두와 마찬가지로 자아를 챙기는 것이었다. 그러다 스무 살에 회심할 때부터 그녀는 하나님을 위해 살고 싶은 깊고 진정한 갈망을 느꼈다. 대화 중에 나는 이제 수가 세 번째 출발점인 고백으로부터 여정을 이어갈 때가 되었다는 생각이 들었다. 성령의 타이밍으로 느껴졌다. 그녀 안의 깊은 부분들이 불안하게 흔들리고 있었다. 오랫동안 부정해 온 현실이 이전에 느끼지 못했던 위력으로 그녀를 강타하고 있었다.

그녀의 감정은 강렬했지만 그것을 표현하기는 아직도 쉽지 않았다. 그래도 그녀는 자신의 처절한 외로움을 자백했다. 아무도 자신을 보아주지 않고 들어주지 않고 알아주지 않는 것 같다고 고백했다. 그러고 나자 이상하게도 그녀에게 차분한 평온함이 밀려왔다. 알고 보니 그동안 자신은 겁에 질린 피해자로서 사람들을 대했고, 방어심리와 복수심에서 마음을 닫았다. 그러면서도 그런 관계방식을 고집스레 정당화하며 스스로 옳게 여겼다. 위험을 자초하는 그녀의 공포 이면에 자기중심적인 고집이 살아 있었다. 그녀는 그것을 보았다. 거룩한 사랑의 영께서 역사하고 계셨다. 하나님은 공허함과 깨어짐이라는 두 기회를 포착하셨다. 그녀는 이제 절망적 공허함을 맛보고 있었고, 자신의 거룩하지 못한 관계방식 앞에서 무력하게 깨어졌다. 그리고 그것을 자백했다. 그런 관계방식은 자신의 목적을 채우는 데 외에는 전

혀 무익한 것이었다. 성령께서 기적을 행하셨다.

공허함을 고통스럽게 느끼자 그것이 하나님을 갈망하는 목마름으로 변했다. 그녀는 그분의 사랑을 간절히 알고 싶었다. 또한 평생의 관계적 실패에 대해 마음이 깨어지자 그녀의 귀가 열렸다. 하늘 아버지께서 속삭여 주시는 세미한 음성이 들려왔다. "나는 너를 있는 그대로 사랑한다. 늘 사랑했다. 나는 너를 본다. 너를 안다. 너는 용서받았다. 네가 울 때 나는 너를 안아 줄 것이다." 매정한 아버지에 대한 기억이 되살아났지만 이제 그녀는 네 살배기 소녀가 아니라 장성한 성인이다. 그녀는 "찬란한 기쁨의 빛이 내 마음속에 뚫고 들어왔다"고 고백했다.

얼마 후에 그녀는 까다로운 상사와 단독 회의를 해야 할 일이 생겼다. 다음은 그 후에 내가 받은 편지다.

그를 대면하기 전날 밤이었습니다. 다음 날의 회의가 생각나자 어느새 내가 자기보호로 치닫고 있더군요. 그를 향한 약간의 경멸과 불만도 인지되었습니다. 그것을 다 하나님께 가져갔습니다. 곧 그분이 내 마음속의 죄를 깨우쳐 주셨고, 그것이 자기보호의 벽을 지키려는 내 고집의 산물임을 보여주셨습니다. 내 모든 문제를 상사의 탓으로 돌리는 한 나 자신을 정당화할 수 있는 거지요. 계속 마음을 닫은 채 침묵으로 일관하는 행동도 정당해지고요.

보기 좋은 모습은 아니더군요. 하지만 엄연한 실상이었습니다. 그것을 하나님께 자백하고 나 자신을 열었습니다. 여자로서 하나님이 원하시는 존재가 되어 하나님이 원하시는 대로 행동하기로 했습니다. 그러자 놀랍게도 그분과 그분의 기쁨이 느껴졌고 내가 살아 있다는 것도 느껴졌습니다. 이제 나는 사랑할 수 있었고 사랑하고 싶었습니다. 엄청난 기쁨이었고 내면의 평온한 아름다움과 힘이었습니다.

어제 회의실에 들어갈 때 나는 자유로웠고 살아 있었고 자기방어가 없었습니다! 여성답게 열려 있는 여자라는 나의 중심을 깊이 인식하며 들어갔지요. 어제는 한 여자에게 중대한 새 출발의 날이었습니다. 왜 우느냐고 아버지가 묻던 그때의 얼어붙은 심장은 사라졌습니다. 더 이상 그것이 나를 지배하지 못합니다. 와! 춤이라도 추고 싶더군요! 실제로 나는 기쁨과 자유의 춤을 추고 있었습니다. 나의 전 존재로 하나님을 예배하고 있었습니다.

수가 걷는 길이 좁아졌을 때 그녀 안에 하나님의 삶이 출현했다. 그녀 앞에 뻗어 있는 좁은 길은 오히려 삶의 넓은 자리들로 이어졌다.

그리스도인인 테드는 늘 사과하는 말을 입에 달고 다녔다. 그의 관계 방식 앞에서는 누구라도 그에게 연민을 품을 수밖에 없었고, 아무런 책임도 물을 수가 없었으며, 그가 수시로 심하게 실패해도 그의 변명을 다 받아 주어야 했다. 테드는 신학교를 나온 영적 지도자였고 뛰어난 지성인이었다. 하지만 그의 사역은 순조롭지 못했다. 그의 아랫사람들이 그의 윗사람들에게 불만을 토로하기 일쑤였다. 그는 낙심과 패배감이 들었다. 자신이 연민이나 받아 마땅한 존재로 느껴졌다.

나는 테드에게 그의 가정에 대해 물었다. 그는 힘없이 대답했다. "아내가 왜 나를 참고 견디는지 모르겠습니다. 어떤 때는 아내가 아주

속상해 하면서 나한테 그럽니다. 나도 좀 주관을 내세울 줄 알았으면 좋겠다고요."

"그럴 때 당신은 뭐라고 말합니까?"

"미안하다고 하지요. 약간 짜증도 나는 것 같고요. 내가 얼마나 자책하고 있는지 아내가 알아주었으면 좋겠습니다. 대개 나는 어깻짓을 해보이며 자리를 뜹니다. 달리 어찌해야 될지 모르겠습니다."

테드는 남자로서 움직이지 않고 있었다. 나는 그가 길이 좁아지는 것을 느끼게 해달라고 기도했다.

다른 주에서 대학원에 다니고 있던 그의 맏아들이 마침 여자친구를 임신시켰다. 아들이 자신의 딜레마를 부모에게 알려온 것은 나와 테드가 다시 대화하기 일주일 전이었다. 하나님이 섭리하신 타이밍이었다.

"그 소식을 듣고 어떻게 했습니까?"

"아들이 전화했을 때 나는 집에 없었습니다. 저녁때 아내가 말해 주더군요. 아내는 울고 있었습니다."

"당신은 어떻게 했습니까?"

"어떻게 해야 할지 몰라 아내와 함께 기도했습니다. 그리고 결국 다 잘될 거라고 말해 주었습니다. 아들에게 전화를 했어야 했겠지요. 하지만 내가 연락하는 것을 아들이 원할지 잘 모르겠더군요."

"이게 일주일 전의 일이지요?"

"예."

"그런데 아직 아들에게 연락하지 않았습니까?"

"예."

남편이자 아버지로서 젊었을 때 테드의 목표는 "복된 삶"이었다.

오랜 세월 동안 그는 하나님이 원하신다고 생각되는 일들에 최선을 다했고, 그러면 하나님의 도움으로 삶이 잘될 줄로 믿었다. 그런데 결혼생활은 갈등에 부딪쳤고, 아들의 성적인 쾌락은 집안을 욕되게 했으며, 사역은 바닥을 모르고 곤두박질쳤다. 그러자 테드는 엄두가 나지 않았고, 분노와 자기연민 속에서 자신이 한없이 부족하게 느껴졌다.

대화 중에 내게 힘주어 말했듯이 그는 기도하며 울었고 성경을 읽었다. 하지만 아무런 소용이 없었다. "복된 삶"이 무너지자 테드는 "치유된 삶"이라도 경험하고 싶었다. 하지만 그것조차도 오지 않았다.

머잖아 그는 한 가지 실상에 부딪쳤다. 뻔한 사실이지만 그에게는 새로웠다. 몇 차례 더 대화하면서 우리는 그의 배경을 충분히 탐색했다. 이를 통해 그는 목사였던 자신의 아버지가 정서적으로 가족들에게 부재했음을 깨달았다. 어쩌면 이에 대한 반응으로, 그의 어머니도 자녀들을 따뜻하게 품어 준 게 아니라 의무적으로 엄마 노릇에 충실했다. 부모에게서 받은 '삶의 메시지'가 무엇이냐는 내 물음에 그는 몸을 떨며 잠시 생각하더니 눈물을 참으며 말했다. "내가 보잘것없는 존재라는 것입니다."

현재의 관계들에 대해서도 더 대화를 나누었다. 아내, 아들, 사역의 윗사람들과 아랫사람들 등과의 관계였다. 여기서 눈이 뜨여 그는 자신의 관계방식이 변명의 여지없이 나약하다는 사실을 똑똑히 보고 인정했다. 그러자 자신이 공허하고 무력하게 느껴졌다. 그동안 이 무력함 때문에 그는 방어적이지 않은 사랑으로 아내의 마음속에 들어갈 수 없었고, 멘토의 지혜를 가지고 아들의 딜레마에 개입할 수 없었으며, 겸손한 용기를 가지고 자신의 사역에 대한 상사의 비판에 마주 설

수 없었다. 그날 면담을 마칠 때에는 그의 패배감과 무력감이 이전보다 더 커져 있었다. 생명에 이르는 그의 길이 좁아지고 있었다.

이틀 후에 우리는 다시 대화했다. 그런데 그의 말에서 전에 없던 자신감이 느껴졌다.

지난번 대화하고 나서보다 기분이 더 나빴던 적은 없습니다. 알고 보니 그동안 나는 용케도 자신을 나약한 존재로 보기보다 피해자로 보았더군요. 이제는 거의 모든 사람과의 관계에서 내가 얼마나 나약한 존재인지 인정합니다. 하지만 그렇게 인정하고 나니까 평생 어디 쥐구멍 속에라도 들어가 숨어 살고 싶더군요. 그게 세상을 위해서도 좋은 일일 것 같고 말입니다.

그런데 어젯밤에 일이 벌어졌습니다. 자꾸 뭔가 마음에 걸려 잠이 오지 않더군요. 성령께서 하신 일이라고 확신합니다. 이렇게 나약하게 있는 것이 얼마나 잘못인지 새벽 2시쯤에 불현듯 깨달았습니다. 나는 아내와 아들을, 그리고 내가 영적으로 이끌어야 할 사람들을 실망시키고 있었습니다. 나 자신을 정말 죄인으로 보기는 이번이 처음인 것 같습니다. 과장된 표현 같지만 과장이 아닐 수도 있습니다. 지난번 대화를 마치고 나설 때는 창피하고 수치스러웠고, 나의 나약함을 지적하는 당신에게 솔직히 화도 났습니다.

그런데 오늘 다시 올 때는 고민은 되었지만 수치심보다는 겸손한 마음이 들었고, 내 죄를 깨달았지만 창피하지는 않았습니다. 나는 여태 잘못 살았습니다. 누구에게도 하나님의 모습을 전혀 드러내지 못했습니다. 여전히 공허하지만 이제 깨어진 마음도 함께 있습니다. 어떻게 설명해야 될지 모르겠지만 이전에 느껴 보지 못한 새로운 희망이 느껴집니다. 내가 강하게 느껴집니다. 새로운 힘으로 사람들에게 다가갈 수 있을 것 같습니다.

역시 성령께서 기회를 만드시고 포착하셨다. 그분이 눈을 뜨게 해주시자 테드는 자신의 공허함을 보고 받아들이되 그것을 채우려 하지 않았고, 자신의 관계적 실패를 보고 깨어지되 그것을 고치겠다고 약속하지 않았다.

두 주 후에 나는 테드의 편지를 받았다.

우리 교단에 나의 사역을 감독하는 위원회가 있는데 어제 그들과 마주 앉았습니다. 예상보다 심하게 나를 야단치더군요. 그래도 나는 약해지지 않았습니다! 내 실패를 인정했지만 나약한 패배자로서 인정한 것은 아닙니다. 더 잘할 테니 한 번만 기회를 달라고 애원하지도 않았습니다. 시각 차이가 있는 부분에서는 그들의 관점에 이의를 제기하기도 했습니다. 그리고 확신도 피력했습니다. 내가 이 직분에 유임되든 다른 일로 옮기든 하나님의 보냄을 받아 전보다 영적으로 능력 있게 움직일 수 있다고 말입니다. 회의에서 있었던 일을 나중에 아내에게 말했더니 아내가 웃으면서 그러더군요. "어떻게 된 거죠? 정말 잘했어요!" 아들에게는 아직 다가가지 못했지만 그 특권을 고대하고 있습니다. 이제 그것이 감당 못할 짐으로 느껴지기보다 아들에게 하나님을 조금이나마 드러낼 수 있는 기회로 느껴집니다.

관계적 남성성과 여성성을 향해 영적으로 자라간다고 해서 항상 "복된 삶"이 회복되거나 "치유된 삶"이 도래하는 것은 아니다. 우리의 삶에는 여전히 쾌적한 환경이라는 복이 없을 수도 있고, 고통스러운 감정이 치유되지 않을 수도 있다. 그로부터 두 주 후에 감독 위원회가 두 번째 회의를 소집하여 테드에게 권한 축소와 감봉과 3개월 근신을 통보했다. 순간 그는 자괴감과 좌절과 분노와 공포가 밀물처럼 밀려오는 것을 느꼈다. 그러잖아도 좁은 길이 더 좁아졌다.

이 글을 쓰는 현재, 테드는 여전히 비틀거리며 신뢰하고 있다. 자신의 나약함과 실패를 인정하며 받아들인다. 사도 바울처럼 그도 속으로 탄식하며 간절히 기다리고 있다. 친구들의 작은 공동체가 그를 지원하고 있다. 그들은 테드를 믿는다. 그리고 하나님이 테드 안에 이루고 계신 일과 장차 그를 통해 이루실 일을 믿는다.

풍성한 삶

하나님은 현재의 고통을 통해 영원한 시각을 길러 주실 때가 많다. "생각하건대 현재의 고난은 장차 우리에게 나타날 영광과 비교할 수 없도다"(롬 8:18). 더 이상 테드는 이 세상에서 만사형통하는 "복된 삶"이나 하나님의 임재가 항상 느껴지는 "치유된 삶"을 요구하지 않는다. 삶의 상황이나 영혼의 상태가 어떠하든 사람들에게 하나님을 드러내는 "풍성한 삶"이 그의 안에 살아 있다. 그의 길이 계속 좁아지면서 그 삶이 서서히 출현하고 있다.

예수님은 좁은 길을 찾는 자가 적을 것이라고 말씀하셨다. 내가 수

와 테드의 사연을 소개하는 이유는 그들이 그 적은 무리의 전형적 예이기 때문이다. 그 적은 무리는 평생 좁은 길을 걷는다. 그 길을 오래 걷다 보면 여성다운 여자와 남성다운 남자로서 관계적으로 살아 있다는 말의 의미를 깨닫게 된다.

C. S. 루이스는 예수님을 따르는 우리에게 "힘든 시절"을 당연히 예상하라고 했다. 힘든 시절을 생각할 때 우리가 명심해야 할 것이 있다. 하나님이 우리 안에 행하고 계신 일과 장차 우리를 통해 행하실 일을 바라보아야 한다. 그것을 위해 그분은 우리를 좁디좁은 길로 인도하시는 것이다. 힘든 시절에는 육체와 영의 싸움이 수반된다. 이 싸움은 회심한 모든 사람 속에서 벌어지며, 우리가 죽는 날까지 사납게 계속된다. 우리는 복이나 치유에서 기쁨을 얻으려 하지만, 생명에 이르는 길은 좁아서 그런 엉뚱한 것들에 대한 의존이 다 떨어져나간다. 그럴 때 우리는 선지자 호세아의 말뜻을 더 잘 이해하게 된다. 그는 우리가 좁은 길을 가면서 "침상에서 슬피 부르짖을" 것이 아니라 "성심으로 하나님을 불러야" 한다고 했다(참조. 호 7:14). 슬피 부르짖는 일, 곧 복과 해방을 요구하는 일이 더 우리의 성미에 맞고 정당하게 느껴지지만 말이다. "복된 삶"에 계속 집착하는 사람이나 그 꿈이 무산되어 "치유된 삶"을 요구하는 사람은 예수께서 말씀하시는 풍성한 삶에 마음이 끌릴 수 없다. 풍성한 삶은 좁은 길을 가며 "성심으로 하나님을 부르는" 모든 이들에게 찾아온다. 그들은 모든 좋은 것에 대한 권리의식을 회개한다.

오늘날에도 자주 그러시듯이 2천 년 전에도 예수님은 "복된 삶"의 첫맛을 보여주신 적이 있다. 그때 무슨 일이 벌어졌는지 잊지 말라. 5천

명의 배고픈 사람들이 점심을 맛있게 먹었다. 예수께서 빵 다섯 개와 물고기 두 마리를 배가시켜 그들을 모두 배불리 먹이셨다. 그들은 흥분하여 "이는 참으로 세상에 오실 그 선지자라"(요 6:14)고 소리쳤다. 그분이 바로 장차 와서 모든 일을 바로잡으리라고 모세가 약속했던 그 선지자인 줄로 알았던 것이다(참조. 신 18:15, 18).

군중들은 그분에게서 얻어낼 수 있는 혜택을 새삼 깨닫고 너무 감동한 나머지, 오늘날의 많은 제자들처럼 그분을 왕으로 모시려 했다. 하지만 "예수께서……떠나"가셨다(요 6:15). 왜 떠나가셨을까? 그분은 우리의 필요를 채워 주시되 우리의 생각대로가 아니라 그분이 친히 알아서 채워 주신다. 그런데도 사람들은 물러나지 않고 이튿날 그분을 찾아내 "복된 삶"을 더 얻어내려 했다. 그때 예수님은 분명히 밝히셨다. 그분이 주시려고 계획하신 것은 배를 채우는 양식이 아니라 그들을 하나님께 대하여 살리는 양식이었다.

이어 그분은 "하나님의 떡"에 대해 말씀하셨다. 이것은 아버지께서 하늘로부터 내려 주시는 참 떡이다(참조. 요 6:32-33). 사람들은 여전히 물질적 복에 배고팠지만 그래도 이 선지자의 말에 호기심이 생겼다. 그래서 "주여, 이 떡을 항상 우리에게 주소서"(34절)라고 말했다. 그때 예수께서 설명하셨듯이 그분이 주시는 떡은 곧 그분과의 관계다. 이 떡을 통해 우리는 하나님께 대하여 살아날 수 있고 하나님처럼 관계를 맺을 수 있다.

당신이 일주일쯤 굶었는데 전방에 이런 표지판이 보인다고 상상해 보라. "누구나 들어와 진수성찬을 드실 수 있습니다." 당신은 들어가 식탁에 앉는다. 식탁에는 깨끗한 식탁보와 은그릇과 도자기 그릇과

포도주 잔과 크리스탈 물잔이 완비되어 있다. 누가 보기에도 식당 주인인 듯한 남자가 식탁에 다가오더니, 군침 도는 메뉴들이 가득 적힌 가죽 표지의 차림표를 내놓는 게 아니라 당신 옆에 앉아 미소를 지으며 말한다. "서로 알아갑시다. 당신은 식사보다 친구에 더 굶주려 있습니다. 내가 그 친구가 되고 싶습니다. 당신의 평생에 최고의 친구가 될 것입니다. 내가 당신의 음식이 되겠습니다."

아마 당신도 1세기의 제자들이 예수께 반응한 것처럼 그 남자에게 반응할 것이다. "당신 덕분에 점심을 잘 먹었습니다. 오늘 저녁식사와 내일 아침식사도 주시면 어떨까요? 당신을 먹고 마시라고요? 그게 도대체 무슨 말입니까?" 그들도 자기들끼리 그리고 예수께 "이 말씀은 어렵도다. 누가 들을 수 있느냐"(60절)라고 말한 것으로 보아 아마 비슷한 생각을 했을 것이다.

늘 그러시듯이 예수님은 그들의 혼란을 더욱 가중시키셨다. "살리는 것은 영이니 육은 무익하니라. 내가 너희에게 이른 말은 영이요 생명이라"(63절).

하지만 우리는 말한다. "주님, 나는 진짜 음식으로 된 식사를 원합니다. 씹어 삼킬 수 있는 음식, 내 건강을 지켜 줄 맛있는 음식을 원합니다. 나는 지금 복을 원합니다. 그래야 내 삶을 누릴 수 있습니다. 또한 나 자신을 누리게 해줄 치유도 원합니다."

예수님은 (말 그대로) 영의 양식을 주신다고 인내심 있게 대답하신다. 그 양식을 먹으면 우리는 배고파 죽어도 살고, 결혼생활이 비참해도 살고, 자녀가 속상하게 해도 살고, 친한 친구가 배신해도 살고, 실직해도 살고, 건강이 아주 나빠져도 산다. 그 양식을 먹으면 낙심과 공

허감과 패배감과 절망이 찾아올 때도 계속 타인 중심의 사랑으로 관계를 맺을 수 있다. 그 양식은 우리가 실수하고 넘어질 때에도 계속 먹을 수 있다. 어쩌면 그럴 때일수록 더 즐겁게 먹을 수 있다.

"예수님, 주께서 모든 고난을 막아 주시는 것이 더 논리에 맞지 않습니까? 힘든 시절은 건너뛰시고, 위안과 형통의 복된 삶, 자존감과 자신감의 치유된 삶을 주시는 게 맞지 않습니까?" 그분을 따르는 사람들은 대부분 이 똑같은 질문을 했던 것 같다. 나도 가끔 그럴 때가 있다. 하지만 예수님은 굽히지 않으신다. 그분은 어련히 알아서 그들이 원하는 것보다 훨씬 좋은 것을 주셨다. 또한 내가 여전히 가끔 원하는 것보다 훨씬 좋은 것을 주신다.

길이 좁아질 때

하지만 그분의 계획은 그들의 논리에 맞지 않았다. 그분의 방식은 너무 높아서 그들의 머리로는 이해할 수 없었다. 그래서 "그의 제자 중에서 많은 사람이 떠나가고 다시 그와 함께 다니지 아니"했다(66절). 그분이 "복된 삶"과 "치유된 삶"을 주지 않으시면 우리는 좀 더 협조적인 메시아를 찾아 나선다. 오늘날에도 예수를 따른다는 수많은 사람들이 영적 지도자들의 도움으로 그분을 떠나가고 있다. 그들은 다른 예수를 꿈꾸며 좁을 길을 등진다. 그 예수는 그들의 취향에 더 잘 맞는 예수, 개인적 안락이라는 복된 삶과 자애自愛라는 치유된 삶을 약속하는 예수다.

그때 예수님은 열두 제자를 보시며 "너희도 가려느냐"(67절)고 물으셨다. 역시 전체의 대변인 격인 베드로가 대답했다. "주여, 영생의 말씀이 주께 있사오니 우리가 누구에게로 가오리이까. 우리가 주는 하나님의 거룩하신 자이신 줄 믿고 알았사옵나이다"(68-69절).

이 사건에서 나는 세 가지를 깨닫게 된다.

첫째, 좁은 길이 더 좁아지면 예수님을 따른다는 많은 사람들이 넓은 길을 찾는다. "생명으로 인도하는 문은 좁고 길이 협착하여 찾는 자가 적음이라"(마 7:14).

둘째, 대개 물질적인 복은 넓은 길을 가는 사람들이 더 잘 받는다. 그들은 복을 받으려고 살아간다. 하늘의 신령한 복보다 이 땅의 물질적 복을 더 중시하는 사람들은 절대로 좁은 길에 남지 않으며, 따라서 결코 여성다운 여자나 남성다운 남자로 충만하게 살아갈 수 없다. "찬송하리로다. 하나님 곧 우리 주 예수 그리스도의 아버지께서 그리스도 안에서 하늘에 속한 모든 신령한 복을 우리에게 주시되"(엡 1:3).

셋째, 좁은 길이 생각보다 더 좁아져도 그 길을 가는 사람은 소수에 지나지 않는다. 그들은 자신의 사명을 깨닫는다. 여자의 사명은 삶을 초대하는 관계적 여성성을 통해 하나님의 열린 마음을 드러내는 것이고, 남자의 사명은 삶을 내어 주는 관계적 남성성을 통해 하나님의 움직임을 드러내는 것이다. "이는 우리가 믿음으로 행하고 보는 것으로 행하지 아니함이로라.……그런즉 우리는" 복된 삶을 협상하거나 치유된 삶을 구하는 것이 아니라 "주를 기쁘시게 하는 자가 되기를 힘쓰노라"(고후 5:7, 9).

하나님은 예수님을 따르되 충만하게 살아 있는 사람들을 통해 가장 깊고 능력 있게 역사하신다. 그분은 우리를 남자와 여자로 지으셨다. 따라서 하나님을 드러내는 남성성과 하나님을 드러내는 여성성이 살아 있을수록 남녀 인간은 그만큼 더 하나님의 마음을 즐거워할 수 있고 그분의 목적에 유용해진다.

우리의 소명은 하나님의 형상을 지닌 성적 존재로서 자신의 관계 방식을 통해 하나님을 드러내는 것이다. 이 소명을 가장 풍성한 예배의 행위로 품으면 우리는 좁은 길을 찾을 수밖에 없다. 그 길이 우리를 소명 속으로 더 깊이 데려간다. 또한 우리는 길이 아무리 좁아져도 이 땅에서 평생 그 길을 걸을 수밖에 없다. 영원한 소망에 닻을 내리고, 보이지 않는 믿음으로 인내하며, 희생적 사랑에 돌이킬 수 없이 헌신할 수밖에 없다.

예수님의 질문을 들으라. 그분은 그때 제자들에게 하신 것처럼 지금 당신에게도 물으신다. "너도 가려느냐? 아니면 이 좁은 길로 나를 따르려느냐? 여성다운 여자와 남성다운 남자로서 관계를 맺는 법을 배우겠느냐? 그것이 네 본연의 삶이자 네가 가장 소원하는 삶임을 믿겠느냐?"

이번에는 당신의 회심한 마음에서 나오는 대답을 들으라. "주님, 제가 갈 길은 이 길뿐입니다. 주님이 곧 생명Life이시며 또한 우리에게 삶life을 주셨습니다. 그 삶을 살아갈 길을 가르쳐 주소서. 좁은 길을 보여주소서."

25
네 귀에 들리리라

네 뒤에서 말소리가 네 귀에 들려 이르기를 이것이 바른 길이니 너희는 이리로 가라 할 것이며. 이사야 30:21

여호와여, 주의 도를 내게 보이시고 주의 길을 내게 가르치소서. 시편 25:4

여호와여, 주의 도를 내게 가르치소서. 내가 주의 진리에 행하오리니. 시편 86:11

내 길은 너희의 길과 다름이니라. 여호와의 말씀이니라. 이사야 55:8

내가 또한 가장 좋은 길을 너희에게 보이리라.……내가 내게 있는 모든 것으로 구제하고 또 내 몸을 불사르게 내줄지라도 사랑이 없으면 내게 아무 유익이 없느니라. 고린도전서 12:31, 13:3

지금부터 나와 함께 하나님의 감동으로 기록된 성경 말씀을 들어 보자. 그분의 말씀은 권능으로 우리의 생각을 변화시키고 시의적절하게 우리의 삶을 빚어낸다. 내가 말씀을 듣는 이유는 본래부터 내 생각이 변화되어야 했기 때문이고, 사람들을 대하는 내 일상의 삶도 계속 빚어져야 하기 때문이다. 왜 그래야 하는가? 내가 잘못된 태도를 가지고 이 세상에 태어났기 때문이다.

인간의 길

인간의 몸에서 태어난 모든 사람과 마찬가지로 나도 세상에 나올 때부터 다음과 같은 생각을 품고 있었다. 하나님이 만일 존재하신다면 나를 위해 존재하신다는 것이다. 하나님이 좋으신 분이라는 말을 듣던 순간부터 내게 분명해진 사실이 있다. 그분에게 최고의 우선순위는 나를 편하게 해주시는 것이다. 물론 나도 내 몫을 다해야 한다. 그분의 원칙대로 살고 그분의 규정을 대부분 지켜야 한다. 그 일만 웬만큼 잘 해내면 하나님은 공정하신 분인지라 어쩔 수 없이 내 삶에 응분의 복을 부어 주시게 되어 있다. 그것이 내가 이해하던 삶의 원리였고 행복한 삶을 얻을 수 있는 길이었다.

행복한 삶의 요건들도 내 나름대로 알고 있었다. 우선 '오늘의 할 일'은 가짓수가 적고 쉽게 해낼 수 있는 것들이라야 한다. 내 검진 결과를 보는 의사의 얼굴에는 웃음이 번져야 한다. 나갈 돈보다 들어오는 돈이 많아야 하고, 내 소유의 별장이 있어야 하고, 자녀들은 예수님을 사랑해야 하고, 결혼생활은 내 자존심을 살려 주어야 한다. 이것이야말로 날마다 어서 누리고 싶은 "복된 삶"이었다. 내가 할 일은 반듯한 삶으로 나의 이런 계획에 대해 하나님의 협조를 얻어내는 것이었다.

당신처럼 나도 인생의 첫걸음을 넓은 길로 내딛었다. 내 태도는 지극히 자기중심적이었지만, 내게는 그것이 전혀 무난하다 못해 기독교적으로 보이기까지 했다. 예수님을 나의 주님으로 고백한 지 어언 60년이 지났지만 넓은 길의 삶은 지금도 매력이 있다.

하지만 선지자 예레미야의 말이 서서히 내 생각을 변화시켰고 지금도 내 삶의 대인관계를 계속 빚고 있다. 설명하자면 이렇다.

고뇌의 선지자 예레미야는 하나님의 백성에게 큰 재앙이 임박했다는 말씀을 듣고 그분께 자신의 부족함을 고백했다. 나는 삶이 틀어지면 하나님과 협상하려는 충동부터 든다. "주님, 일이 잘 안 되고 있습니다. 어떻게 하면 제 삶이 다시 좋아질 수 있겠습니까?"

예레미야의 말은 달랐다. "여호와여, 내가 알거니와 사람의 길이 자신에게 있지 아니하니 걸음을 지도함이 걷는 자에게 있지 아니하니이다"(렘 10:23). 다시 말해서 "주님, 주께서 우리의 삶 속에 보내시는 고난은 해결해야 할 문제가 아니라 붙잡아야 할 기회입니다. 그래서 이 기회에 고백합니다. 그동안 저는 제가 바라는 만족을 얻으려고 스스로 삶을 주관하려 했습니다. 이제 주께서 제게 생명에 이르는 길을 보여주셔야 합니다. 그것이 제 본연의 삶입니다."

예레미야가 생각했던 삶은 무너지기 직전이었다. 그 말씀을 듣고 그는 하나님의 길을 모르는 자신의 무지를 자백했을 뿐 아니라 하나님이 자신에게 지혜를 계시해 주셔야 함을 고백했다. "여호와여, 나를 징계하옵시되 너그러이 하시고 진노로 하지 마옵소서. 주께서 내가

없어지게 하실까 두려워하나이다"(24절).

하나님의 지혜를 결코 가볍게 구해서는 안 된다. 하나님의 사고방식으로 사안의 실체를 간파한다는 것은 감당하기 어려운 일일 수 있다. 솔로몬이 지혜를 구하다가 결국 깨달은 것이 무엇인지 잊지 말라. "이는 괴로운 것이니 하나님이 인생들에게 주사 수고하게 하신 것이라"(전 1:13).

예레미야와 솔로몬은 둘 다 눈이 뜨여 다음과 같은 어려운 진리를 보았다. "삶은 우리가 바라는 대로 돌아가지 않으며, 우리 힘으로는 그러한 현실을 바꿀 수 없다." 문제 하나를 해결하면 다른 문제가 터진다. 관계의 갈등도 하나를 해결하면 다른 갈등이 불거진다. 실망과 긴장에 찬 삶의 한복판에서 우리는 하나님이 원하시는 대로 처신해야 한다. 하지만 그분이 그 방법을 알려 주셔도 우리는 당장 그분의 계획에 끌리지 않는다. 불편하지만 분명한 사실이 있다. 그분의 길은 우리가 생각하는 행복한 삶을 보장하지 않는다.

솔로몬조차도 삶을 마음대로 요리하여 만족을 얻어낼 수 없었다. 이 현실 앞에서 그는 결국 지쳐 체념하고 온갖 쾌락을 추구했다. 고통에 무디어졌다. 그는 어리석은 남자, 남성답지 못한 남자가 되었다. 하지만 예레미야는 다르게 행동했고 그래서 다른 사람이 되었다.

광야의 모세와 환난 중의 시편 기자처럼 예레미야도 하나님의 길을 보여 달라고 간구했다. 그는 삶다운 삶에 이르는 길을 보고 싶었다. 그 삶은 예레미야가 본능적으로 꿈꾸던 삶이 아니라 하나님이 계획하신 본연의 삶이었다. 천하의 현자인 솔로몬은 자신의 지성과 본능에 옳아 보이는 길을 택했다. 하지만 결국 그것은 지독히도 잘못된 길이었다.

예레미야는 훨씬 힘든 역경 속에서도 정말 옳은 길을 알고자 했다. 그가 걷고자 했던 인생길은 인간의 지혜로는 결코 찾아낼 수 없는 길이었고, 본능에 이끌려서는 누구도 바라지 않을 길이었다.

예레미야의 고백에 "사람"이라는 단어가 두 번 나온다. 첫 번째—"사람의 길이 자신에게 있지 아니하니"—는 히브리어 단어 "아담"을 번역한 것으로 인류 전반을 지칭한다. 두 번째—"걸음을 지도함이 걷는 자[사람]에게 있지 아니하니이다"—는 "이쉬"를 번역한 것으로 일개 개인을 염두에 둔 표현이다. 내가 보기에 요지는 이것이다. 모든 사람, 곧 인류 전반에게 해당되는 어떤 진리가 특정한 개개인, 곧 당신과 나에게도 똑같이 해당된다.

그 진리란 바로 이것이다. 어떤 남자나 여자도 결코 하나님이 생각하시는 길을 스스로 생각해 낼 수 없으며, 어떤 문화나 나라의 종교적 지혜를 모두 합해도 그것은 불가능한 일이다.

좁은 길은 험한 세상의 험한 길이지만, 모든 남녀가 누려야 할 본연의 삶으로 우리를 인도한다. 하지만 개인이나 단체를 막론하고 어떤 그리스도인도 성령께서 기록하신 책을 통해 성령께 듣지 않고는 결코 그 사실을 믿지 않는다.

에덴동산 이후로 늘 그랬고 지금도 그렇다. 우리의 생각대로라면, 하나님만 의지하면 그분이 복을 부어 주셔야 한다. 물론 그 복은 우리가 이생에서 누리고 싶은 복이다. 이사야 시대의 이스라엘 백성처럼 우리도 듣기 좋은 말만 해주는 영적 지도자들에게 마음이 끌린다. 필요하다면 거짓말이라도 괜찮다. 바울 시대에도 다르지 않았다. "때가 이르리니 사람이 바른 교훈을 받지 아니하며 귀가 가려워서 자기의

사욕을 따를 스승을 많이 두고"(딤후 4:3). 오늘날도 다르지 않다. 우리는 좁은 길에 대한 말을 싫어한다. 내 마음대로 살아갈 자유를 빼앗길 것 같아서다. 우리가 주장하는 잘못된 권리가 있다. 도덕적으로 착하게 살면 삶이 내 마음대로 풀려야 한다는 것이다. 좁은 길은 그 잘못된 권리에 제동을 건다.

더 냉정하게 말해서, 우리는 그리스도를 열심히 따른다고 하면서도 기독교 버전의 자기중심성에 빠지는 성향이 있다. 우리 기준의 행복을 얻으려면 어느 정도 자신의 이익을 챙기는 것이 필수로 보인다. 이것은 "복된 삶"에 대한 고집스러운 권리의식인데, 바로 이런 태도 때문에 우리는 회개의 자리로 깊이 내려갈 수 없다. 하지만 그렇게 내려가지 않으면 하나님을 드러내는 여성성과 남성성의 자리로 올라갈 수도 없다.

자기중심성이 죽어야 한다

바울의 가르침은 생각보다 급진적이다. 예를 하나 들어 보자. 빌립보서에서 바울은 우리에게 관계적으로 좁은 길을 걸으라고 교훈한다. 사리私利를 덕목으로 떠받드는 세상에서 다른 세상의 시민으로 살라는 것이다. 그 세상의 덕목은 다르게 규정된다. "각각 자기 일을 돌볼뿐더러 또한 각각 다른 사람들의 일을 돌보아"(빌 2:4).

언뜻 보기에 바울의 말은 "너 자신도 챙기되 또한 다른 사람들도 챙기라"는 것처럼 들린다. 하지만 원문의 표현을 세심히 살핀 명망 있는 성경학자들에 따르면 원문에는 "뿐더러"라는 말이 없다. "뿐더러"

를 빼면 "또한"도 필요 없어진다. 그래서 바울의 가르침은 "각각 자기 일을 돌보지 말고 다른 사람들의 일을 돌보아"가 된다. 의미의 변화는 급진적이고 심오하다. 너무 심오해서 실천이 불가능하다. 성령이 없이는 불가능하다.

영성계발을 통해 관계적으로 남성다운 남자와 여성다운 여자가 되려면 우리의 자기중심성 자체가 죽어야 한다. 자기중심적 관계를 삼가는 정도로는 안 된다. 행복을 느낄 목적으로 스스로 통제해 온 삶을 십자가에 못 박아야 한다. 자아 중심과 타인 중심을 무난히 섞어 가며 살아서는 안 된다. 지옥의 덕목과 천국의 덕목 사이에 무난한 혼합이란 있을 수 없다.

예수님은 천국의 덕목을 실천하셨다. 끔찍한 십자가 위에서 그분은 아버지의 거룩한 진노와 자비로운 사랑을 동시에 알려 주셨다. 이로써 그분은 전혀 새로운 생활방식의 본을 보이셨다. 이제 우리도 남자와 여자로서 그분의 방식대로 살아갈 수 있다. 그분이 그것을 가능하게 하셨다. 예수님은 스스로 고통에서 벗어나실 능력이 있었지만, 그 능력을 사용하지 않으시고 오히려 "공의로 심판하시는 이에게 부탁"하셨다(벧전 2:23). 그리스도를 닮아 가려면 철저히 타인 중심이 되어야 하며, 더 이상 자신을 챙기지 않고 전적으로 하나님을 위해 그리고 다른 사람들을 향한 그분의 목적을 위해 살아야 한다. 그리스도인의 삶에서 그보다 더 자주 또는 더 쉽게 타협되는 진리는 아마 없을 것이다.

물론 우리는 자신의 행복을 바라는 마음을 멈출 수 없다. 설령 그럴 수 있다 해도 그래서는 안 된다. 하나님은 우리를 영원히 온전하게 하시고 영원한 기쁨을 주시려고 크나큰 희생을 치르셨다. 하지만 행복

의 경험을 스스로 만들어 내려 한다면 그것은 그분의 사랑을 욕되게 하는 일이다. 삶의 좋은 것들과 좋은 대우를 이 세상에서 우리의 기쁨과 의미의 기초로 삼는다면 그 또한 그분의 사랑을 욕되게 한다. 그분의 부르심은 분명하다. 우리는 자신의 행복은 하나님께 맡기고, 삶의 목표를 남자와 여자로서 자신의 관계방식을 통해 사람들에게 그분을 드러내는 데 두어야 한다.

성령의 감동으로 기록된 모든 말씀이 그렇듯이 예레미야의 말은 우리의 사고를 변화시키고 우리의 관계방식을 빚어낼 수 있다. 좁은 길을 찾으려면 잉태와 회심에 이어 고백의 삶을 살아야 한다. 전도서의 말씀대로 이 세상의 삶이 괴로운 수고임도 인정해야 한다. 삶은 우리가 바라는 대로 풀리지 않는다. 삶이 끝날 때까지는 모두가 고달프게 살아야 한다. 누구도 상처와 실패를 면할 수 없다.

우리는 괴로운 수고를 직시해야 한다. 영혼이 충만하지 못하고 사랑이 완전하지 못한 존재로서 그리해야 한다. 그래야만 성심으로 하나님을 부를 수 있다. "자비로우신 하나님, 저를 용서하소서. 오 주여, 주의 도를 제게 보이시고 주의 길을 제게 가르치소서. 제가 주의 진리에 행하겠나이다."

이제 마음을 준비하고 성령의 속삭임을 들으라. 이것이 남자와 여자로서 하나님의 영광을 위해 충만하게 살아가는 길이다. 이 길로 행하라. 그 길이 많은 희생을 요하는 좁은 길임을 잊지 말라. 마태복음 7:14에 "좁고"로 번역된 헬라어 단어(*thlipsis*)는 문자적으로 "압착하

다"는 뜻이다. 하지만 잊지 말라. 하나님이 압착하여 우리에게서 떼어내시는 것은 결코 그분의 삶이 아니다. 오히려 그분은 우리가 삶이라고 착각하고 있는 그것을 압착하여 가루로 만드신다. 그리하여 남자와 여자로서의 우리의 관계방식 속에 그분의 삶을 불어넣어 주신다.

이제 성령의 음성을 들으라. 그분이 보여주시는 삶의 길이야말로 우리 모두에게 가장 좋은 길이다. 우리 힘으로는 결코 그 길을 찾을 수 없다. 그 좁은 길에 보장된 삶은 "복된 삶"이나 "치유된 삶"이 아니라 참된 여성성과 남성성이 충만하게 살아 있는 "풍성한 삶"이다.

26
좁은 길을 걸으라
패배의 기회

많은 사람들이 알면 놀라지만 그리스도인도 인간의 정욕에 지배당할 수 있다. 하지만 하나님이 그것을 변화시키실 수 있음을 알면 사람들은 더 놀란다. 이 진리는 그들에게 완전히 새로운 개념이다. 데니스 F. 킨로[1]

세상 것들을 버려야 한다는 말이 아니다.……그것들을 통해 만족을 얻으려는 욕심을 버려야 한다. 사람을 장악하거나 해치는 것은 세상 것들 자체가 아니다.……인간의 의지는 하나뿐이다. 이 의지가 어느 특정한 것에 사로잡혀 있으면 자유로울 수 없다.……하지만 하나님이 의지를 변화시켜 주시려면 일단 의지가 거기서 풀려나야 한다. 십자가의 성 요한[2]

그러므로 너희가 그리스도와 함께 다시 살리심을 받았으면 위의 것을 찾으라. 골로새서 3:1

소크라테스는 성찰하지 않는 삶은 가치 없는 삶이라는 명언을 남겼다. 그러나 우리 많은 사람들은 성찰하는 삶이 너무 어려워 과연 그렇게 살아갈 수 있을지 의문이 든다. 특히 성경을 성찰의 기준으로 삼으면 더욱 그렇다. 하나님이 말씀하시듯이 이 세상의 삶은 고난으로 가득하고, 사탄은 우리를 대적하고, 우리는 자아에 속고 있으며, 우리의 행위는 아무리 선해도 이기심에 물들어 있다. 이것은 생각만 해도 아찔하여 감히 부딪칠 엄두가 나지 않는다. 그러니 부정적인 내용은 적당히 접어두고 좀 더 긍정적인 가르침에 집중하는 게 더 나을지도 모른다.

하지만 바울에게는 그보다 좋은 생각이 있었다. 그는 고민과 혼란과 실패에 빠져 있는 우리에게 "위의 것"(골 3:1)을 찾으라고 말한다. 그가 로마서에 제시하는 틀은 이것이다. 먼저 이 땅의 괴로운 현실을 직시한 뒤에 고개를 들어 기쁜 소식을 들으라. 바울은 우리에게 어려운 진리를 가르친다. 먼저 우리는 이 세상의 삶을 이토록 공허하고 어렵게 만드는 원인을 깊이 들여다보아야 한다. 그래야 하나님이 어떻게 우리를 천국의 생활방식으로 들어 올리려 하시는지 볼 수 있다.

그런데 우리는 괴로운 수고를 어떻게든 보지 않으려 한다. 그래서 두 가지 거짓말을 믿는다. 하나는 우리가 원하는 복을 우리의 노력으로 만들어 낼 수 있다는 거짓말이다. 또 하나는 그 복에 힘입어 소원대로 만족을 얻을 수 있다는 거짓말이다. 그러다 복이 임하지 않고 꿈이 무산되면 이제 우리는 그 고통으로부터 해방되려고 몸부림친다. 풍성한 삶은 막연한 이상에 지나지 않는다. 남자와 여자로서 위의 것을 참으로 누리는 삶은 아득하고 어쩌면 매력 없는 꿈이다. 설령 참으

로 여성답게 또는 남성답게 되는 꿈이 가능하다 해도 그것을 실현하는 길은 너무 힘들어 보인다.

위의 것-천국의 실체

"복"을 느끼는 삶에 안주하는 그리스도인은 계속 그 상태에 머물려고 한다. 잘 풀리는 내 인생보다 더 좋은 것을 상상하기가 어렵다. 그러다 고난이 닥치면 어떻게든 기분을 달래려는 생각밖에 들지 않는다. 주변 세상이 무너져 내릴 때 자신만이라도 무사하다는 느낌을 붙들고 싶은 것이다. 하나님이 환경에 복을 주시고 정서를 치유해 주시면 우리는 기분이 좋아진다. 하지만 우리가 찾는 것이 기껏해야 그런 좋은 기분이라면, 결코 우리는 고난과 고통을 하나님이 주신 기회로 환영할 수 없다. 계속 눈이 멀어 다음 사실을 볼 수 없다. 즉 하나님은 고난과 고통을 통해 여성성과 남성성을 우리의 관계방식 속으로 풀어내실 수 있다. 이미 그분은 우리의 본성 속에 여성성과 남성성을 내장해 두셨다.

삶을 하나님의 눈으로 보는 그리스도인은 먼저 비참한 현실을 직시한다. 그러면 모든 자기중심적 야망이 꺾인다. 해방을 가져다주는 천국의 실체가 눈에 들어오는 것은 그 다음 일이다. 천국의 실체는 새로운 생활방식을 가능하게 하여 우리를 흥분시킨다. 하지만 하나님이 천국을 임하게 하시는 방식은 언뜻 보기에 늘 매력 있는 것은 아니다. 무산된 꿈과 영혼의 아픔은 하나님이 우리 삶 속에 들어오시는 통로지만, 우리는 그런 개념을 썩 좋아하지 않는다.

삶이 힘들어지면 회복이나 해방을 구하는 것이 우리의 본능적 성향이다. 그럴 때 우리는 완전히 이기심에 지배당한다. 하지만 하나님은 더 좋은 것을 생각하셨다. 새로운 방식의 삶이다. 그분은 성자와 성령을 통해 그것을 가능하게 하셨다. 예수께서 친히 말씀하셨듯이 그분은 우리에게 풍성한 삶을 주러 오셨다. 그것은 세상적인 복을 받는 삶이나 자아를 경험하며 만족하는 삶이 아니라 남자와 여자로서 능히 사랑할 수 있는 삶이다.

하나님의 계획에 대한 우리의 본능적 반응은 정중한 관심을 표하면서 하품을 참는 것이다. 그리스도인의 삶은 하나님을 중심으로 돌아가는데, 그분은 우리를 극진히 사랑하시는 분이다. 따라서 그분은 우리가 원하는 복과 이 땅에서 행복하게 살아가는 데 필요한 치유를 주실 것이다. 우리는 다 그렇게 알고 있지 않은가? 하나님은 인생이 힘들고 기분이 나쁠 때에도 우리에게 능력을 주셔서 사람들을 사랑하게 하시건만, 그런 하나님은 여간해서 우리를 감동시키지 못한다. 정말 우리는 결코 감동하지 않을 것이다. 괴로운 수고의 현실을 직시하기 전에는 말이다. 풍성한 복을 받아 기분이 최고일 때에도 괴로운 수고는 여전히 괴로운 법이다.

당신이 하나님을 드러내는 여성성이나 남성성 안에서 살고 싶은 갈망으로 탄식한다고 하자. 그래도 이 세상에 실존하는 당신의 비참한 현실을 직시하기 전까지는 그 갈망이 최고의 우선순위가 될 수 없다. 그 전까지는 당신의 우선순위가 성령께 협력하는 것이 아니라 삶을 더 좋아지게 하거나 기분을 달랠 길을 찾아내는 것이다. 하지만 성령은 당신에게 능력을 주셔서 더 잘 사랑하게 하신다. 현실을 직시하는 것이 중요하다. 그 현실은 두 부분으로 찾아온다.

첫째, 우리 영혼 깊은 곳에는 위로받을 길 없는 원초적 열망이 있다. 복으로도 치유로도 채우거나 잠재울 수 없는 갈망이다. 이 현실을 받아들이는 사람들은 내면에 감당 못할 공허함을 느낀다. 이것은 채워지기를 희구하는 텅 빈 공간이다. 이 공허함 때문에 그들은 자기 주변과 내면을 보며 이런 의문에 잠긴다. 이게 전부인가?

둘째, 우리는 사랑하도록 지음 받았고 사랑하도록 성령으로 말미암아 재창조되었다. 하지만 그렇게 사랑하는 사람은 아무도 없다. 우리는 늘 그 이상理想에 못 미친다. 이것은 무시할 수 없지만 그렇다고 실현할 수도 없는 이상이다. 그런데 흔히 우리는 이렇게 사랑할 줄 모르는 모습을 자신보다 남들에게서 더 잘 본다. 자신의 사랑이 부족하다는 현실을 받아들이는 사람들은 비통한 깨어짐을 느낀다. 벗어나서는 안 될 과녁을 날마다 벗어나고 있다는 집요한 의식이다. 이 깨어짐의 출처는 남들에게 당한 부당대우가 아니라 자신이 남들에게 가한 부당대우다.

공허함과 깨어짐은 이 땅의 두 가지 현실이다. 부정하고 싶어도, 남자와 여자로서 천국의 실체 안에서 살아가려면 그것을 직시해야 한다. 그보다는 통제된 삶이 더 좋아 보인다. 즉 삶을 계획대로 풀리게 하려고 반듯하게 살아가는 것이다. 그래도 삶이 잘 풀리지 않고 좋은 선택에 좋은 결과가 따르지 않으면 우리는 상처받은 삶으로 넘어간다. 이제 우리의 가장 간절한 소원은 해방이다. 고통을 치유 받는 것이다. 그러기 위해 우리는 해로운 활동으로 대응하여 고통을 피하기도 하고, 또는 기도에 매달리기도 한다.

소크라테스의 말이 맞았다. 성찰하지 않는 삶은 가치 없는 삶이다. 그것은 넓은 길로 가다가 서서히 망하는 삶이다. 삶을 성찰하지 않으면 어리석게도 복과 치유가 곧 행복한 삶이라고 믿게 된다. 하지만 결국은 막다른 골목에 몰린다.

바로 그때 우리는 하나님의 자비로 현실에 눈을 뜬다. 복 속에 살고 있든 고난 속에 살고 있든 우리는 공허하다. 또한 자신이 잘 사랑하지 못함을 깨닫고 마음이 깨어진다. 이와 같은 공허함과 깨어짐을 통해 우리는 통제된 삶에서 상처받은 삶을 지나 형성의 삶으로 넘어간다. 이제 패배를 오히려 좋은 기회로 환영한다. 이러한 기회 덕분에 우리는 하나님의 능력을 받아 관계적 여성성과 관계적 남성성 안에서 충만하게 살아갈 수 있다. 이것이 형성의 삶인 이유는 우리가 복이나 치유보다 예수님처럼 형성되어 그분처럼 관계 맺기를 더 원하기 때문이다.

우리가 낮아질 때

공허함과 깨어짐의 현실 앞에서 낮아졌다면 이제 기다려야 한다. 이때 우리가 인식해야 할 사실이 있다. 우선 우리 힘으로는 만족에 이르는 길을 통제할 수 없다. 이 세상에서 누릴 만한 복을 통해서는 만족을 얻을 수 없다. 또한 우리는 상처를 치유할 수 없다. 남자와 여자로서 마음껏 사랑할 수 있을 만큼 깊고 영속적인 치유는 우리 힘으로 불가능하다. 이렇게 고뇌와 패배 속에 깊이 빠져들면 결국 우리 앞에 놓인 길은 두 가지뿐이다. 삶을 포기하거나 아니면 삶을 위해 하나님을 구하거나 둘 중 하나다. 괴롭지만 우리의 비참한 처지가 하나님을 "간

절히 구하는"(호 5:15) 기회가 된다.

무엇을 위해 그분을 구해야 하는가? "복된 삶"의 회복을 위해 구해야 하는가? 아니다. 이미 밝혀졌듯이 복은 만족을 주지 못한다. 이제 우리의 목표는 그보다 높다. 그렇다면 "치유된 삶"으로 해방을 얻기 위해 하나님을 구해야 하는가? 그것도 아니다. 제대로 사랑할 줄 모르는 상태가 계속된다면 좋은 자화상도 별로 의미가 없다.

위로받을 길 없는 열망은 우리를 공허하게 하고, 이기심에 얼룩지지 않고는 사랑하지 못하는 상태는 우리를 깨어지게 한다. 그 속에서 우리는 이 한 가지를 위해 담대히 하나님을 구한다. 즉 그분을 용서와 능력의 아버지로 알기 위해 구한다. 어두운 절망의 심연에서 우리는 위를 올려다보며, 빛나는 천국의 실체를 조금이라도 보고자 부르짖는다. 우리는 모험에 나선다. 설명할 수 없을 정도로 우리를 기뻐하시는 하나님을 우리도 어떻게 해서든 기뻐할 수 있기를 소망한다. 우리의 관계방식을 통해 그분의 기쁨을 다른 사람들에게 퍼뜨릴 수 있기를 소망한다.

이렇게 공허함과 깨어짐을 그대로 느끼고 인정하면 우리 안에 새로운 공간이 트인다. 거기서 우리는 다른 누구나 무엇도 아니고 오직 하나님만을 간절히 기다린다. 필사적이라 해도 좋다. 십자가의 성 요한이 말했듯이 비참한 처지 덕분에 우리는 삶의 복이나 고통의 치유에서 "만족을 얻으려는 욕심"을 버린다.

그래서 우리는 기다린다. 기도한다. 새벽 2시에 깨어나 잠 못 이루고 고민한다. 성경을 읽는다. 성경을 읽다가 위로를 받을 때도 있고, 혼란에 빠질 때도 있고, 죄를 깨달을 때도 있다. 또 우리는 예배한다.

예배 중에 감격과 기쁨의 눈물을 흘릴 때도 있지만 마냥 무미건조할 때도 있다. 우리는 영적 공동체를 구한다. 마음을 만져 주는 친구도 있지만 그냥 스쳐 가는 사람도 있다.

우리는 기다린다. 아무것도 요구하지 않고 모든 것을 의탁한다. 우리의 소망은 오직 그리스도 안에 있다. 비참한 현실을 고백하면서 우리는 그분의 아름다운 실체 안에 사로잡히기를 기다린다.

이 글을 쓰는 현재 나는 68번째 생일을 맞은 지 8주가 지났다. 나는 1944년 여름에 태어나 여덟 살 때 회심했다. 하나님의 자녀가 된 후로 지난 60년 동안 어두운 밤도 지나고 환한 아침도 겪었다. 혼란 중에 있을 때는 하나님의 부재가 느껴졌고, 그 어둠 때문에 때로 내가 정말 회심한 것인지 의문이 들기도 했다. 하나님의 임재가 느껴졌을 때는 주로 성경이 나에게 살아났을 때였는데, 그 환한 빛 덕분에 한순간이나마 형언 못할 기쁨을 아주 절절하게 맛보곤 했다.

하나님이 어떤 생각으로 나를 남자로 빚으셨는지 내 나름대로 조금이나마 똑똑히 본 것은 최근에 들어서다. 천국의 실체는 나를 하나님의 영광을 위해 충만하게 살아 있는 남성다운 남자로 빚어 갈 수 있다. 거기에 담긴 의미가 점점 더 나를 지탱시켜 주고 때로는 기운이 넘치게 한다. 그러나 장차 될 수 있는 내 모습을 더 똑똑히 볼수록 아직 되지 못한 내 모습을 더욱 절감하게 된다.

이제 나는 고백의 열매를 새로운 방식으로 누리기 시작했다. 공허함과 깨어짐이라는 현실도 더 자주, 더 강도 높게 경험하고 있다. 그

깊이도 전에 없이 더 깊어졌다. 나는 이 현실을 저항 없이 좀 더 기꺼이, 심지어 감사의 마음으로 받아들이고 있는 것 같다. 오래전부터 고대했던 결과도 나타나고 있다.

지금 내가 알리고 싶은 게 바로 그것이다. 공허함과 깨어짐이라는 비참한 현실을 받아들일 때 나타나는 초자연적 결과를 알리고 싶다. 물론 말로는 한계가 있다. 지금 내 안에 벌어지고 있는 일을 나는 과장하고 싶지도 않고 축소하고 싶지도 않다. 당신 안에도 똑같은 일이 벌어지고 있거나 벌어질 수 있다.

아직 벌어지지 않고 있는 일을 강조하고 싶은 유혹이 더 크다. 나 자신과 내 끊임없는 씨름과 실패에 초점을 맞추려는 유혹이다. 천국에 갈 때까지는 남자로서 충만하게 살아가는 기쁨이 완전할 수 없음을 나도 잘 알고 있다. 그럼에도 내가 갈수록 더욱 인식하는 사실이 있다. 지금 누릴 수 있는 부분도 한없이 좋다는 것이다. 그것이 내 삶이다.

성령께서 공허하고 깨어진 심령 안에 놀라운 일을 행하실 수 있다. 그 신비를 인간의 언어로는 담아낼 수 없다. 하지만 묘한 확신이 생겨난다. 자아의 어둠 속으로 더 깊이 가라앉을수록 나는 그리스도의 빛 가운데로 더 높이 날아오를 수 있다. 그 빛이 내 영혼을 충만하게 하고 나의 관계방식을 통해 드러난다. 그 확신이 있기에 내 요란한 고뇌의 이면에서 고요한 안식을 발견할 수 있다. 그 소망 안에서 나는 자유를 맛본다. 삶의 상황과 영혼의 상태가 어떠하든 다른 사람들에게 다가갈 수 있는 자유를.

27
남성다운 남자와 여성다운 여자가 되다

교회는……그리스도께서 만드시고 그분 위에 지어진 공동체다. 교회 안에서 그리스도는 자신을……새로운 인간 자체로 계시하신다. 디트리히 본회퍼[1]

충만한 인간이란……남자만도 아니고 여자만도 아니라 남자와 여자의 공동체다. 마우로 메루치[2]

성령은 그리스도인 여자를 여성다운 여자로, 그리스도인 남자를 남성다운 남자로 빚으셔서 서로 소통의 다리에서 만날 수 있게 하신다. 이제 그 과정을 요약하면서 이 책을 마무리하고자 한다. 과정은 남녀 모두 똑같지만 결과는 각각 놀랍도록 독특하다.

고백

고백은 실패를 기회로 받아들인다. 그 기회를 통해 우리는 생명에 이르는 좁은 길을 걸어갈 수 있다.

우리는 괴로운 실존의 현실을 깊이 통감한다

성령께서 깊이 역사하시기 시작하면 우리는 말할 수 없이 공허해진다. 우리가 채울 수도 없고 그렇다고 무시할 수도 없는 공허함이다. 하지만 그분 덕분에 우리는 관계적 결함을 죄로 인정하고 깨어진다. 그리스도께서 우리를 사랑하시듯이 우리도 다른 사람들을 사랑해야 하는데, 그렇지 못한 자신을 보며 괴로워한다.

우리는 공허함과 깨어짐이라는 비참한 현실을 받아들인다

새로 경험하게 된 진리에 더 이상 저항하지 않는다. 우리의 슬픔과 실패를 더 이상 무찔러야 할 적으로 취급하지 않는다. 대신 이 고달픈 현실이 오히려 기회임을 깨닫는다. 우리가 그 기회를 통해 자신의 실패를 받아들이면, 하나님이 자유로이 우리를 능력으로 변화시키실 수 있다.

우리는 기다린다

기도한다. 협상하는 기도가 아니라 순복하는 기도다. 또한 더욱 간절히 소망한다. 피상적인 복이나 즐거운 느낌을 소망하는 것이 아니라 풍성한 삶이 흘러나오기를 소망한다. 사랑할 수 있는 능력, 하나님이 주시는 그 능력이 더 자라기를 소망한다.

우리는 성령께서 역사하시는 증거를 분별한다

감당할 수 없는 공허함은 서서히 소망에 찬 목마름으로 변한다. 우리도 시편 기자와 같은 심정이 된다. "내가 여호와께 바라는 한 가지 일 그것을 구하리니"(시 27:4). 복과 치유를 바라는 마음이 아직 강하기는 하지만, 이제 그것은 절박성을 잃은 갈망으로 밀려난다. "곧 내가 내 평생에 여호와의 집에 살면서 여호와의 아름다움을 바라보며 그의 성전에서 사모하는 그것이라"(시 27:4). 하나님을 알려는 목마름이 우리의 궁극적 갈망을 깨운다. "주 예수여, 오시옵소서"(계 22:20). 하나님의 연애편지를 읽노라면 어서 집에 가서 예수님과 함께 있고 싶은 마음밖에 들지 않는데, 그것은 당연한 일이다. 그분이 보고 싶어지고 삼위일체 하나님의 완벽한 박자에 맞추어 영원히 춤추고 싶어진다. 그날 우리는 영원한 사랑의 잔치에 참여할 것이다.

우리는 성령의 계속되는 역사를 분별한다

삼위일체 하나님과 함께 춤추려면 예수님처럼 사랑해야 하는데, 그 춤을 열망할수록 우리가 더욱 깨닫는 사실이 있다. 지금은 우리의 춤동작이 아무리 좋아도 성령께 완전히 호흡을 맞추지 못한다는 것이다. 깨어진 모습은 더욱 깊어진다. 그렇다고 자신을 경멸하는 것은 아니고 오히려 하나님께 감사가 넘친다. 우리가 관계 속에서 실패할 때마다 그분은 용서해 주신다. 얼마나 과분하고 놀라운 사랑인가! 깨어짐의 고뇌는 은혜의 찬미로 변한다. 관계적 실패로 인해 깨어진 사람들만이 하나님의 사랑이라는 감미로운 음악을 들을 수 있다.

우리는 소망이라는 견고한 기초 위에 새로운 관계방식을 지을 수 있다

공허함이 목마름이 되고 깨어짐이 감사로 변하면 그때부터 소망이 살아난다. 물론 상처와 씨름과 실패는 계속된다. 하지만 우리의 소망은 확고부동하다. 우리가 회심할 때 착한 일을 시작하신 분이 우리의 고백을 통해 그 일을 심화시키시는 중이며, 결국 "그리스도 예수의 날까지 이루실" 것이다(빌 1:6). 여정은 그렇게 펼쳐져 나간다. 잉태에서 회심으로, 회심에서 고백으로, 고백에서 완성으로 진행된다. 결국 모든 공허한 마음은 하나님 안에서 충만하게 채워지고, 모든 깨어진 영혼은 능력을 입어 예수님처럼 사랑하게 된다. 그 확실한 소망이 우리를 지탱시켜 준다.

소망의 닻은 우리의 믿음을 견고하게 한다

골로새의 그리스도인들은 "하늘에 쌓아 둔 소망" 때문에 믿음 안에 견고히 서 있었고, 바울은 그것으로 인해 하나님께 감사했다(참조. 골 1:4-5). 여기서 한 가지 교훈을 배울 수 있다. 소망이 살아 있으면 믿음이 회의를 이겨낸다. 이겨내는 정도가 아니라 믿음이 왕성해진다. 우리는 하나님이 우리에게 선을 베풀고 계심을 믿는다. 소망이 그 믿음을 떠받쳐 주면 어떤 어두운 밤도 우리의 믿음을 무너뜨릴 수 없다. 우리는 아침이 오리라는 확실한 소망을 품고 살아간다. 지금은 고난의 금요일일지 모르지만 부활의 일요일이 다가오고 있다!

소망으로 믿음이 견고해지면 사랑이 흘러나온다

전투는 계속된다. 악한 육신은 여전히 우리와 함께 있다. 여자들은 위험이 느껴지면 마음을 닫고 자신을 보호하고 싶어진다. 남자들은 실패가 닥칠 듯하면 뒤로 물러나 자신을 보호하고 싶어진다. 본래 우리는 인생에서 얻고 싶은 것을 다 얻어내려고 요구한다. 또한 나쁜 일이 벌어질지도 모른다는 현실적 두려움을 애써 통제하거나 부정하려 한다. 그러나 이제 공허함과 깨어짐을 경험하고 있으므로 그런 요구와 노력이 둘 다 약해져 간다. 남들에게 공정한 대우를 받으려는 요구가 죽으면, 내게 상처를 주는 사람들에게도 하나님을 드러내고 싶은 갈망이 살아난다. 상처받을 수 있지만 그래도 우리는 사랑할 수 있다. 더 좋은 날에 대한 소망이 있고 그날이 오고 있다는 믿음이 있기에 지금 마음껏 사랑할 수 있다. 사랑이 의무가 아니라 우리의 열망과 기쁨이 되면, 그때부터 하나님의 사랑이 우리의 관계방식의 원동력이 된다.

바로 그때 우리는 풍성한 삶을 맛본다

복이 계속될 수도 있다. 잃었던 복이 회복될 수도 있고 그렇지 않을 수도 있다. 하나님의 치유하시는 임재를 경험할 수도 있고 그렇지 않을 수도 있다. 하지만 삶의 상황이나 영혼의 상태가 어떠하든 우리는 풍성함을 인지하게 된다. 사랑하려는 열망과 사랑할 수 있는 능력이 풍성해진다. 느껴지지 않을 수도 있지만 열망과 사랑이 둘 다 우리 안에 살아 있음을 신기하게 알게 된다. 우리는 사랑하고 싶어지고 사랑할 수 있다. 그리고 때로 정말 그렇게 한다. 우리는 사랑한다!

그러다 일이 벌어져 우리는 이 과정의 순환을 반복해야 한다

교만일 수도 있다. 스스로 다 됐다고 착각할 수도 있다. 어쩌면 또 하

나의 꿈이 무산될 수도 있고, 오랫동안 묻어 두었던 고통이 불거져 나올 수도 있다. 압박감이 가중되거나 지독한 중독이 다시 도질 수도 있다. 어느새 우리는 복을 되찾으려 하거나 평안한 치유를 갈망하고 있다. 제대로 하려 애쓴다. 해방을 위해 살아간다. 그때 성령께서 우리에게 또 한 번 현실을 보게 하신다. 그분은 결코 우리를 포기하지 않으신다. 이번에는 더 깊이 보이시며 더 마음을 불안하게 하신다. 공허함과 깨어짐의 경험이 되돌아온다. 우리의 뒤에서 "이것이 바른 길이니 너희는 이리로 가라"(사 30:21)고 일깨우시는 세미한 음성이 들려온다. 목마르고 감사한 마음으로 우리는 "영광의 소망"(골 1:27)이신 그리스도께서 우리 안에 계심을 떠올린다. 다시 믿음이 견고해지고, 다시 우리 안에 사랑하려는 열망이 타오른다. 그렇게 우리는 좁은 길의 여정을 재개한다. 또다시 풍성한 삶의 시절에 들어선다. 새로워진 우리의 마음에서 이런 기도가 터져 나온다. "주님, 이 시절이 더 길었으면 좋겠습니다. 이번에는 더 깊고 더 진했으면 좋겠습니다. 한 시절의 풍성한 삶이 영원한 기쁨으로 완성될 그날까지 말입니다. 주 예수여, 오시옵소서!"

풍성한 삶

여자가 풍성한 삶에 이르는 좁은 길을 걸으면 여성성이 살아난다

굳이 여성다워지려 하지 않아도 그렇게 된다. 그녀는 여자로서 사랑한다. 하나님이 여자로 지으셨기 때문이다. 그녀는 마음을 열고 받아들인다. 간절히 양육하려 한다. 그녀는 관계적 여성성 안에서 살아가는 기쁨을 발견한다. 고된 노력을 통해서가 아니라 성령의 신령한 지혜와 인도와 능력에 즐거이 순복함으로써 발견한다.

남자가 풍성한 삶에 이르는 좁은 길을 걸으면 남성성이 살아난다

굳이 남성다워지려 하지 않아도 그렇게 된다. 그는 남자로서 사랑한다. 하나님이 남자로 지으셨기 때문이다. 그는 타인의 마음에 바짝 귀를 기울여 탄식 소리를 듣는다. 그리고 생명력 있는 사랑을 품고 관계 속에 들어간다. 그는 관계적 남성성 안에서 살아가는 기쁨을 발견한다. 고된 노력을 통해서가 아니라 성령의 신령한 지혜와 인도와 능력에 즐거이 순복함으로써 발견한다.

이와 같은 남자와 여자는 소통의 다리에서 만난다. 여자는 초대하고 남자는 움직인다. 두 여자도 만나서 서로의 여성성을 즐거워한다. 두 남자도 만나서 서로의 남성성을 즐거워한다. 천국의 실체가 이 땅에 임한다. 하나님 나라가 여성다운 여자들과 남성다운 남자들의 공동체 속에 가시화된다. 부디 그렇게 되기를 기도한다.

맺는 글
남녀에게 주는 마지막 말

여자들에게

당신은 동성에게 성적으로 끌리는가? 몸매의 문제나 식생활 장애로 고민하는가? 영혼의 고통을 달래려고 자해행위를 하는가? 섹스나 마약이나 술이나 자살 시도로 공허함을 채우려 하는가? 그래도 당신은 여자다.

당신은 외모에 자신이 없거나 다른 결점 때문에 부끄러운가? 성폭행이나 정서적 학대를 당해 증오와 두려움 속에 살고 있는가? 성장기에 부모와 형제자매들이 당신을 보아준 적이 없는가? 그래도 당신이 여자라는 사실은 변하지 않는다.

당신은 아무에게도 털어놓지 못한 문제로 끙끙 앓고 있는 십대 소녀인가? 왠지 모르게 결혼을 못하고 있는 독신인가? 결혼했지만 후회하고 있는가? 남자들의 세계에서 여자로서 출세하려고 싸우고 있는가? 그래도 당신의 핵심 정체는 여자다.

당신은 매력 있고 건강한가? 존경받는 변호사나 목사나 전문의료인이나 사업가나 교사인가? 아내와 어머니로서 또는 활동적이고 만족스러운 독신으로서 모든 관계와 책임을 잘 감당하고 있는가? 그래도 **당신이 누려야 할 최고의 특권은 여자로서 관계를 맺는 것이다.**

- 당신의 고민과 증상으로 자신에게 딱지를 붙이지 말라.
- 당신의 이력과 감정으로 자신을 규정하지 말라.
- 당신의 환경과 도전으로 자신의 정체를 삼지 말라.
- 당신의 성공과 만족으로 자신을 제한하지 말라.

하나님의 부르심을 듣고 관계적 여성성 안에서 살아나라!

진정으로 여성다운 여자는 자신의 불멸의 아름다움을 기뻐하시는 하나님 안에서 깊이 안식한다. 그래서 아무도 자신을 보아주지 않을 것에 대한 두려움에 노예가 되지 않는다. 이제 그녀는 다른 사람들도 하나님의 아름다움을 누리도록 그들을 초대한다. 하나님의 사랑이 두려움의 위력을 내쫓는다. 그녀가 다음과 같이 관계를 맺기 때문이다.

- 통제하지 않고 초대한다.
- 경계하지 않고 마음을 연다.
- 방어하지 않고 용기를 낸다.
- 자기보호가 없이 당당하다.

그녀가 사람들을 대할 때 마음에 품는 목적은 하나다. 그들을 격려하

여 하나님의 아름다움에 매료되어 변화되게 하는 것이다. 하나님은 사람들을 보시고, 초대하시고, 양육하시고, 즐거워하시는 분이다.

남자들에게

당신은 동성애의 욕구를 느끼는가? 포르노의 쾌락을 물리치기가 힘든가? 섹스나 마약이나 술로 고통을 달래는가? 유머나 독설이나 공격 같은 더 은근한 중독에 의지하는가? 그래도 당신은 남자다.

당신은 변화를 이루고 싶지만 자신이 부족하게 느껴지는가? 그래서 자신이 못났다는 생각에 시달리는가? 가정이나 학교에서 끔찍한 학대를 경험했는가? 성장기에 아버지가 당신을 몰아붙이거나 무시했는가? 어머니가 당신을 비난하거나 과잉보호했는가? 그래도 당신이 남자라는 사실은 변하지 않는다.

당신은 남모르는 고민이나 부끄러운 비밀이 있는 십대 소년인가? 왠지 모르게 결혼을 못하고 있는 독신인가? 결혼했지만 후회하고 있는가? 남자들의 세계에서 남자로서 뒤지지 않으려고 싸우고 있는가? 그래도 당신의 핵심 정체는 남자다.

당신은 건강하고 맷집이 좋은가? 교회나 기업이나 정계에서 성공한 지도자인가? 남편과 아버지로서 또는 직장 동료나 스포츠 친구로서 또는 생산적이고 활동적인 독신으로서 모든 관계와 책임을 잘 감당하고 있는가? 그래도 당신이 누려야 할 최고의 특권은 남자로서 관계를 맺는 것이다.

- 당신의 고민과 증상으로 자신에게 딱지를 붙이지 말라.
- 당신의 이력과 감정으로 자신을 규정하지 말라.
- 당신의 환경과 도전으로 자신의 정체를 삼지 말라.
- 당신의 성공과 만족으로 자신을 제한하지 말라.

하나님의 부르심을 듣고 관계적 남성성 안에서 살아나라!

진정으로 남성다운 남자는 하나님의 영향력을 가지고 사람들에게 다가가는 자신의 소명에 깊이 감사한다. 그래서 자신에게 영향력이 없을 것에 대한 아찔한 두려움에 당당히 부딪친다. 이제 그는 관계를 맺을 때 다음과 같이 하려 한다.

- 타인의 고민을 듣는다.
- 자신에게 특권으로 주어진 기회를 기억하고 타인에게 다가간다. 하나님의 속성을 드러낼 만한 행동을 잘 분별하여 상대를 그렇게 대한다. 하나님은 상대의 최악의 모습을 보시고 그 영향을 친히 느끼시지만, 그래도 뒤로 물러나지 않으신다.
- 타인의 고민을 깊이 탐색한다. 위협적으로 느껴지지 않게 상대와 함께 있어 주는 것이 자신의 가장 강한 갈망이 될 때까지 그렇게 한다.
- 자신을 희생하여 즐거이 타인의 필요를 채워 준다.

그가 사람들을 대할 때 마음에 품는 목적은 하나다. 그들을 격려하여 하나님의 아름다움을 신뢰하고 안식하게 하는 것이다. 하나님은 사랑으로 늘 사람들에게 다가오시는 분이다.

여자들은 아름다운 천국의 일면을 보여준다. 그들은 우리를 자신께로 가까이 이끄시는 하나님의 초대를 드러낸다. 남자들도 아름다운 천국의 일면을 보여준다. 그들은 우리에게 다가오셔서 사랑을 베푸시는 하나님의 움직임을 드러낸다.

이제 비전이 제시되었다. 우리는 세상을 바꾸어 놓을 수는 없을지 몰라도 세상에 하나님을 드러낼 수는 있다. 다른 사람들의 삶에 변화를 가져다주라. 당신은 그렇게 살도록 지음 받았다. 그러려면 성령의 능력으로 예수님처럼 관계를 맺어 하나님의 불가항력적인 아름다움을 드러내야 한다.

우리는 하나님을 사랑한다. 우리 모두가 여성다운 여자와 남성다운 남자로서 그 하나님을 드러내며 살기를 기도한다.

후기
레이첼 크랩

나는 이 책이 해방을 가져다주는 중요한 책이라 믿는다. 나 또한 점점 더 충만하게 살아나는 한 여자로서 여기에 한마디 보태고 싶다. 책의 내용과 관련하여 우리의 이력을 간략히 소개하면 내 안에 가장 살아 있는 것이 무엇인지 알리는 데 도움이 될 것이다.

이 글을 쓰는 현재, 우리 부부의 47주년 결혼기념일이 얼마 남지 않았다. 래리와 나는 열 살 때 만나 열두 살에 첫 데이트를 했고 스물두 살이 되기 몇 주 전에 결혼했다. 현재까지 68년의 인생에서 58년을 서로 알고 지낸 셈이다. 성장기를 돌아보면 우리 둘 모두에게 분명한 사실이 있다. 남자와 여자로서 하나님의 영광을 위해 충만하게 살아 있다는 말의 의미를 깨닫는 과정은 우리에게 멀고도 더딘 여정이었다.

우리의 양가 부모님은 깊이 헌신된 그리스도인이었고 나름대로 하나님의 소명에 충실하게 살았다. 두 아버지가 알고 있던 남자의 "본분"은 일차 부양자(어렸을 때 자주 듣던 전통적 용어)로서 가족들을 먹여 살리는 것과 영적 지도자의 책임을 다하는 것이었다. 두 어머니가

받아들인 "본분"은 남편이 이끄는 대로 복종하는 것과 돕는 배필로서 조용히 내조하는 것이었다.

우리의 부모님은 서로 사랑했고 그리스도를 따르며 살았다. 그것이라면 우리 둘 다 추호도 의심이 없다. 하지만 이런 의문은 있다. 그분들은 삼위일체 하나님을 믿는다고 고백했지만, 과연 자신의 관계방식을 통해 남자와 여자로서 각기 독특하게 하나님을 드러내도록 부름받았다는 사실을 알았을까? 하나님의 형상을 지닌 남자와 여자로서 충만하게 살아 있다는 말의 의미를 그분들은 미처 생각해 보지 않았던 것 같다. 그 생각을 하면 슬퍼진다.

이렇듯 나의 성장 배경에는 삼위일체 하나님의 관계성에 대한 교육과 모본이 없었거나 있더라도 미미했다. 여자로서 자신을 열고 살아가는 비전을 이제라도 알았으니 감사하다. 날마다 나는 관계적 죄의 현실에 부딪친다. 상처받지 않게 나를 보호하려고 사람들에게 내 여성다운 영혼을 닫는 죄다. 이 핵심적 공포는 내가 여덟 살 때 이웃에게 처음 폭행당하던 때부터 형성되었다. 하지만 날마다 나는 하나님을 드러내는 여자로 살아가는 기쁨을 더 분명히 느낀다. 내가 구원받은 목적이 그것이다.

나는 복종하는가? 그렇다! "온유하고 안정한" 심령으로 임하는가? 물론이다! 남편의 돕는 배필인가? 특권이다! 하지만 그 방식이 새로워졌다. 그래서 이제 내 삶은 기존의 통념을 벗어난다. 하나님의 형상을 지닌 여성으로서 점점 더 온전히 나다워지고 있다.

이 책의 메시지 덕분에 나는 노년을 고대할 수 있다. 내 여성성의 참된 아름다움이 결코 시들지 않고 오히려 더 깊어질 것을 알기 때문이다. 그동안 하나님이 이 책에 담긴 래리의 가르침을 통해 나를 깨우셔서, 관계적으로 여성다운 여자로서 하나님의 영광을 위해 살아가는 자유를 맛보게 하셨다. 래리도 이 책의 메시지를 실천하고 있다. 관계적 남성성 안에 살면서 나에게 다가오고 하나님께 다가간다. 지금까지 내가 그러한 남편의 수혜자가 되어 정말 기쁘다. 우리는 소통의 다리 위에서 만나고 있다.

당신이 기혼이든 독신이든, 나이가 많든 적든, 복된 삶을 누리고 있든 역경으로 힘들어하고 있든, 이 책이 당신을 깨워 주기를 기도한다. 그리하여 당신도 여성다운 여자와 남성다운 남자의 관계방식을 통해 관계적 하나님을 드러내는 특권을 누리게 되기를 기도한다.

모든 영광을 하나님께 돌린다!

주

들어가는 글

1. Stanley J. Grenz, *Theology for the Community of God*(Grand Rapids: Eerdmans, 2000), p. 24. (『조직신학』 크리스찬다이제스트)

1부. 성의 중심을 찾아서

1. Emil Brunner, *Man in Revolt*, trans. Olive Wyon(Philadelphia: Westminster Press, 1939), p. 345.

2. 단어에는 의미가 있다

1. Reinhold Niebuhr, *Beyond Tragedy: Essays on the Christian Interpretation of History*. 다음 책에 인용되어 있다. Brian D. Ingraffe, *Postmodern Theory and Biblical Theology*(Cambridge: Cambridge University Press, 1995), p. 86.

4. 여자를 여성답게 하는 것은 무엇인가?

1. Leo Tolstoy, *Pamphlets*(Ann Arbor: University of Michigan, 1900), p. 29.
2. Dr. Martin Luther King Jr.가 1968년 2월 4일 조지아 주 애틀랜타의 에벤에셀 침례교회에서 한 연설.
3. Mother Teresa & Brian Kolodiejchuk, *Mother Teresa: Come Be My Light*(New York:

Doubleday Religion, 2007). (『마더 데레사 나의 빛이 되어라』 오래된 미래)

6. 복종의 진정한 의미

1. Charles Ringma, *Seize the Day with Dietrich Bonhoeffer*(Colorado Springs, CO: Pinon Press, 2000), 1월 3일. (『고뇌하는 신앙인을 위한 본회퍼 묵상집』 죠이선교회)
2. Henry Scougal, *The Life of God in the Soul of Man*(Scotland, UK: Christian Focus Publications, 1996), p. 68. (『인간의 영혼 안에 있는 하나님의 생명』 생명의말씀사)

7. 남자를 남성답게 하는 것은 무엇인가?

1. Richard E. Simmons III, *The True Measure of a Man*(Mobile, AL: Evergreen Press, 2011), 각각 pp. 18, 15, 2.
2. Fyodor Dostoyevsky, *The Brothers Karamazov*(Middlesex, England: Penguin, 1959), p. 312. (『카라마조프가의 형제들』)

8. 관계적 남성성

1. Robert Fritz, *By the Path of Least Resistance*(New York: Random House, 1986).
2. Stanley J. Grenz, *The Social God and the Relational Self*(Louisville, KY: Westminster John Knox Press, 2001), p. 224.
3. 같은 책, p. 263.
4. 같은 책, p. 272.
5. C. S. Lewis, *Letters to Malcolm: Chiefly on Prayer*(New York: Harcourt, 1964), p. 93. (『개인기도』 홍성사)

2부. 핵심적 공포를 찾아서

1. Stanley J. Grenz, *Theology for the Community of God*(Grand Rapids: Eerdmans, 2000), pp. 187, 208.

11. 두려움의 위력(1)

1. 이 본문에서 "사람"은 남녀 인간을 통칭하는 말이다.
2. Oswald Chambers, *My Utmost for His Highest*(Ulrichsville, OH: Barbour, 1963), 12월

23일. (『주님은 나의 최고봉』 토기장이)

12. 남자의 핵심적 공포

1. Jimmy Long, *Emerging Hope*(Downers Grove, IL: InterVarsity Press, 2004), p. 72. (『새로운 청년사역이 온다』 IVP)
2. 같은 책, p. 177.
3. C. S. Lewis, *The Screwtape Letters*(New York: Macmillan, 1961), xiii. (『스크루테이프의 편지』 홍성사)

14. 두려움의 위력(2)

1. Alister McGrath ed., *The J. I. Packer Collection*(Downers Grove, IL: InterVarsity Press, 1999), p. 238.
2. Derek Tidball, *The Message of Holiness*(Downers Grove, IL: InterVarsity Press, 2010), p. 22.

3부. 관계적 죄를 분별하라

17. 중심이 존재한다

1. Robert Barron, *The Strangest Way*(Maryknoll, NY: Orbis Press, 2002), 각각 pp. 31, 32, 34.
2. 같은 책, p. 29.
3. 같은 책.
4. 같은 책, p. 32.

18. 중심을 찾으라

1. Robert Barron, *The Strangest Way*(Mary Knoll, NY: Orbis Books, 2002), p. 45.
2. Tim Farrington, *A Hell of Mercy*(New York: Harper One, 2009), pp. 115-116.

19. 충만한 삶을 위한 준비

1. Herman Melville, *Mody Dick*(New York: Barnes and Noble Classics, 2003), p. 27. (『모비딕』)

4부. 충만하게 살아 있는 인간이 되다

1. Stanley J. Grenz, *The Social God and the Relational Self*(Louisville, KY: Westminster John Knox Press, 2001), p. 32.

20. 여정의 시작

1. Mike Mason, *The Gospel According to Job*(Wheaton, IL: Crossway, 1994), 각각 pp. 186, 173, 146.
2. C. S. Lewis, *The Problem of Pain*(New York: MacMillan, 1962), p. 115. (『고통의 문제』 홍성사)

23. 새로운 삶

1. C. S. Lewis, *Mere Christianity*(New York: MacMillan, 1943), 각각 pp. 57, 55, 125, 171, 153. (『순전한 기독교』 홍성사)

24. 삶의 출현

1. C. S. Lewis, *Mere Christianity*(New York: MacMillan, 1943), pp. 173-174.
2. John Owen, *Spiritual Mindedness*, abridged by R. J. K. Law(Carlisle, PA: The Banner of Truth Trust, 2009), p. 1. (『영의 생각, 육신의 생각』 청교도신앙사)

26. 좁은 길을 걸으라

1. Dennis F. Kinlaw, *The Mind of Christ*(Nappanee, IN: Francis Asbury Press, 1998), p. 84. (『그리스도의 마음』 세복)
2. 다음 책에 인용되어 있다. Iain Matthew, *The Impact of God*(London: Hodder and Stoughton, 1995), p. 40.

27. 남성다운 남자와 여성다운 여자가 되다

1. Charles Ringma, *Seize the Day with Dietrich Bonhoeffer*(Colorado Springs, CO: Pinon Press, 2000), 10월 26일.
2. Mauro Meruzzi, "Woman and her complementary relationship to man," *Contending Modernities*, 2012년 11월 1일, http://blogs.nd.edu/contendingmodernities2012/11/01

스터디 가이드

들어가는 글

1. "들어가는 글"을 읽으면서 어떤 느낌이 들었는가? 설레는 마음, 호기심, 좌절감, 두려움 등인가? 그밖에 경험한 것이 있다면 무엇인가?
2. "하나님의 형상을 지닌 남자"와 "하나님의 형상을 지닌 여자"라는 표현은 "하나님의 형상을 지닌 존재"라는 말과는 어떻게 다른가? 더 깊은 의미가 있는가?
3. 저자가 제시한 중요한 질문들을 보라(14-16쪽). 당신의 호기심을 자극하는 질문은 무엇인가? 모험심이나 가능성을 불러일으키는 질문은 무엇인가? 짜증이나 고민이나 좌절을 안겨 주는 질문도 있는가? 당신의 반응을 나누어 보라.

1. 섹스와 젠더

1. "남성성"이나 "여성성"이라는 말을 들을 때 당신에게 자연스럽게 떠오르는 정의는 무엇인가?
2. 저자에 따르면 "섹스"와 "젠더"는 어떻게 다른가? "관계적 성"(33쪽)이라는 용어의 의미도 생각해 보라.

3. 평등주의와 보완주의는 성에 대한 두 가지 보편적 관점이다. 이 중 당신이 가정과 교회에서 접하면서 자란 것은 무엇인가? 그러한 배경은 남녀의 역할을 보는 당신의 관점에 영향을 미쳤는가?
4. 저자가 보는 성의 핵심 개념에 따르면, 하나님이 남자와 여자를 지으신 목적은 각각의 독특한 관계방식을 통해 하나님의 관계방식을 드러내는 데 있다. 이 개념을 토의해 보라. 당신에게 얼마나 새로운 개념인가? 이에 대한 당신의 즉각적인 반응은 무엇인가?

2. 단어에는 의미가 있다

1. 이번 장 첫머리에 나오는 "한시적인 세계는 영원한 세계를 드러낸다"는 개념을 생각해 보라. 이에 따르면 남녀 간의 관계적 삶(한시적 세계)은 삼위일체 하나님의 관계적 삶(영원한 세계)을 드러내기 위한 것일 수 있다. 어떻게 그런지 토의해 보라.
2. 당신이 여성적인 여자로서 또는 남성적인 남자로서 가장 살아 있다고 느껴지는 때는 언제인가? 이 질문에 대한 당신의 답변은 자칫 사안의 근본—우리의 관계방식을 통해 하나님의 관계방식을 드러내 그분을 영화롭게 하는 것—을 흐려 놓을 수 있다. 어떻게 그런지 생각해 보라.
3. 당신의 교회 문화에서 관계적 여성성과 관계적 남성성의 개념은 어떻게 위협적인 요소, 적어도 불편한 요소가 될 수 있겠는가?

3. 태초에

1. 하나님의 관계적 속성을 묵상해 보라. 삼위 하나님은 서로를 어떻게 대하시는가? 이렇게 하나님을 "관계적 공동체"로 이해하면 그분의 관계적 형상을 지닌 성의 의미가 어떻게 달라지는가?
2. 여성적인 여자의 초대하는 능력은 섹스어필과는 근본적으로 다르다. 여성

성에 대한 생각의 출발점으로, 이 둘이 서로 어떻게 다른지 토의해 보라.

3. "깨어나지 않은 영혼 안에는 깊은 갈망이 잠자고 있다"는 이번 장 인용문에 대한 당신의 반응은 무엇인가? 당신 자신의 영혼 안에 있는 깊은 갈망을 얼마나 인식하고 있는지 생각해 보라.
4. 저자가 테레사 수녀를 언급하며 인용한 베드로전서 3:4에는 "온유하고 안정한 심령"이라는 말이 나온다. 당신은 이 말에 마음이 끌리는가 아니면 반감이 드는가? 테레사 수녀의 아름다운 여성적 모습이 어떻게 이 말로 표현될 수 있겠는가?

4. 여자를 여성답게 하는 것은 무엇인가?

1. 여자의 몸의 물리적 모양은 여자의 영혼의 추상적 모양을 대변하는 비유 내지 그림일 수 있다. 당신의 생각은 어떠한가?
2. 성경에 여자로 번역된 두 단어는 네케바("열고 받아들이다")와 텔루스("양육 능력이 있다")이다. 여성성을 보는 당신의 관점과 여자로서의 당신의 관계방식은 이 두 가지 개념에 어떻게 어긋나거나 부합하는가?
3. 관계 속에서 벌어지는 일들 중 당신의 마음을 열기보다는 닫히게 하고, 상대를 따뜻하게 대하기보다는 뒤로 물러나게 하는 것은 무엇인가?

5. 복종

1. 저자에 따르면 삼위일체 하나님은 영원히 서로 "주고받는" 관계다. 관계적 천국을 이 땅에 임하게 하려면 우리도 세 분 하나님과 같이 서로를 대해야 한다. 당신이 속한 공동체들 가운데 현재 그렇게 하고 있는 곳은 어디인가?
2. "에제르"와 "케네그도"를 합하면 "강한 조력자"라는 뜻이다. 그렇다면 하나님은 어떤 생각으로 여자를 창조하신 것인가? 이에 대한 당신의 관점은 어떻게 달라지겠는가?

3. 전통주의자들은 부부간의 상호 복종을 여자 쪽의 사랑과 순종으로 정의한다. 하지만 남성적 관계방식과 여성적 관계방식은 둘 다 삼위일체 하나님의 관계방식을 닮은 것이다. 그렇다면 앞의 관점에 어떤 문제가 제기되는가?

6. 복종의 진정한 의미

1. 기독교 문화 속의 많은 사람들은 예로부터 아내의 복종을 "남편이 시키는 대로 하라"는 뜻으로 이해해 왔다. 이번 장에서 저자는 복종이라는 단어를 성경이 말하는 의미로 깨끗하게 씻어낸다. 그것이 무엇인지 당신 자신의 말로 표현해 보라.
2. 당신은 평등주의자(여자는 결혼을 포함한 모든 관계에서 남자와 대등한 동반자다)일 수도 있고 보완주의자(어떤 의미에서 여자는 가정과 교회에서 남자보다 아래다)일 수도 있다. 둘 중 어느 경우든 이번 장에서 말하는 복종의 의미는 당신의 관점에 어떻게 도전을 제기하는가?
3. 복종에 대한 저자의 네 가지 관측을 토의해 보라. 그 내용은 남자를 대하는 여자로서 또는 여자를 대하는 남자로서 당신의 관계방식에 어떤 영향을 주겠는가?

7. 남자를 남성답게 하는 것은 무엇인가?

1. 대중적 개념의 남성성(수입, 성공, 섹스어필, 재능, 실력 등)은 하나님이 설계하신 본연의 남성성에 어떻게 못 미치는가? 남자로서 당신이 가장 추구하기 쉬운 "사이비 남성성"은 무엇인가? 당신이 여자라면 주변 남자들의 경우를 생각해 보라.
2. "자카르"는 "기억하고 움직여 영향을 미치다, 용감하게 혼돈 속으로 들어가다"라는 뜻이다. 이 단어는 관계 속의 참된 남성성을 보는 관점의 정립에 어떤 도움이 되는가?

3. "아르셴"은 "들어 올리다, 짐을 지다, 여기서 저기로 옮기는 데 필요한 힘을 입증하다"라는 뜻이다. 자카르와 이 단어를 종합해서 볼 때 남성적인 남자로서 사람들을 대한다는 것은 어떤 의미인가? 특히 당신이 기혼자라면 남편과 아버지로서는 어떤 의미인가?

8. 관계적 남성성

1. 관계적 여성성은 초대하시는 하나님의 아름다움을 드러내고 관계적 남성성은 성육신하시는 하나님의 아름다움을 드러낸다. 당신은 여자나 남자로서 자신의 관계방식을 통해 하나님의 아름다움을 드러내도록 되어 있다. 평소에 그것을 얼마나 인식하고 있는지 나누어 보라.
2. 103-107쪽에 나오는 창세기 기사에서 당신에게 새로운 부분은 무엇인가? 최초의 남자가 관계적 남성성에 실패하는 모습을 보며 당신은 어떤 생각이 들었는가?
3. 남성적인 남자는 듣고, 기억하고, 보고, 행동한다. 이런 중요한 관계방식에 비추어 볼 때 여태까지 당신이 남자로서 가장 의미 있게 관계를 맺었던 적이 언제인지 나누어 보라. 당신이 여자라면, 주변의 남자가 관계적 남성성을 보였을 때 당신은 거기에 어떻게 반응해 왔는가?

9. 유일하게 두려워해야 할 것

1. 저자에 따르면, 두려움의 감정이 우리를 지배하면 자아를 보호하려는 자기중심적 관계가 불가피할 뿐 아니라 정당해 보인다. 당신의 관계방식에서 두려움은 어떤 역할을 하고 있는가?
2. 이번 장에 두 개의 꿈이 나온다. 각각의 꿈은 당신에게 어떤 영향을 주었는가? 당신이 여자라면 첫 번째 꿈에서 자신의 모습은 어떠하겠는가? 당신이 남자라면 두 번째 꿈에서 자신의 모습은 어떠하겠는가?

3. "여성답지 못한 여자와 남성답지 못한 남자는 늘 서로 멀리 떨어져 살아간다. 친구들과도 마찬가지다. 결코 소통이 없다"(129쪽). 이 말에 대한 당신의 반응은 무엇인가?

10. 여자의 핵심적 공포

1. 여자에게는 "아무도 보아주지 않는 여자"가 되는 것에 대한 두려움이 있다. 여자가 마음을 열고 초대해도 아무도 아름다움을 보아주지 않고 그리하여 아무도 자신에게 다가오지 않으리라는 두려움이다. 이번 장을 읽고 나서 당신에게 드는 생각과 감정을 적어 보라. 가장 강한 감정이나 의문이나 통찰을 불러일으키는 내용은 무엇인가?
2. "아무도 보아주지 않는 여자"가 되는 것에 대한 두려움이 있으면 모든 관계를 "내 힘으로 하려는" 강한 욕구가 생겨난다. 여자로서 당신의 경우는 어떠한가?
3. "두려움은 여성성을 무너뜨린다." 여자인 당신이나 또는 주변의 여자들에게 이 말이 사실로 입증된 예를 들어 보라.

11. 두려움의 위력(1)

1. 다음을 당신 자신의 말로 간단히 정의해 보라.
    - 정신착란으로 방어하는 여자
    - 현 상태로 만족하는 여자
    - 분노로 완고해진 여자
    - 눈에 띄게 고민하는 여자
2. 두려움에 지배당하는 이 네 가지 유형 중 당신에게 가장 해당되는 것은 무엇인가? 당신이 남자라면 주변의 여자들에게서 가장 분명히 보이는 유형은 무엇인가?

3. 저자에 따르면 눈에 띄게 고민하는 여자가 관계적 여성성에 가장 가깝다. 왜 그럴 수 있는지 토의해 보라.

12. 남자의 핵심적 공포

1. 저자는 남성다운 남자가 많지 않다고 단언한다. 그 이유가 무엇인가? 당신은 거기에 동의하는가?
2. 남성다운 관계의 필수적 기초는 상대에게 벌어지고 있는 일을 깊이 듣는 것이다. 남자들에게 그것이 어려운 이유는 무엇인가?
3. 남자는 "영향력 없는 존재"가 되는 것을 두려워한다. 자신이 타인의 영혼에 깊고 긍정적인 영향을 미치지 못할지도 모른다는 두려움이다. 당신의 경우는 어떠한가? 당신의 삶에서 이런 두려움이 느껴지는 부분은 어디인가? 당신이 여자라면 주변의 남자들의 삶을 생각해 보라.

13. 남자의 두려움을 인식하라

1. 남자로서 성숙하려면 하나님이 보시는 관계적 남성성에 자신이 얼마나 못 미치는지 뼈저리게 깨달아야 한다. 그것을 깨달은 사람은 10년, 20년, 30년 전보다 지금의 자신이 오히려 덜 성숙해 보일 것이다. 이런 생각에 대한 당신의 반응은 무엇인가? 자신의 부족함을 인식하는 것이 왜 성숙의 증거인지 토의해 보라.
2. 자신감의 가면으로 핵심적 공포를 가리면 사이비 남성성 덕분에 삶은 더 편해지겠지만 남자로서의 인생을 허비하게 된다. 이것에 대해 토의해 보라.
3. "나는 진리를 경험할 때보다 진리를 가르칠 때가 훨씬 많다. 내 믿음과 삶의 괴리는 회의를 불러일으킨다"(162쪽). 당신도 저자처럼 믿음과 회의 사이에서 씨름한 적이 있는가? 그것을 나누어 보라.

14. 두려움의 위력(2)

1. 당신이 이해한 대로 다음을 간단히 정의해 보라.
   - 얄팍한 남자
   - 세속화된 남자
   - 영적으로 중독된 남자

   이 세 가지 부류에 비추어 볼 때, 당신을 잘 아는 사람들은 당신에 대해 어떻게 말하겠는가?
2. 두려움에 지배당하는 남자의 세 가지 유형에 남자들의 마음이 끌리는 이유를 토의해 보라.
3. 하나님과의 관계적 소통을 가장 명백히 보여주는 증거는 윤리나 도덕을 지키는 것이 아니라 우리가 베푸는 사랑의 질이다. "삼위일체 하나님"을 염두에 두면서 왜 그런지 말해 보라.

15. 네 번째 남자

1. 영적으로 성숙해지면 씨름과 회의는 줄어들고 복과 승리는 많아진다는 것이 일반적인 생각이다. 이번 장은 그런 관점을 어떻게 논박하는가?
2. 모든 남자(그리고 여자)의 영혼 속에는 자아를 보호하려는 관계방식과 하나님을 드러내려는 관계방식이 서로 싸우고 있다. 이 싸움은 엄연한 현실인데도 무시되기 일쑤다. 어떻게 하면 당신 안의 이 싸움을 인식할 수 있겠는가?
3. 진지하게 씨름하는 남자의 이야기를 읽을 때 점차 살아나는 소망은 무엇인가?

16. 관계적 죄

1. 당신이 이해한 대로 "관계적 죄"를 자신의 말로 정의해 보라.
2. 관계적 죄에 대한 이해와 인식이 행동적 죄보다 덜한 이유는 무엇인가?

3. 관계적 죄와 관계적 거룩함의 핵심적인 차이는 무엇인가?
4. 관계적 죄를 보여 주는 네 편의 예화 중 당신에게 가장 해당되는 것은 무엇이며 그 이유는 무엇인가?

17. 중심이 존재한다

1. 이 책을 여기까지 읽고 나서 다음 질문에 대한 당신의 답은 어떻게 달라졌는가? 하나님은 어떤 생각으로 우리를 남자와 여자로 지으셨는가?
2. 저자에 따르면 "인간의 관계방식을 통해 하나님의 성품을 드러내는" 것이 복음의 핵심이다. 이것에 대해 토의해 보라.
3. 남성적 또는 여성적 관계방식의 관건은 각각의 모습으로 "작은 그리스도"가 되는 것이다. 이것은 어려운 가르침이다. 우리는 네 가지 반론—불가능하다, 비실제적이다, 비현실적이다, 불필요하다—으로 그것을 거부하기 쉽다. 이 가르침을 생각할 때 그중 당신에게 가장 많이 떠오르는 반론은 무엇인가?

18. 중심을 찾으라

1. 예수 안에는 소망으로 충만한 중심이 있다. 성경적 탄식과 실존적 고뇌의 경험은 어떻게 그 중심을 찾게 하는 자극제가 되는가?
2. 우리는 하나님이 천국에서야 온전히 주시기로 약속하신 것을 지금 당장 요구할 때가 있다. 당신의 예를 몇 가지 나누어 보라.
3. 우리는 지금 샬롬 이전의 세상을 살아가고 있다. 그 현실을 받아들일 때 나타나는 갈림길에 대해 말해 보라.

19. 충만한 삶을 위한 준비

1. "오늘날 하나님의 영광을 위해 충만하게 살아가는 사람이 누가 있는가? 그것이 가능하기는 한가? 그와 같은 삶은 어떤 모습인가? 이런 고상한 목표를

우리가 보고 있기는 한가? 만일 아니라면 왜 아닌가?"(229쪽) 각 질문을 묵상하고 솔직하게 답해 보라.

2. 우리는 "하나님을 드러내는 남자와 여자로서 참 생명에 이르는 좁은 길"을 가야 한다. 그 길에 발길이 뜸한 이유가 무엇이라고 보는가?
3. 당신의 관계방식을 생각할 때 하나님께 나아가 회개해야 할 부분은 무엇인가?

20. 여정의 시작

1. 하나님은 "괴로운 것"을 "인생들에게 주사 수고하게" 하셨다(전 1:13). 이 고달픈 현실을 받아들이면 오히려 우리가 남성다운 남자와 여성다운 여자로 충만하게 살아나는 계기가 된다. 어떻게 그런가?
2. 하나님이 설계하신 남성성과 여성성 속으로 들어가려면 고통스러운 죽음을 통과해야 한다. 당신을 남성적 관계방식이나 여성적 관계방식으로 충만하게 살아나게 하는 것은 무엇인가? 치를 만한 가치가 있는 대가는 무엇인가?
3. "목 놓아 울부짖는 일"은 충만하게 살아나기 위한 움직임일 수 있다. 어떻게 그것이 가능한가?

21. 더딘 경주의 시작

1. 개인적으로 하나님을 알고 관계적으로 그분을 드러내는 복된 삶을 누리려면 세상과 육신과 마귀에 맞서 싸우지 않을 수 없다. 어째서 그런가?
2. 우리는 낡은 거짓말들을 믿고, 강한 갈망들은 우리에게 살아 있는 느낌을 주며, 하나님을 부인하는 문화는 우리의 관계방식을 형성하려 한다. 이 셋이 합해져 자아를 보호하는 벽을 만들어 내고 정당화한다. 이렇게 우리는 사람들을 대할 때 주위에 벽을 친다(251-254쪽). 지금 성령께서 당신에게

회개를 촉구하시는 거짓말, 갈망, 문화적 영향들은 무엇인가?

3. 우리의 참된 중심을 찾으려면 왜 회개가 필수인가? 잊지 말라. 하나님은 우리를 우리가 있는 자리에서 만나 주신다. 그분이 우리를 만나 주시는 곳은 우리가 도달한 척하는 자리가 아니다.

22. 잉태에서 회심까지

1. "얄팍한 회개"는 교만에 기초한 참회일 뿐이다. "깊은 회개"를 하려면 하나님께 지은 죄 때문에 마음이 깨어져야 하고, 진심으로 자백하며 자비를 구해야 한다. 양쪽의 회개를 정의하고 비교해 보라.
2. 이번 장에 제시된 다윗의 삶의 여러 모습 중에서 당신에게도 있는 부분은 무엇인가?
3. 우리 스스로는 변화되려는 갈망도 없고 변화될 능력도 없다. 이것에 대해 당신이 지금까지 확실히 깨달은 바는 무엇인가?

23. 새로운 삶

1. 오늘날 치유 문화의 가르침에 따르면 우리의 가장 깊은 문제는 복을 원하는 만큼 얻지 못한 것이고, 사람들에게 거부당하고 무시당하여 마음에 상처를 입은 것이다. 이 문화가 틀렸다면, 기독교가 가르치는 우리의 최악의 문제는 무엇이며 이생에서 우리의 최고의 소망은 무엇인가?
2. 당신이 "제대로 하면" 하나님은 당신이 원하는 복을 주셔야 할 의무가 있는가? 그동안 당신은 어떻게 그런 거짓말을 믿었는가? 풍성한 삶이란 하나님을 드러내는 방식으로 사람들을 능히 사랑하는 삶이다. 고통과 문제의 치유에 매달리는 삶이 어떻게 당신의 풍성한 삶에 오히려 방해가 되었는가?
3. 제대로 사랑하기 위해 당신이 부딪쳐야 할 가장 치열한 싸움은 무엇인가?

24. 삶의 출현

1. 수의 이야기는 어떻게 당신 자신의 이야기에 마음이 열리게 하는가? 그녀의 이야기에서 당신이 여자로서 가장 공감하는 부분과 가장 동경하는 부분은 무엇인가?
2. 테드의 이야기는 어떻게 당신 자신을 보호하려는 마음을 버리고 기어이 관계방식을 통해 하나님을 드러내고 싶은 열망을 불러일으키는가?
3. 좁은 길로 계속 예수님을 따라가야 할지 의문이 들 때마다 예수께서는 당신에게 무엇이라고 말씀하실 것 같은가?

25. 네 귀에 들리리라

1. 예레미야는 이렇게 말했다. "주님, 주께서 우리의 삶 속에 보내시는 고난은 해결해야 할 문제가 아니라 붙잡아야 할 기회입니다. 그래서 이 기회에 고백합니다. 그동안 저는 제가 바라는 만족을 얻으려고 스스로 삶을 주관하려 했습니다"(305-309쪽). 그의 기도는 당신이 삶의 역경 속에서 하나님께 드리는 기도에 어떠한 영향을 주는가?
2. 우리는 기독교식 자기중심성에 빠지는 경향이 있다. 그래서 내 기준의 복된 삶에 영합하여 듣기 좋은 말만 해주는 영적 지도자들의 말을 듣는다. 이것에 대해 토의해 보라. 당신의 삶에는 이런 성향이 어떻게 나타나고 있는가?
3. "그리스도를 닮아 가려면 철저히 타인 중심이 되어야 하며, 더 이상 자신을 챙기지 않고 전적으로 하나님을 위해 그리고 다른 사람들을 향한 그분의 목적을 위해 살아야 한다"(310쪽). 그렇게 살기를 열망하면 당신의 삶이 어떻게 달라지겠는가? 당신의 관계에서 구체적인 예를 들어 보라.

26. 좁은 길을 걸으라

1. 십자가의 성 요한은 말하기를 불행이 우리의 "만족을 얻으려는 욕심"을 벗

겨낼 수 있다고 했다. 불행은 삶의 복과 정서적 치유를 요구하는 마음을 어떻게 약화시켜 주는가? 그리고 그런 요구가 약해지면 오직 그리스도만을 향한 최고의 소망이 어떻게 다시 살아나는가?

2. 골로새서 3:1의 "위의 것"은 무엇을 뜻한다고 보는가? 그 실체를 우리의 생각 속에 받아들이면 현재의 가시적 현실을 보는 시각이 어떻게 달라지겠는가?
3. 하나님을 향한 당신 자신의 깊은 갈망에 눈뜨게 해준 것이 있다면 무엇인가? 그러한 갈망이 있음을 알았을 때 당신은 어디로 갔는가?

27. 남성다운 남자와 여성다운 여자가 되다

1. 가까운 사람을 사랑하지 못하여 처참한 실패를 절감했던 때를 떠올려 보라. 실패는 깨어짐의 고통을 낳고, 깨어짐의 고통은 은혜를 찬미하게 한다. 그리하여 거기서 여성적 또는 남성적 관계방식이 흘러나올 수 있다. 당신의 경우는 어땠는지 묵상해 보라.
2. 이번 장에 기술된 영성형성의 과정에 당신은 어디쯤 와 있는가? 당신이 어디쯤에 있든 거기서 품을 수 있는 소망을 말해 보라.
3. 공허함과 깨어짐이라는 현실을 받아들이면 풍성한 삶에 대한 이해가 어떻게 달라지는가? 예수께서 약속하신 풍성한 삶이란 무엇이 풍성하다는 말인가?

맺는 글

1. 중독과 유혹과 욕구와 싸우고 있음에도 불구하고 그래도 당신은 여자이고, 당신이 여자라는 사실은 변하지 않는다. 당신의 핵심 정체는 여자이고, 당신이 누려야 할 최고의 특권은 여자로서 관계를 맺는 것이다. 하나님의 형상을 지닌 여자로서 이런 확신을 품는다는 것은 당신에게 어떤 의미가 있는가?
2. 중독과 유혹과 욕구와 싸우고 있음에도 불구하고 그래도 당신은 남자이고, 당신이 남자라는 사실은 변하지 않는다. 당신의 핵심 정체는 남자이고, 당

신이 누려야 할 최고의 특권은 남자로서 관계를 맺는 것이다. 하나님의 형상을 지닌 남자로서 이런 확신을 품는다는 것은 당신에게 어떤 의미가 있는가?

3. 본문에 제시된 관계적 여성성과 관계적 남성성의 정의를 묵상해 보라. 정의의 내용 중 당신의 마음에 가장 절실하게 와 닿는 부분은 무엇인가? 남자나 여자로서 어떻게 당신의 관계방식을 향한 하나님의 비전에 더 가까이 다가가겠는가?
4. 이 책을 읽고 나서 당신의 사고와 영혼 속에 오래도록 머물 한 가지 생각은 무엇인가?